| 개정판 |

현대사주명리학의 정통 핵심 강의서

사주명리학 이론과 실제

정국용 지음

세종출판사

改訂版을 펴내면서

'命理見性에 通을 하도록 紀昌의 화살이 되라'는 영원한 스승 霽山 朴幸顯 先生의 遺志를 한줌이라도 이룩하기에는 30年이 지난 지금에 와서도 그 길이 무겁고도 멀다.

이 책은 19년 전, 저자의 박사학위논문 발표에 따른 후속 저술로서, 당시에는 오로지 四柱命理의 正禮性을 世人들께 널리 알리고 싶은 忠情과 욕구가 앞섰던 著述이었다.

그동안 세월이 흐르고 많은 臨床경험을 體得한 지금에 와서 보니, 字句표현 등 不足한 부분이 더러 있는 바를 그냥 두고 지나칠 수 없어 다시 氣運을 가다듬어 改訂版을 펴내게 되었다.

이 책에서는 初版과 달리 初學者들의 공부에 重點을 두고 엮어 보았다. 雜多한 이론들로 마치 정글 속을 헤매듯이 自家撞着에 빠지는 분들의 어려움을 생각하면서 보다 큰 숲을 보는 慧眼과 폭 넓은 天命觀을 스스로 정립하여 四柱命理의 眞理體系와 合一되도록 도와야겠다는 소명감이 앞섰음을 밝힌다. 또한 저자의 사주간명 실예를 다수 수록하여 통변의 힘을 배양하는데 유용하도록 배려하였다.

부디 이 책이 구독자들에게서 自我省察의 마중물로 어느 때나 어디서나 日常에 큰 活力素가 되어 지기를 기원하는 바 本心이다.

2024년 4월
金井山下 栢巖精舍에서
著者 씀

서문(序文)

　우리들 인간의 삶에 있어서 필연성이라고 말할 수 있는 확정성의 논리는 아마도 '인간은 누구나 우연성에서 태어나 우연성으로 살다가 어느 날 우연성으로 돌아간다.' 는 사실 그 자체 뿐일 것이다.
　지금도 저 푸른 하늘은 묵묵히 무한한 우연성만을 지닌 채 우연히 왔다가 우연히 가는 우리들 인생을 감싸고 있다.
　이 무한한 대기와 개방체계에서 살아가는 현대의 지성들은 필연성의 입증만이 진리로 통하는 과학시대에 살면서 삶의 모든 문제를 논리적 타당성에 근거하여 해결하려고 한다.
　그러나 막상 대기를 잠시라도 벗어나 살 수 없는 우리들에게서 필연성이라는 과학적 진리만으로 해결 될 수 있는 문제가 과연 얼마나 되는가?
　거리에 오고가는 저 많은 사람들 도대체 어디서 와서 다들 어디로 가는 것일까? 그 속에 있는 나는 무엇이며 무엇 때문에 사는가? 이러한 물음에 대한 짙은 철학적 회의는 30대 초반의 저자로 하여금 인간의 운명에 대한 실체규명의 욕구를 심하게 부채질 하였다. 우연성으로 태어나 살아가는 인간에게서 과연 필연성은 있는가? 과학세계에 살고 있는 현대인들은 필연성의 착각 속에서 나날이 굳어져 가고 있다. 우주의 시공(時空). 즉 신이 인간에게 준 가장 큰 행복의 나눔터에서 현대인들은 자기를 잃어버린 채 패스트푸드로 시간 속을 달리고 인스턴트화 되어가는 공간에서 절대 절명의 위기로 치닫고 있다. 잠시도 틈새를 줄 수 없는 각박함의 극치로 말이다. 융이 말하는 '인간성 상실'의 팽배로 숨 막힐 듯한 현대사회에서 기계적 모형으로 살아가는 인간의 모습을 상상해 보았는가? 과학적 사고(思考)로 뭉쳐진 현대인에게서 진정 필요한 것은 무엇인가? 그것은 바로 영혼세계와의 푸근한 대화일 것이다.

참다운 생존 방법에 대한 자연적 치유의 바탕을 이루는 정신적 영양소가 절실히 필요한 것이다. 여기서 인간성에 대한 깊은 이해와 넓은 사유(思惟)로 풍부한 영양소를 만들 수 있는 설득력 있는 대안으로 제시되는 것이 곧 사주명리이다. 사주는 진정한 자기를 깨닫게 한다.

만약 누군가 인간의 정신세계에 대한 올바른 길을 깨우치고자 한다면 사주는 그들에게 인격 완성으로 가는 길목에서 이에 대한 해답을 줄 것이고 나아가 자아실현의 길잡이가 되어 줄 것이다.

사주명리를 생각하면 그것은 마치 우주에 있어서의 공간(空間)과 같다. 또한 마가렛 휘틀리(Margaret F. Wheatley) 박사가 역설하는 인간의 정신세계 속에 잠재하고 있는 무한한 가능성과도 같다.

사주명리에 대한 분야를 탐구해 보면 우주와의 심원한 관계성에 대한 인간 영혼의 바탕을 더듬어 볼 수 있고 과학적 차원 이상의 신비성까지도 구조적으로 맛볼 수 있다.

저자가 탐구하는 사주명리의 진정한 대상은 길흉화복 뿐만이 아니고 인간의 무의식 세계이다. 그 무의식의 세계는 체계적이고 조직적이다. 그러면서 내부적 역동적 의미로 꽉 차있다. 마치 무한한 에너지로 꽉 차있는 우주 공간처럼.

사주는 마음이 연약하거나 분별력이 흐려진 사람, 또는 정신적으로 넓은 휴식처를 필요로 하는 사람들에게 초월적 힘을 발휘시켜주는 정신적 치료제나 유익한 요양적 처방이 되기도 한다.

인간의 모든 일들을 해석 할 수 있는 살아있는 경(經)이요, 구도자(求道者)와도 같은 카운슬러 차원에서 인간에 봉사하는 실천 철학이며, 숨 가쁜 현대인들에게 희망과 용기를 심어주는 웰빙철학이기도 하다. 무형의 정신세계를 논함에 있어서 사주명리만큼 현대인들에게 삶의 지혜와 정신적 윤택함을 가져다주는 유용한 도구가 또 어디 있겠는가?

이 보다 더한 인간해석학이 어디 있겠는가?

자! 이제 무한한 가능성을 지니고 있는 당신 자신의 무의식 세계로의 탐색적 여행을 떠납시다.

사주명리에 대한 교재를 엮음에 있어서

첫째. 2천년이 넘는 장구한 역사를 갖고 맥맥히 흘러온 사주명리의 정통성을 살리는데 일단 주력하였다. 기왕의 수많은 문헌들에서 나타나는 많은 이론들을 양적인 혼돈으로부터 새질서 창출의 신념으로 사주명리에 대한 실체적 기본개념과 학문적 이론을 간결하고 정직하게 밝히고자 하였다.

둘째. 교재의 짜임에 있어서는 저자의 박사학위논문 '성격특성의 예측을 위한 사주명리학에 관한 연구' (2004)의 내용을 대간(大幹)으로 하였다. 사주와 성격에 관한 과학적 검증 부분을 소개함으로서 사주명리에 대한 현대인의 과학적 사유(思惟)자세와 더불어 현실적 공감대를 형성하고자 하였다.

셋째. 사주명리에 대한 기존 점술적 선입관을 일소하고 우주정신에 감사하는 마음, 겸허함, 나아가 자기발견의 장(場)에서 스스로 인격수양을 위한 자습서가 되도록 노력하였으며, 저자의 수행하던 시절, 백지 상태에서 땀 흘리며 때로는 갖은 고행도 불사하던 학인의 시절로 돌아가 오로지 배우는 자의 편에서 엮으려고 하였다. 긴 여행 중에서는 몇 번의 회의와 좌절도 있음을 솔직히 털어놓아 공부하는 사람들의 실제 학습효율에 공헌 하고자 하였다.

끝으로. 실제 임상사례를 구체적으로 소개하고 사계(斯界)의 대가가 통변한 내용을 현장감 있게 분석, 재조명하고 저자의 실제임상사례를 소개함으로써 독자의 이해력 촉구에 기여하고자 하였다.

간간히 일화와 사진을 게재한 것은 독자의 피로를 덜고 사주명리에 대한 이해와 상상의 세계를 넓히기 위함에서이다.

결코 교만하지 않고 '사람이 되어가는 삶'을 현대인들에게 현장감 있게 바로 전하고 싶은 소망에서 책으로 엮어보았다. 미흡하거나 잘못된 부분에 대해서는 경쟁자가 아닌 동반자로서 강호제현의 기탄없는 채찍질을 바란다.

오늘날 대학에서 배출되어지고 있는 사주명리 전공 석사학위 소지자들, 또한 학자 연구자들로 뜻이 모아진 학회 등 출중한 역군들이 속속 활성을 더해가고 있는 점. 생각만 하여도 흐뭇하며 아울러 지금까지 흘러온 일반대중의 사주에 대한 인식의 전환에 몸바쳐 공헌해 줄 것을 기대한다. 음지에서 빛바래진 '사주명리학'을 이제 제도권으로 정착시켜 공명정대하게 양지의 학문으로 우뚝 세워야 할 때라 생각한다.

뜻을 같이하는 이 세상의 모든 이들에게 감사의 기도를 올리면서…

2005. 2.
백암 정 국 용 씀

차 례

- 改訂版을 펴내면서 ……………………………………… 3
- 서문(序文) ………………………………………………… 4

제1편 사주명리학 이론

Ⅰ. 사주명리학의 개념 ……………………………………… 13

   1. 사주명리학의 의의와 개념 ………………………… 13
   2. 사주명리학의 기원과 내력 ………………………… 29

Ⅱ. 사주명리의 기본 원리 ………………………………… 44

   1. 오행의 개념과 내용 ………………………………… 44
   2. 오운과 육기 ………………………………………… 54
   3. 오행의 상생(相生)·상극(相剋) 원리 ……………… 59
   4. 동양의 심성론에 대한 이해 ……………………… 69

Ⅲ. 사주명식 ………………………………………………… 82

   1. 사주명식(四柱命式)의 개념 ………………………… 82
   2. 사주명식의 작성법 ………………………………… 85

Ⅳ. 대운(大運)의 결정 …………………………………… 106

   1. 대운의 입운수(立運數) …………………………… 108
   2. 간지의 채용 ……………………………………… 109
   3. 연운 등의 채용 …………………………………… 111

Ⅴ. 성격의 분석 체계와 유형 ········· 123
  1. 운명주체(運命主體)의 설정(設定) ········· 123
  2. 성격의 분석 체계 ········· 125
  3. 성격 유형의 분류 ········· 138

Ⅵ. 사주명리의 핵심적 요소 ········· 151
  1. 격국과 용신 ········· 151
  2. 희신과 기신 ········· 159
  3. 대운의 순행과 역행 ········· 163
  4. 서양의 성격이론과 사주명리학과의 관계 ········· 171

제2편 사주명리학 실제

Ⅰ. 사주명리의 현대적 의미 ········· 183

Ⅱ. 성격유형별 실제 간명 사례(6가지 모델) ········· 199
  1. 사례A(신강형) ········· 199
  2. 사례B(신약형) ········· 203
  3. 사례C(외향형) ········· 207
  4. 사례D(내향형) ········· 211
  5. 사례E(도리형) ········· 215
  6. 사례F(실리형) ········· 219

Ⅲ. 박 제산의 친필 간명지와 저자의 견해 ········· 225

Ⅳ. 사주간명상(四柱看命上)의 요체(要諦) ········· 248
   1. 성격관(性格觀) ················ 250
   2. 희신(喜神)과 기신(忌神) ············ 254
   3. 조후론(調候論) ················ 256
   4. 통관작용(通關作用) ·············· 260
   5. 정기신(精氣神)이 바로 서 있는가 ········ 262
   6. 청탁(淸濁)과 귀천(貴賤) ············ 265

Ⅴ. 四柱看命의 절차와 방법 ··············· 271

Ⅵ. 저자의 재상담 사례와 견해 ············· 294

Ⅶ. 저자의 친필간명지 ················· 327

• 남기고 싶은 말 / 349
• 책을 마무리하면서 남기고 싶은 저자의 필적(筆跡)들 / 379
• 에필로그 / 381
• 참고문헌 / 383

제1편

사주명리학 이론

Ⅰ. 사주명리학의 개념

1. 사주명리학의 의의와 개념

(1) 사주명리학의 의의

　사람은 누구나 타고난 본성(인성 또는 천성이라고도 한다 character)이 있으며, 그 본성이 외부 환경과 접하였을 때 사람에 따라 천태만상의 표정이나 행동으로 나타나게 된다.(personality)
　사람들의 이러한 마음과 행동의 근본처를 개인의 생년월일시(四柱)에 설정하고, 우주음양(宇宙陰陽)의 체용변(體用變)을 탐구하여 이것을 인명(人命)에 결부시켜 미래에 일어날 일들을 사주(四柱)라는 구조적 틀에 의하여 접근하고 예측하는 것이 사주명리 이고, 사주명리의 이치를 탐구하고 진리추구적으로 밝혀 나아가는 학문이 사주명리학이다.
　그러므로 사주명리학은 미래예측학으로 '사람'이라는 접근 대상만 다를뿐 천기예보를 하는 기상학이나 땅의 이치를 연구하는 지리학과 깊은 관계성이 있으며 사주명리학을 공부하는 우리들은 미래학자인 것이다.
　사주명리학의 원명은 자평학(子平學)이고, 추명학(推命學), 명학(命學), 명리학(命理學)이라 함은 중국 원서 가운데 여기저기서 보이는 호칭에 지나지 않는다.
　한편 사주명리학의 정의를 「우주동정의 원리를 인간에게 적용하여 인간의 타고난 품성과 운세의 길흉을 알고자 하는 것이 사주명리학이다.」라 하여 사주가 운세의 길흉보다 성격을 더 우선하고 있음을 시사하기도 한다.

또한 넓게는 오늘날의 심리학(psychology)·행동과학(behavioral science)과 같은 인간중심의 학문이다.

사주명리학에서 가장 기본전제는 사주, 즉 한 인간의 태어난 생년월일(生年月日)과 시(時)이다.

사주(四柱)라는 것은 네 개의 기둥이라는 말로서, 사람의 태어난 생년(生年), 생월(生月), 생일(生日), 생시(生時)를 가르키는 것이다.

사주에 대한 분석과 탐구는 주역(周易)의 상수원리(象數原理)에서 도출 된 오행(五行)의 상생상극원리에 따라 논리적 체계를 갖고 전개된다.

동양에서는 우주 본체론적 접근사상에서 사람을 하나의 작은 우주로 보고 우주의 생성과 변화 원리를 사람에게도 꼭 같이 적용하여 우주와 인간의 관계성에서 곧 '우주정신=인성'의 사상으로 된다. 마치 우주에 있어서의 텅빈 공간이 사람에 있어서는 마음이다. 그러므로 사주의 궁극적 의의는 개인의 미래예측이나 길흉화복에 있다는 것보다 그 사람의 마음자리가 움직이는 것을 보는 것에 있다. 사람이 일단 타고난 바의 천성이 좋던 나쁘던 간에 주위의 환경(때)에 따라 마음의 정도에 차이가 있으니 비록 운(때)이 나쁘다는 것을 알아도 미리 자기를 알고 분수를 지키면서 수양하면 그렇지 않은 사람보다 자기관리에 충실해 질 것이다.

일반적으로 보통 사람의 경우 행운이 계속되면 자기를 과시하거나 교만해지기 쉽고 불행에 처하게 되면 자신을 지탱하기 위한 방편으로 남의 탓을 하거나 변명을 하게 된다. 그러나 사주는 이와 같은 행운과 불행에 대하여 교만하거나 탓하지 않고 사주와 운명간의 필연적 관련성으로 자기를 해석하려 한다. 사주를 바로 알고 바로 행한다면 그것이 우리들에게 제시하는 운명적 설득력이나 보이지 않는 위대한 힘은 그 어느 종교나 이념보다 결코 뒤지지 않는 정신적 임파워먼트(empowerment)를 갖고 있다.

이와 같이 사주 자체를 가장 큰 전제로 하면서도 환경 요인들과의 관계성을 결코 가볍게 여기지 않는다. 사주가 외형상 단순해 보여도 그 내용을 깊이 관찰해 보면 단순히 미래예측만을 위한 것이 아니라는 것을 알 수 있다. 자기의 성격을 스스로 분석하여 인격수양의 방법으로 쓸 수 있음은 물론 타인의 성격도 누구나 파악하여 인간관계와 사회의 발전에 공헌할 수 있는 객관적인 틀이 바로 사주 속에 있다.

이러한 관점에서 사주는 성격심리의 학문분야에서 행하는 자기보고(self-report)에 의한 간접관찰의 방법보다 피조사자의 주관적 변동요인이나 환경변수를 고려할 때 객관적 측정성이 보다 더 높은 것이다.

따라서, 사주는 이러한 해석학적 예측기법을 도구화하여 미래를 추측하고 규명하는 것이므로, 현실 세계의 여러 가지 점술(占術)과는 엄연히 그 차원을 달리한다. 사주명리는 귀신의 영역을 쓰지 않고 장구하게 흘러온 정형화된 이론의 분석적 구조위에 정신적 직관력으로 미래를 예측하는바

정체성(正體性)이 뚜렷한 정신과학이며 인간학(人間學)이다.

(2) 사주명리학의 개념

　동양의 인성론은 본체론적 접근인 내향적 관념론이라면 서양의 성격이론은 인간의 행동에 초점을 맞춘 외향적 인식론이라 할 수 있다. 행동유형론으로 유명한 성격특성이론가인 Cattell. R. B.은 사람의 퍼스내리티 특성은 무수하다는 전제 하에 이를 과학적 접근법으로 이론화하기 위해 16개 쌍으로 분류하여 분석하기도 하였다. 이들에 비하면 사주명리는 동양철학의 분야이면서도 관념론에만 치우치지 않는다. 따라서 사람의 생년월일시를 운명적 본체로 중시하면서도 그것이 나타내는 사주팔자 자체에만 국한되지 않고 존재성과 변화성, 즉 인간이 갖고 있는 본래의 욕구와 행동 간의 관계성을 분석적 체계를 통하여 다중적으로 설명하는 것이다.

　경험적이고 공리적(公利的)인 윤리관이 주축을 이루고 있는 동양의 인성론(人性論) 중에서도 사주만은 다분히 사변적(思辨的)이고 논리적인 서양의 인식론적 사고(思考)의 체계에 한 걸음 더 가깝게 접근되고 있는 특색을 갖고 있다. 이러한 의미에서 보면 공자의 이(理)나 맹자의 의(義), 노자의 도(道)나 장작의 덕(德)보다 훨씬 기(氣)를 중시하며 퍼스내리티이론에 가까운 심성론(心性論)의 일종이라 할 수 있다.

　사주명리론을 심기론(心氣論)으로 이해하면서도 그렇다고 氣에만 치중되는 것도 아니며 理本氣發(저자의 표현)의 균형론(우주의 영원한 보편적 진리가 不增不減 즉, 항상 균형이라는 개념)으로 보아야한다는 것이 저자의 견해이다.

　사주명리의 범주나 개념 정립에 있어서 유의해야 할 문제들을 제

시해보면,

　첫째, 사람의 출생일시를 바꿀 수가 없듯이 좋던 나쁘던 임의로 사주를 바꿀 수가 없음으로 타고난 본래의 성격은 어떤 수양이나 방법으로도 불변적이고 고정적(先天的 受禀觀)이라는 대 전제다. 이렇게 고정화 된 것을 나타내는 부호가 사주명식(四柱命式), 즉 변화될 수 없는 인성을 해석하기 위한 분석의 틀이다. 내심(內心)의 움직임은 사주명식 내에서의 상호관계성으로만 파악 될 수 있고, 외부로 나타내는 마음의 표현이나 행동은 사주명식 밖의 것으로서 대운의 흐름을 파악하고 이해해야 한다.

　사주명리의 불변성에 대하여 일본의 사주학자 다카기조(高木乘)는 「인간의 운명이란 그 사람의 출생년월일에 따라 예정적 법칙에 의할 뿐이다.」라 하여 절대적 운명론을 주창하였다.

　지금도 사주에 대하여 이와 같은 절대적 운명론(불변성)으로 생각하는 사람이 많은 것으로 안다. 그러나 깊이 관찰해 들어갈수록 사주는 상대적 운명론이라 생각된다. 실제 간명의 효과를 분명하게 인식한 저자의 소견이다.

　그래서 어떠한 방법으로도 고쳐질 수 없는 절대적 불변성만은 아니라는 것에서 탐구의 의미가 있는 것이다.

　이와 같이 사주명리는 가변성(유동개념) 개념으로서 사람의 생존기간에 걸쳐 주어지는 상황과의 상호작용으로 그 순행과 역행, 기운의 높고 낮음, 그 폭의 크고 작음에 따라 사람마다 기발(氣發)의 정도, 즉 마음의 나타나는 모습이 천변만화(千變萬化)를 이루게 된다.

　이런 관점에서 보면 개인의 길흉화복은 결국 그 사람의 마음에서 연유되는 것임을 알 수 있다.

　천명과 분수를 지키는 인격수양의 태도가 사주명리의 지향목표이며 결코 숙명관이 아닌 상대적 운명관이다. 운세가 지극히 흉한 사람도 지극 정성으로 하심인욕(下心忍辱)하면 최소한의 정도 차이는 반드시 있다는 신념(信念)을 근본으로 한다.

　우리 인간은 경험을 존중하고 체험을 귀중히 여긴다.

　경험의 선용에 앞서 자기를 먼저 알고 그때를 살펴서 생애를 선(善)의 방향으로 전환시키는 데에서 사주명리의 공헌성이 있다.

　둘째, 왕양명이 말하는 '이치로서의 복서(卜書)'인 사주명리를 자연의 이치와 인간의 마음을 통합하여 보는 관찰서(觀察書)로 보는 것이 타당하다.

　왕양명이 옥중(獄中)에 있을 때(1506년 12월) 주역을 읽고 자기의 수양지도(修養之道)로 삼으면서 다음과 같이 말하였다.

「복서(卜書)가 바로 이치(理致)이고 이치 또한 바로 복서이다. 천하의 이치가운데 복서보다 큰 것이 무엇이 있겠는가? 단지 후세 사람들이 복서를 전적으로 점괘의 측면에서만 보았기 때문에 복서를 잔재주(小藝)로만 간주하였다. 그래서 지금의 스승과 벗 사이의 사우문답(師友問答)이나 널리 배우고(博學) 자세히 묻고(審問) 신중히 생각하고(愼思) 밝게 변별하고(明辯) 돈독하게 행하는 것(篤行)과 같은 것이 모두 복서라는 것을 알지 못했다. 복서란 의심이 많은 것을 결단하여서(決孤疑) 내 마음을 신묘하게 밝히려는 것(神明吾心)에 불과하다. 역(易)은 하늘에 묻는 것이다. (問 諸天) 사람에게 의심이 있지만 '홀로 해결할' 자신이 서지 않기에 역을 통해 하늘에 묻는 것이다. 사람의 마음에는 여전히 '사사로움'에 연계되는 바가 있지만 오직 하늘만은 거짓을 용납하지 않는다(天不容僞)는 말이다」

사주명리의 근본정신 또한 인명과 품성을 하늘에 묻는 것으로(問諸天) 본체론적 접근이기 때문에 현대 사회에서 상실되어가는 인간성 회복을 위하여 궁극적으로 추구할 가치가 막중한 것이다.
사주명리의 학문적 가치는 우주와 더불어 생명의 본체를 지키고 인간의 지혜와 덕성으로 작은 우주인 인간을 더욱 아름답고 바람직하며 보람되게 하자는 것으로, 선천적 수품관(受稟觀)과 후천적 역학관(力學觀)이 통합된 학문 분야로 볼 수 있다. 자연의 이치에 분석 목표를 두고 있는 인성과학(人性科學)이다.

셋째, 어느 정도까지는 이론적 차원으로 사람의 미래에 닥쳐올 일들을 추론할 수 있으나 학문적 차원으로서는 그 한계가 있는 만큼 일정수준 이상으로 깊이 추구해 들어갈 때는 초월적 직관(直觀)의 경지가 요구된다.
본래 직관(直觀)이라는 것은 인간이 일반적으로 그들의 대상을 판단하거나 추리함에 있어서 사유(思惟)작용의 매개가 없이 직접 파악하는 것, 또한 대상의 전모와 본질을 단계적 절차 없이 파악하는 작용으로서 개념적 사유에 우월하는 고차원적(高次元的) 인식능력이다.
직관적 경지는 논리적으로 설명하기가 실로 난해한 부분이다. 그러나 저자의 소견으로 말하자면 제법 학문의 이치를 터득하고 스스로 그 체계를 정립하였다 자부하여도, 결국에는 학문적 차원의 한계에 부딪치게 된다. 추구대상이 비가시적인 '마음'이라는 속성 때문이다.

이러한 한계에 부딪칠 때 입산수행의 방법으로 매진하면 세상이 보다 밝아지고 도량이 넓어지는 것을 감지하게 되는데, 실례를 들어 보면 사주명식이 글자가 아닌 나만의 신호, 상징(그림처럼)으로 현현되어 자신도 모르게 해석되며, 의식이 없는 사이에 말이 먼저 튀어나가게 되며 또한 전체적으로 큰 비중의 문제부터 순간적으로 파장을 일으키는 것을 감지하게 되는데, 이런 경지가 직관적 경지가 아닌가싶다. 실로 저자는 30대 후반에 사계로 입문하여 수차례 정진, 기도하였으며 己巳年 6월(1989년)에는 삭발하고 무작정 홀몸으로 입산하여 백일동안 용맹정진(지리산 삼신봉 모처)한 그때의 체험 이후 직관적 경지를 짐작하게 되었다.

아마도 융(Jung. C)의 개별화(individuation)나 장자(莊子) 철학에 있어서의 소요유(小搖遊)나 심재(心齋) 좌망(坐忘)을 거쳐 세계의 근본도(根本道)를 체인(體認)하는 정도의 높은 경지라고 본다. 융의 '개별화'란 한 인간이 더 이상 별개의 분할이 불가능한 통일체 또는 '전체'가 되는 과정(全人化)으로서 자아, 즉 자신의 인격의 전체성 가운데 통합해 나가는 것으로 이해할 수 있는 것이다. 신에 대해서 인간이 바칠 수 있는 예배의 의미가 되고 있으며 어둠으로부터 빛이 생기고 창조주는 그 창조를 의식화하는 반면 인간은 자기 자신을 의식화하는 것이 된다.

장자의 '소요유' 경지는 우주만물의 법칙을 따르고 육기(六氣)의 변화를 파악하여 무궁한데서 노닌다는 초월적 경지라 본다. 乘天地

之正(승천지지정) 御六氣之辨(어육기지변) 以遊無窮(이유무궁) (莊子 '逍遙遊')

또한 '심재좌망'이란 마음에 티 하나 없이 말끔히 하고, 모든 것을 다 잊은 채 무아(無我)의 경지에 잠기는 것으로 동양에 있어서 유학(儒學)의 신비적 체험의 한 국면으로서 서양의 비교 종교학자들(Stace. Rudolf Otto. Evelyn Underhill)이 연구한 각종 종교의 신비체험과 기본적으로 일치하는 경지이다. 그러나 현실적인 인간으로서 이러한 경지에 들어간다는 자체가 거의 불가능한 것인 바, 여기서 직관의 경지라 함은 개인의 수많은 정신체계나 수준에 있어서 개인무의식의 범주에서 나오는 정신영역의 정도라 할 수 있다.

다음에 소개하는 '쉬어가기'의 글과 사진은 사주운명을 논하기에 앞서 반드시 필요한 수행을 강조하는 대목이다. 어느 정도 사주의 기본원리를 공부하고 나면 수행을 통하여 초월적 경지를 체득(體得)하는 과정이 따라야 하고, 이때 자기만의 힘으로 정립된 체(體)가 서야 하기 때문이다.

쉬어가기

己巳년(1989년) 5월 말경. 先生으로부터 갑자기 '入山하라'는 말씀을 듣고 책 몇 권과 미숫가루 한 되 챙겨 짊어진 채 찾아간 곳은 해인사였다.

한두 번 친견한 적이 있었던 종진 스님을 뵙고 전후사정을 말씀드렸더니 가야산은 저자와 맞지 않으니 지리산으로 가라고 했다. 고향이 하동 땅이라 그런지 지리산은 나를 안아들이 듯 마음이 편하였다.

삭발하고 츄리닝 입은 모습으로 비승비속(非僧非俗)이라 초라한 구도자(求道者)의 길이 시작된 셈이다.

겁 없이 나선 길에서도 사람과 땅을 만날 수 있었고, 삼신봉(三神峰) 아래 골짜기 토굴(土窟) 움막집이었다.

세간(世間)을 떠나 홀로 100일 간을 수행(修行)한 일과를 대강이나마 소개하자면 해가 돋기 전에 바위 위에 정좌(正座)하며 일출(日出)맞이 대기 호흡하는 게 아침 일과 시작이었다.

낮 시간에는 사서(四書)와 고전(古典) 선불가진수어록(仙佛家眞修語錄)으로 독서와 인근 산책(散策), 가벼운 운동으로 휴식을 취해야 했다.

밤 시간에는 주로 자시(子時) 단공(丹功)으로 단전(丹田) 가꾸기에 열중하였다. 한 달 쯤 되어가니 맑은 산 공기와 청정한 물소리에 적응이 되어갔고 마음과 몸이 가벼워져 날 것만 같았다.

꿈도 별로 안 꾸어지고 기분이 좋았다. 떠나오기 전 선생이 말씀하신대로 주력(呪力)은 하지 않았다. 지금 생각하면 이유가 있었고 정신을 맑게 하고 담력(膽力)을 키우는 데는 입산수도(入山修道)가 최고의 양약(良藥)이었나 싶다.

하산(下山)하여 자리에 앉으니 온몸에 생기가 도는 듯 하였고 사물이 더욱 밝게 보였음은 부정할 수 없는 사실이었다.

이래서 명리학(命理學) 공부에는 입산수도가 필수적이라는 걸 실감하였다.

사주명리학을 공부하고자 하는 초학자들은 물론 이 분야에 관심을 두고 있는 현대인들의 이해를 돕기 위하여 서양의 성격이론 중에서 프로이드(S.Freud 1856~1939)의 성격구조와 관계성을 소개하고자 한다.

아래의 그림은 마음(mind)의 근본처인 심장을 나타낸 것이다.

불과 350gr 정도밖에 안 되는 이곳에서 마음으로는 세상에서 안 되는 일이 없다. 지구의 끝도 금세 다녀온다.

눈에 보이지 않는 성격을 구조적으로 형상화하여 그 내부적 역동성을 설명하는 프로이드의 이론과 동양의 사주명리학을 비교 설명하는 것이다.

기존의 사주명리이론에만 고식되지 말고 틀을 깨는 사고방식으로 이 기회에 사주가 나타내는 성격이론을 엄밀히 체계화 해두기 바란다.

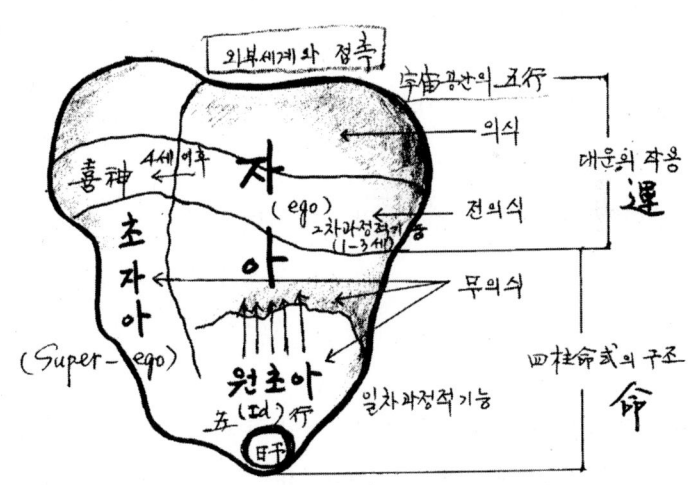

※ 마음(心臟)은 본래純陽(明德)인데 外部와 닿으면서 濁해짐(孔子 : 大學之道)

원초아 (id) ― 타고날 때부터 존재하는 본능적 충동의 근원이다. 동기와 욕구의 무의식적 수준에서 기능, 충동적 만족추구. '쾌락주의' 원리로 긴장해소(성질나서 밥 많이 먹는 사람, 범행)

자아(ego) ― 출생 후에 바로 발달 1~3세. 이성+상식(현실원리)이다. 자아의 쾌락은 항상 외부현실과 관련해서 실현 된다. 주위 사정에 따라 만족을 지연시킬 수 있다. (자중자제력)

초자아(Super-ego) ― 4~5세쯤. 도덕성 발달 원초아의 쾌락추구와 반대되는 정신 에너지 이다.(自我理想. 良心)

◉ 이드 에고 슈퍼에고와의 역동적 관계 제시

아기의 출생 → 원초아 … 나에게 해를 끼친 사람을 당장 제거 해버리고 싶지만

현실의 제약과 요구들에 직면 → 자아 … 경찰에 잡혀 갈 것 이므로

사회성으로 발전 → 초자아 … 폭력은 무조건 나쁜 것이므로 무시해버리거나 모욕을 주는 것으로 마무리

◉ 사주에서는 출생 시에 무의식세계의 구성

성장해가는 과정에서 외부환경과 조율

대운에서 행운일 때 초자아로 가까이가고 흉운 일 때는 원초아로

가까이 간다.
인생의 행복과 자아실현이 초자아에 있다고 보면 괴로울 때 일수록 원초아로부터 멀어지려는 수양지심이 얼마나 중요한가를 실감케 한다.

이 수양지심을 행동면으로 보면 원초아와 멀어지지만 그 행동을 유발하는 근본 심처는 오히려 원초아(明德, 純陽)에서 구해지는 것임을 이해해야 한다.
동양과 서양의 접근방법이나 관점의 차이로 생각되며 계속적인 연구과제로 삼을 수 있다.
티 없이 천진난만한 상태를 보존하지 않은 상태로 때 묻은 도덕적 자아실현이란 있을 수 없기 때문이다.

쉬어가기

직관(直觀)에 대한 선생과의 대화

박 제산 선생을 가까이에서 접해보면 범상치 않은 일들이 비일비재하였다. 선생 옆에서 글을 쓰다가 무의식중에 팔이 서로 닿게 되면 순간적으로 깜짝 놀랄 정도의 전류와 스파크가 일어나는 일이나, ××톨게이트에서 유명인사와 시간약속도 없이 대충 만나기로 해놓고 그냥 왔다 갔다 하면서 시간을 재다가 훌쩍 가시곤 하였는데 따라 가보면 몇 초의 차이로 서로 마주치던 일 등이 그러하다.

저자가 입산(己巳年 6月)하기 전 어느 봄날에 있었던 일이다.
제산정사 (부산 수영에 있던 세칭 '박 도사'의 집)에서 기거하면서 공부 수행 중에 있던 저자에게 전화가 걸려 왔다. 서울에서 금방 도착하신 선생께서 제산정사에는 들어오시지 않고 범일동 모처로 나오라는 것이다. 가보니 커피숍 치고는 규모가 크면서도 영 관리를 안해서인지 마치 폐가 같은 흉한 모습이었다. 컴컴한 맨 안쪽 구석진 곳에서 싱긋이 웃으면서 손짓을 하는 선생의 눈에서 반짝하는 그 안광은 지금도 눈에 선하다. 차 한 잔을 시켜두고 영문도 모르는 저자에게 단번에 '입산하라'는 명령조의 말씀이다. 사물을 꿰뚫어 보게 되려면 책 읽고 글 쓰는 것만으로는 백년하청이라는 말씀이다. 그러시면서 당신의 수도시절에 직접 체험하였던 한 대목을 다음과 같이 이야기 하였다.

"나는 지금도 도의 초입경에서 맛본 그때 그 환희를 잠시도 잊을 수가없다. 무엇이든 생각만하면 다 보이더라. 미쳐 버릴 정도로 충만하는 희열……. 너무 기분이 좋아서 흥얼흥얼거리고 다니는 나를 보고 세인들은 모두 미쳤다고 하는 이도 있었다. 대도(大道)를 통하면 전생, 금생, 후생까지 삼생을 다 볼 수 있다." 대도가 무엇인지도 모르는 저자로서는 우선 경이로울 뿐이었고 황당한 구름 잡는 소리로 밖엔 받아들여지지 않았다. 그런데 아무에게나 이런 말씀을 하시지는 않았다.

추운 겨울 산사에서의 수도시절로 이야기를 이어갔다.

"이른 새벽에 불전에 물 공양은 반드시 올려야 되는데 어두컴컴한 새벽, 그것도 온 산천이 다 얼어붙은 엄동설한에 어디서 물을 얻는단 말인가. 어둠속을 더듬거리며 가다가 큰 바위 위에서 사발만한 라이트를 켠 채 앉아있던 호랑이도 보았다. 내가 불쌍해서였던지 슬그머니 가버리더라. 지극히 소원하는 주문을 몇 번이고 외우고 나면 어디서인지 쪼르륵하는 소리가 새벽 공기를 가르고 귓전에 들려와 무심코 물 한 그릇을 얻기도 하였다."

무엇이든 생각하면 다보이게 될 때 나타나는 현상이 어떠하였는지를 묻는 저자에게
"어느 날 이른 새벽에 세수하려고 밖으로 나오니 세상이 환해 정신을 가다듬고 보니 온 세상이 마치 흰 눈으로 다 덮인 것 같이 은빛 세상이더라. 눈 아래로 펼쳐지는 계곡에는 꼭 참새로 보이는 새떼들이 와글와글하여 계곡을 가득히 채우는 것 같았고 이러한 신비경이 계속되었다. 심지가 실하지 못한 사람이면 이때 자칫 일어서지도 못하고 실신하거나 미쳐 버릴 거야."

선생께서는 자기 말씀대로 수도시절에 보통사람들이 가까이 갈 수도 없는 도통(道通)의 초입단계에 들어선 것으로 짐작된다.
아마도 선생께서 말씀하신 '생각만하면 다 보이는..' 이러한 현상이 곧, 직관(直觀)의 경지가 아닌가 생각된다.

선생의 한창때는 (1960년대 중반) 누구든 한번 보면 죽 읊어버리던 당시의 일람첩지 하던 신통력을 두고 세인(世人)들은 전광석화와 같은 '번갯불'에다 비유하였다. 그럴듯한 표현이다.

주력은 아무나 하면 되는 것이 아니다. 심지나 간담이 약한 사람이 욕심만 갖고 섣불리 달려 들다간 나락에 빠져 혼줄이 날수 있다. 자칫 오평생(誤平生)하는 것이다. 저자에게는 권하시지 않았다.

선불가 진수어록(9쪽)의 大道密印歌(匡廬山人 壹雲禪師 述)편에 보면
'음진양순혜(陰盡陽純兮) 설화자표천(雪花自飄天)이로다.
전무혼침산란(全無昏沉散亂)하며 백설분분(白雪紛紛)은 출신지험야(出神之驗也)니 즉이출신(卽以出神)이 가야(可也)니라' 라는 내용이 나온다.

선생의 도통 초입경지의 환희와 위 도경(道經)의 내용이 서로 닮은 데가 있음을 저자는 후일에야 알게 되었다. 선생이 말씀하신 수도시절에 겪은 신비경과 위 도경(道經)의 내용이 서로 상통하는바 아마도 선생께서는 일찍이 순양(純陽)의 경지에 한번 들어섰던 것으로 추측된다.

함양 백전면(栢田面)을 거쳐 우뚝 솟은 백운산, 선생의 수도처였던 그 유명한 상련대(上蓮臺)로 가는 길목에서(저자)

멀리서 보아도 백운산은 첫눈에 마치 정삼각형을 그대로 세워놓은 듯 산정상이 쮸빗하고 날카로우면서 자그만 해도 산의 기상이 충만하다. 어우러진 곁산이 없는 단봉(單峰)이다.

풍수지리에서 말하는 문필봉(文筆峰)으로서는 최고의 걸작인 듯하다.

孤雲 崔致遠 선생이 남긴 일화도 많다.

박제산 선생께서 입산수행의 초기에 머물면서 도통(道通)을 목표로 용맹정진 하던 곳 중의 하나─함양백운사(白雲寺)─여기서 이근원통(耳根圓通)의 수행법으로 갈고 닦았다.

사진은 백운사 옆으로 기세 좋게 쏟아지는 작은 폭포수 '마음이 지극히 고요해지면 물소리에서 아홉 갈래의 음(音)이 나온다'하시었다.

백운산의 7부 능선쯤에 남향으로 툭 튀어나온 커다란 바위가 있으니 통신암(通神巖)이다.

'이 높은 곳까지 시키지도 않았는데 쌀 한 톨씩을 정성스레 밤새도록 가려서 공부미(工夫米)를 등에 지고 날라다 준 사람이 있었다' 하시면서 '나는 어디로 가도 언제나 법재여지(法財余地) 사대요소는 따르더라. 공부에 필요한 법, 재물, 도반, 수도처의 네 가지를 말함이지. 이걸 모르고 입산하면 공부가 아니고 도피 행각이지'

2. 사주명리학의 기원과 내력

(1) 사주명리학의 기원

이 땅에 사람이 생존하게 된 이래 오늘날까지 누구나 자신이 혼자라는 사실 때문에 두려운 것이며, 조직생활의 여러 가지 관계에 파묻혀 혼자라는 것을 잊고 살다가도 결국은 혼자가 되지 않을 수 없기 때문에 항상 자신이 살아가는 주변 환경에 대해서 불안하고 초조하다.

또한 미래에 도래할 사실들에 대한 의문을 떨쳐 버리기가 쉽지 않을 것이다.

더구나 현대에는 과학문명의 발달로 인하여 인류사회는 더욱 다양화하고 복잡화되어서 매일의 일상이 급격하게 변화되기 때문에 인간이라면 저마다의 미래에 다가올 불확실한 현상들에 대해 불안하고 초조하며 기대감과 환상 및 의문은 점점 더 커질 것이다.

누구나 불확실한 자기의 미래에 닥쳐올 일들에 대하여 미리 알고 싶어 하는 마음과 계획하고 있는 마음속의 일들이 성공할 것인가, 실패할 것인가에 대한 의문을 가지고 있다. 의식을 가진 인간이라면 누구나 이 물음에 대한 보다 구체적이고 실존적인 해답을 얻고자 할 것이다.

미래를 점(卜)쳐본다는 것이 사주명리학의 발단이며 점친다는 것은 바로 우주 자연의 이치를 꿰뚫어 본다는 것이 된다.

사주명리학의 기원은 중국의 상고시대까지 거슬러 올라간다. 이

때는 모든 일이 상제(上帝)의 뜻에 의해 지배되는 시대로서 감히 인간을 내세우지도 못하였다.

그 뒤에 점차 인간의 존엄성을 깨닫게 되어 춘추시대(722-481BC)를 거쳐 전국시대(480-222 BC.)에는 인간의 가치에 대한 자각을 하게되고 귀신보다는 사람이, 신의 뜻보다는 백성의 뜻이 더 부각되고 존중되는 시대로서 귀신의 독립의지는 상실되고 인간 의지의 중심사상으로 가치관의 전환이 이루어졌다. 자연계의 이상변화도 귀신의 장난이 아니고 음양의 소이(所以)이며 길흉화복도 인간 스스로의 처신에 있는 것이라고 믿게 되었다. 그러므로 춘추전국시대를 중국 최초의 인본주의(人本主義)사상이 대두된 시대로 볼 수 있다.

사주에 대한 역사적 흐름을 살펴보면 춘추전국 시대나 삼국시대에 약간의 문헌과 학자들의 이름이 거론되나 그 내용이 빈약하고 단순하며 표현의 개연성과 은유적 비유 때문에 그 해석이 애매하여 일관성이 부족하고 더러는 초월적인 신비주의적 색채가 깔려져있음을 부인할 수 없다.

사주의 근본 요소인 음양과 오행에 대한 이해를 위하여 일부분이나마 주역(周易)의 상수 원리(象數原理)를 소개하면 <그림 Ⅰ-1>과 같다.

상수원리의 도출근거를 살펴보면 중국의 상고시대 복희(伏羲)씨가 황하에서 용(龍)의 머리를 한 신비로운 용마의 등에 별모양 같은 흰 점과 검은 점들이 1에서 10까지 55개의 무늬가 질서있게 배열되어 있었는데 이 龍馬河圖를 본 복희황제는 천지창조의 원리와 삼라

만상의 생성 변화 이치를 깨닫게 되었다. 河圖(龍馬의 등에 새겨진 그림)에서 변화무쌍하게 암시(暗示)되는 우주의 동정(動靜)하는 모습을 해석해내게 되었다. 河圖는 상(象)과 수(數)로서 상징되어 있다는 사실을 발견하였던 것이다. 이 象은 보통 사람의 눈에는 보이지 않으나, 실상(實象)을 볼 수 있는 경지에 달한 직관자의 눈에는 볼 수도 있는 모습이라고 하니 이것은 무형이 유형으로 전환하는 중간 과정에서 나타난다. 수(數)가 나타내는 모든 상(象)은 허상이 아니고 실상이다. 다시 말하면, 만물은 그의 본질대로 상이 나타나고, 상에는 반드시 그 상의 내용인 바의 수가 있다는 것을 의미한다. 河圖는 자연수가 통일하는 상을 표시한 것이고, 낙서(洛書)에는 자연수가 발전하는 상을 나타내는 것이다. 수(數)를 읽어서 시공(時空)을 헤아리는 것이므로 알고 보면 사주명리도 윗대 할아버지는 수리학(數理學)인 것이다.

〈그림 Ⅰ-1〉 하도에 의한 상수원리 설명도

동서남북의 방위에 오행을 배치하는 것과 수(數)를 부여한 것은 하도(河圖)에 오행을 결부시켜 추리하는데서 시작되었는데 이러한 생각은 한 대(漢代) 이후에 시작되었다. 나타난 형상과 수리라는 개념을 합하면 상수(象數)가 된다.

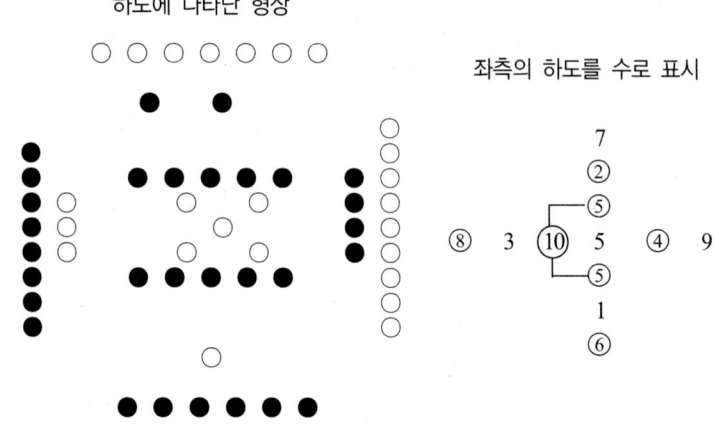

위의 수를 1, 2, 3.....9, 10의 순서에 따라 오행의 木火土金水를 배열할 때 이 오행이 두 번 되풀이되고 水에는 1과 6, 火에는 2와 7, 木에는 3과 8, 金에는 4와 9, 土에는 5와 10이 해당된다. 이 오행을 숫자화 한 하도로 바꾸어 보면,

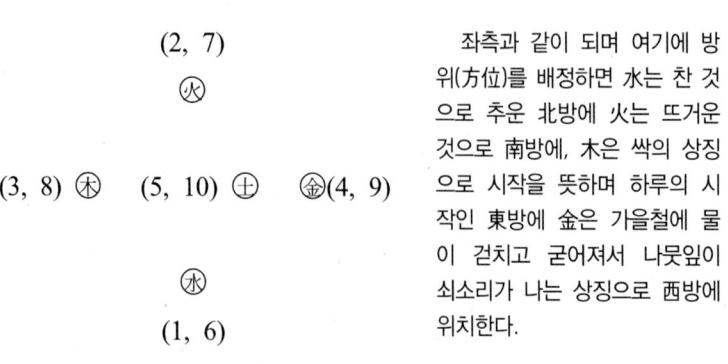

좌측과 같이 되며 여기에 방위(方位)를 배정하면 水는 찬 것으로 추운 北方에 火는 뜨거운 것으로 南方에, 木은 싹의 상징으로 시작을 뜻하며 하루의 시작인 東方에 金은 가을철에 물이 걷치고 굳어져서 나뭇잎이 쇠소리가 나는 상징으로 西方에 위치한다.

사계와 연관시켜서 1, 6은 北, 겨울. 2, 7은 火, 여름. 3, 8은 木, 봄. 4, 9는 金, 가을. 5, 10은 중앙으로 오른쪽 그림과 같다.

```
              2, 7(火)
              남, 여름
3, 8(木)    5, 10(土)    4, 9(金)
동, 봄       중앙        서, 가을
              1, 6(水)
              북, 겨울
```

다시 여기에 시간의 변화 질서인 12지(支)를 첨가해 보면 음이 가장 강한 즉, 양이 시생하는 시각을 子로 하면 양이 가장 강해져서 火에서는 음이 시생하고 그 시각이 水가 된다. 자축인묘진사오미신유술해(子丑寅卯辰巳午未申酉戌亥)는 시간의 하루 밤과 낮이 변화하는 과정을 의미하는 것이니 위의 것을 모두 종합하여 그려보면 아래와 같다.

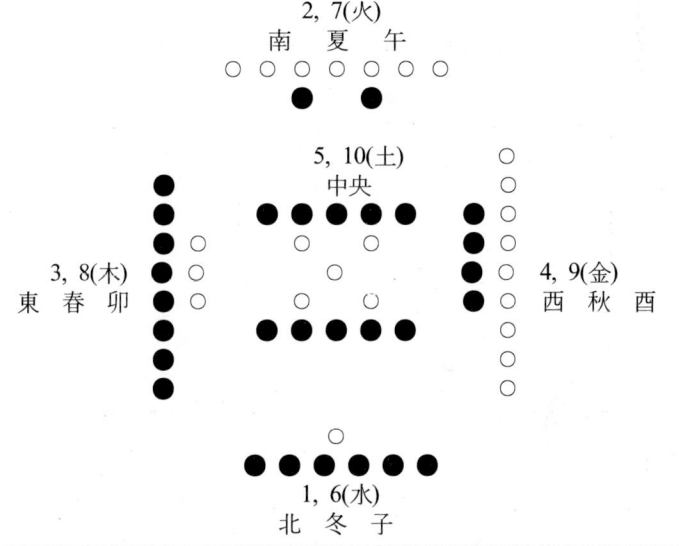

이와 같이 하도에 나타난 형상에서 우주의 근본적 변화 원리가 방위와 시간으로 각각 도출이 되는 것을 알 수 있다. 또한, 상수원리로부터 음양오행의 자리와 변화 관계성이 도출되고 설명되어진다. 이와 같이 동양철학적 사물관(事物觀)은 상수원리로부터 시작되는 것임을 알 수 있고, 여기에서 사주의 기본적 원리가 발생되는 것이다.

　4,200년 전 중국 夏나라 禹임금 때 洛水라는 곳에서 치수공사 중 신령스런 거북이가 발견되었는데 거북이의 등에 45개의 점상이 마치 글자 획을 그은 듯이 선명하게 나타나 있어 우임금이 물(水)을 다스리고 왕도정치에 활용하였고 周文王이 신구낙서를 보고 신묘한 이치와 원리를 깨달아 後天八卦를 만들었다고 전해진다.

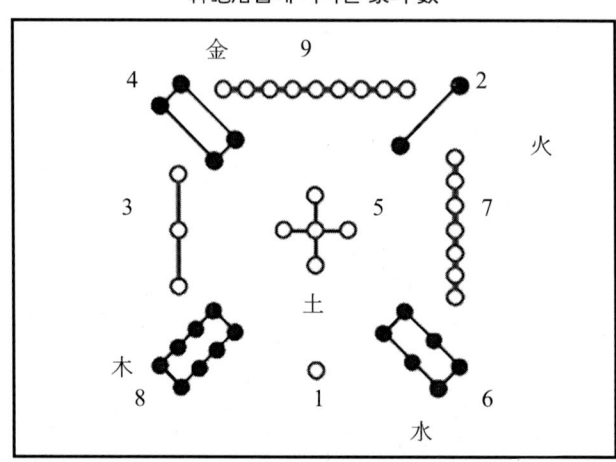

神龜洛書에 나타난 象과 數

　하도가 五行相生의 원리를 수(數)로 나타낸다면 낙서는 五行相剋(水剋火, 火剋金, 金剋木, 木剋土, 土剋水)의 순환운동을 나타내고 있다.

　일찍이 율곡(栗谷) 선생께서는 이 하도(河圖)를 天地自然之象이라 하고 낙서(洛書)를 人事當然之道라 하여 存在와 當爲의 근원적 일치성을 위와 같은 상수론으로 논증하였다.

(2) 사주명리학의 내력

① 중국

현존하는 사주명리학 서적 중 가장 최고(最古)의 문헌인 연해자평서(徐居易지음) 이전에 있었던 것으로 알려진 사주에 관련되는 문헌들을 정리하면 <표 Ⅰ-1>과 같다.

〈표 Ⅰ-1〉 사주명리학에 관련되는 문헌

문헌명	지은이	시대
원리소식부(元理消息賦)	낙녹자(珞琭子)	전국(戰國)시대
지남오성서(指南五星書)	원수성(遠守成)	〃
합혼서(合婚書)	여재(呂才)	〃
성력서(星歷書)	일행선사(一行禪師)	당(唐)대
록로서(轆轤書)	오대유(五代有)	〃
전가서(殿駕書)	송유(宋有)	송(宋)대 이후
교국서(喬掬書)	요금유(遼金有)	〃
초재서(楚材書)	야율(耶律)	〃
금당허실서(琴堂虛實書)	원대헌(袁大獻)	〃

이 시대의 사주명리학에 대한 권위자들로는 전국시대의 귀곡자(鬼谷子), 낙녹자(珞琭子) 등이 있었고, 한나라 시대에는 동중서(董仲舒), 사마계(司馬季), 동방삭(東方朔), 엄군평(嚴君平)등이 있었으며 특히 동중서(BC. 179 - 104)는 중국 前漢의 유학자로서 失政에 대하여는 하늘이 벌을 내린다하고 마음을 性善이니 情惡이니 하는 것은 편협된 주장이라고 孟·荀을 반박 하였다. "사람의 성정은 하늘

로부터 유래된 것이다." (人之性情有由天者矣)라 하여 사람은 수양을 거쳐 지선에 이른다는 「養性論」을 주장하였다. 삼국시대에는 관로(管輅), 진(晉)나라 때는 곽박(郭璞), 위정(魏定)등이 있었다. 당(唐)나라 때에 와서는 사주를 상당히 실용화시켰으며 원천강(袁天綱), 일행(一行), 이필(李泌), 이허중(李虛中)등이 있었다. 이들은 사람들의 운명을 보는데 신험(神驗) 하였다 한다.

莊子의 신비적 체험의 경지에서의 道와 德. 그리고 C.G. Jung의 무의식의 상징성, 꿈에 의한 예지 등과 상통하는 바 있다. 또한, 저자의 스승이었던 박제산 선생의 30대 초반 시절 함양 백운산의 상련대 통신암에서 수도 정진하던 때에 이와 같은 신험한 현상을 체인하였던 것 같다.

사주의 역사에서 가장 큰 획기적 전기를 마련하여 사주명리학 중흥의 시조(始祖)로 칭송되는 사람은 명나라의 서거역(徐居易)이다. 본명(本名)은 "命理正宗"에서 서균(徐均)으로 되어 있는바 거역(居易)은 본명이 아니고 후일에 개명하였던 것으로 추정된다. 거역(居易)이라하면 '역(易)에서 산다'는 뜻이니 태어날 때 이런 이름이 命名될 수 있는 가능성이 희박하기 때문이다. 서거역은 인명감정의 실제 임상에서 사주의 생년(나이)을 주로 하였던 당시의 간명법(看命法), 즉 사람의 퍼스내리티를 태어난 해(나이)가 같은 사람끼리는 동일 또는 비슷한 것으로 전제하고, 속칭 띠(生年)의 관계성만으로 길흉화복을 점쳤으며 개인의 적용에 生年을 우선시 하던 방법(唐四柱)을 혁신하여, 일간(日干)위주로, 生月을 용신(用神)으로, 生時를 보조신(補助神)으로 하여 간명한 최초의 시행자이다. 저서로서는 사주명리학 최고(最古)의 문헌인 연해자평(淵海子平)서가 있다. 자평(子平)은 서거역의 아호로 물(子水)의 속성에서 딴 것 같다.

탁영필기(濯纓筆記)에「子平의 原類」라는 제목으로 기술되어 있듯이 인명의 추구에 있어서 명실 공히 혁명적 계기를 이룩한 이 분야의 중조(中祖)로 손꼽는다. 이 일주(日柱) 기준의 인명추구법이 오늘날까지 이설(異說)없이 계속 전수되고 있다. 연해자평서의 발간시점을 사주명리학에 있어서 체계와 이론을 정립한 명실상부한 원년으로 보아도 무방하다.

徐子平이 사망한 후에는 충허자(冲虛子)가 이 분야의 대가로 그 비전(秘伝)을 도홍(道洪)에게 가르쳤고 서대승(徐大升)에게 전해졌다.

명나라 때의 사주명리학에 대한 권위자와 문헌을 살펴보면, 장남(張楠)의 명리정종(命理正宗), 만육오(萬育吾)의 삼명통회(三命通會), 유백온(劉白溫)의 적천수(滴天髓)를 들 수 있다. 사주명리학이 꽃 피우던 청나라 초엽에는 진소암(陳素菴)의 명리약언(命理約言), 중엽에는 심효첨(沈孝瞻)의 자평진전(子平眞詮)이 있었고, 1935년에는 서락오(徐樂吾)가 궁통보감(窮通寶鑑)을 저술했으며, 근대에 와서는 위천리(韋千里)의 명학강의, 팔자제요 등 의미 있는 저술들이 있다.

이와 같이 사주는 중국의 상고시대로부터 싹이 터서 칠정사단(七情四端) 운명학에 기본을 두고 있다. 이것은 공자, 맹자의 윤리적 인간관으로, 사람이 짐승과 다른 점은 희노애락애오욕(喜怒哀樂愛惡慾)의 칠정(七情) 위에 사단(四端), 인의예지(仁義禮智)의 발현이 측은(惻隱) 수오(羞惡) 사양(辭讓) 시비(是非)로 나타남에 있다는 것이다. 관념론이기는 하지만 천명관(天命觀)에 따라 오랜 세월동안 변천의 과정을 거쳐 왔다. 그러다가 당대말 서거역 이후 사람의 생일을 운명주체로 하여 다른 오행과의 관계성을 보다 인식론적으로 개인에게 적용하여 닥쳐올 미래의 비전을 제시하는데 한 몫을 하였다.

② 우리나라

전술한 바와 같이 중국에서는 시대에 따라 그 정도의 차이는 있으나 사주명리학에 대한 학문적 추구의 노력과 긍정적 사고를 인식할 수 있다. 그러나 우리나라에서는 주자의 성리학에 밀려 조선 초기 이후 음지에서 음도로 민중의 이면문화(behind culture)가 되어 흘러온 것이 사실이다.

우리나라에서 주역에 대한 교육의 시작은 고구려 소수림왕 2년(372)으로, 조선시대 성균관에 이르기까지 최고의 교육기관에서 정규의 교과목으로 강론되었던 기록들이 확인되고 있다.

주역에서 파생되어 나온 사주명리학의 내역을 살펴보면, 조선시대 초기에 사주팔자를 보는 인재를 등용하는 과거시험이 있었다.

중인계급들이 응시하는 잡과 중에서 음양과가 그것이다.

우리나라에서 사주팔자에 대한 최초의 공식적인 기록은 조선왕조의 법전이라 할 수 있는 경국대전(經國大典)이다, 전문적으로 사주팔자를 보는 사람을 국가에서 과거시험으로 선발하였다는 기록이 나타난다.

최종 시험에 합격한 자를 관료로 채용하여 주로 왕실의 궁합, 택일 업무에 전속시킨 왕실전용 명과학 교수가 있었다.

조선시대 '음양과(陰陽科)'에 대한 역사적 기록을 살펴보면 세종 27년(1445년)에 '명과맹(明課盲)은 연소자 10명을 선발하여 서운관(書雲觀)(후일의 관상감)에 소속시키고 훈도 4·5명을 두어 3일에 한 번씩 모여 습업(習業)케 하였다' 라는 기록이 있다.

또한 관상감(觀象監)에는 영의정이 겸임한 영사(領事)를 비롯하여 많은 관원이 있었고 관원 외에는 산원(散員)이라 하여 천문학·지리학·명과학의 3개 분야로 나누어 비정규직 직원을 다수 채용하였다.

제왕학의 부류로 금기시 하면서도 天地人 三才의 우주론적 실체를 규명하려는 뚜렷한 위정자의 현정적(賢政的)의도가 실천되었던 것으로 보인다.

관상감 내에 정직(正職)의 명과학 훈도(訓導) 正9품 2명을 두어 사람의 운명·길흉 등에 관한 학문을 가르쳤다. 후일 왕실 전속으로 채용될 인재였다.

<경국대전>에는 명과학생도가 10명으로 여기에 명과맹이 소속되어 교육받은 것으로 미루어 천인(賤人)도 있었다고 본다.

명과맹을 선발한 의도가 어디에 있었을까?

아마도 왕조의 보존적 차원에서 천기(天機)가 누설되지 않도록 보안조치 하는 데는 앞 못 보는 소경이 천생적(天生的)으로 알맞았기 때문이었으리라 짐작된다.

명과학 과정을 마칠 무렵 최종시험을 통하여 관상감 참외(參外)의 체아직(遞兒職)을 제수 받을 수 있었다.

당시의 시험과 과목은 원천강(袁天綱), 서자평(徐子平), 응천가(應天歌), 범위수(範圍數), 시용통서(時用通署), 극택통서(剋擇通書)

등이다.

　이러한 과목들은 오늘날의 명리학 연구에도 항상 원용되는 우주이치의 진리서로 평가받는 것 들이다.

　이에 반하여 민간에서는 크게는 역모에 결부시키거나, 작게는 혹세무민하는 것이라 하여 이단시되어 왔다. 실제 마음속으로는 좋아하면서도 겉으로는 전혀 아닌 체하는 인심의 이중성을 나타낸다. 이러한 이중성, 즉 한국인의 체면심리와 눈치심리가 형성된 배경을 한국사회에서의 유교문화현상이 나타내는 중요한 사회현상으로 지적할 수 있다. 이렇게 묘한 이중적 평행을 유지하면서 조선시대의 개화기 이전의 사회에서는 적어도 사주라는 것이 궁중에서부터 서민대중에 이르기까지 그들의 꿈과 이상을 갖게 하는 희망이었고, 불안과 갈등을 해소하는 돌파구이기도 했다. 또한 신생아의 작명을 할 때에는 한 생명의 출생에 대한 축복의 메시지가 바로 사주에서 나왔고, 일상의 생활에서 남여 결혼을 위한 궁합, 사성, 택일 등에서는 사주가 곧 사랑과 평화의 발원문이기도 하였다. 500여 년 간의 조선시대가 받아들인 사주명리학에 대한 서민정서와 평가에 대하여「승자의 기록은 태양의 조명을 받아 역사로 남고, 패자의 기록은 달빛에 바래져 신화가 된다.」라는 어느 작가의 말씀으로 가름하기로 한다.

　근대에 이르러 우리나라 역학계의 대표적인 명인을 살펴보면, '명리요강(命理要綱)'과 '명리사전'을 저술하여 명리학계의 발전에 공이 큰 도계(陶溪) 박재완(朴在玩:1903-1992) 선생과 '사주첩경(四柱捷經)' 전6권을 저술한 자강(自彊) 이석영(李錫暎;1920-1983) 선생,

그리고 학문이나 저술보다 직관과 도통(道通)에 더 뜻이 컸던 제산(霽山) 박재현(朴宰顯: 1935-2000) 선생을 들 수 있다. 박제산 선생과 본 저자의 인연은 거의 40년간이다. 문하에 입문하기는 20년 전이다. 사주명리학의 백지상태에서 오직 학문과 수련으로 정진하였으며 1985-1993년간에 두 차례에 걸쳐 선생의 측근에서 보좌하였다. 선생의 사상은 이(理)보다 기(氣)를 우선하였으며 잡다한 이론적 대담보다 직관적 통찰을 중요시하였다. 항시 도통(道通)에 뜻이 있어 1987. 3월에는 금단대도의 진법을 전수하고자「진단학회(眞丹學會)」를 창립하여 재야에서 동참하는 자 33인을 규합하였다. 이때에 장문의 발기서문을 원고도 없이 즉석에서 저자가 줄을 쳐 나가는 대로 거침없이 쓰셨으며 전반적인 업무의 추진은 저자가 주관하였다.

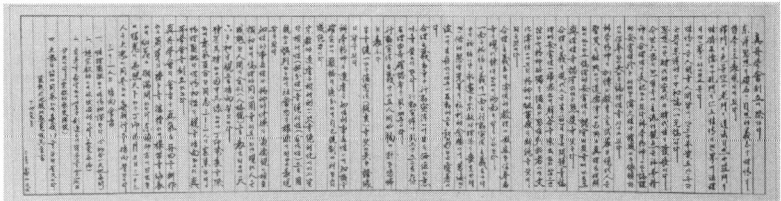

33인의 지향회지(指向會旨)를 선언하고 '진단학회' 창립총회를 개최하는 석상에서 사회를 보는 저자. (1987년 3월) 해운대 ××호텔에서

덕운정사의 뜰에 앉아 지난날의
생각에 잠기면서(2000년 3월)
당시 선생은 중환으로 입원하여 그해
8월에 타계하였다. 저자는 그 이듬해
3월에 교수로 임용되었다.

　선생의 고향인 함양군 서상면 옥산리에 건립한「덕운정사(德雲精舍)」는 사찰건물이 아니고 중국의 영락궁(永樂宮), 즉 도가의 여조(呂祖)와 종조(鍾祖)를 모시는 도관(道館)의 스타일을 벤치마킹한 것이다. 생전에 영락궁의 사진을 보여주시면서 설계도면을 수차례 저자에게 설명하시었다. 이런 점으로 미루어보아 도를 이루기 위한 선생의 염원을 짐작할 수 있다.
　박제산 선생의 편저로는 사주명리학 서적이 아닌 금단대도(金丹大道) 수행법을 선불합종(仙佛合宗)에서 그 진수만 발췌하여 엮은 '선불가진수어록(仙佛家眞修語錄)'이 있다. 사주명리학에 대한 연구의 불모지와 같은 우리나라에서도 사주명리학에 대한 탐구의욕은 그 맥을 이어오고 있다. 그러나 안타깝게도 과학적 검증을 거치지 못하여 학문으로서의 정체성을 갖지 못하고 있는 실정이다.
　저자는 20여 년 전부터 사주명리 추구의 길로 들어서서 임상체험과 부단한 탐구의지로 사주명리의 학문적 정체성 확립만을 지상의 명제로 삼고 살아 왔다. 그러던 중 경영학분야에서 퍼스내리티 이론과 사주명리의 인성론과의 과학적 접근으로 사주가 제시하는 성격특성이 서양의 성격특성이론과 같은 검증결과를 얻어 성격특성예측을 위한 사주명리학의 연구로서는 우리나라에서 처음으로 경영학박사 학위를 취득하게 되었다.

  학문 발전을 위한 결과적인 면에서 보면 참 다행스러운 일이기도 하지만 선행연구가 거의 없는 상태에서 체험과 탐구 의지 하나만으로 고지를 탈환하기에는 역부족인 면이 많았다.

  앞으로 남은 과제는 사주명리학 전반에 걸친 학문적 정체성 확립이다.

  사주명리이론으로 박사학위를 취득한 저자에게서의 남은 생애는 위의 과업 수행에 전력투구해야 할 실존적 결단뿐이다.

  뜻이 성취되는 날이 5년 후가 될 수도 있고 10년이 더 걸릴 수도 있을 것이다. 진인사대천명(盡人事待天命)의 자세로 지금도 임상체험에서 나오는 개인의 명조에 대한 미래예언 내용을 후일의 큰 논문의 자료로 쓸 생각에 차근차근 모아 둔 사주간명지가 대부분이다. 사주명리가 제시하는 개인의 미래예측성에 대한 검증은 물론 실증적 논문의 살아있는 자료가 될 수 있을 것이라는 저자만의 신념이라 할까.

Ⅱ. 사주명리의 기본 원리

1. 오행의 개념과 내용

　동양의 우주론에 대한 철학적 발단과 그 흘러온 맥을 여러 문헌을 통하여 살펴보면 중국의 상고시대에 이미 대우주(大宇宙)의 생성과 변화에 대한 상수원리(象數原理)로부터 그 진리체계를 갖추게 되었고, 이것이 文武, 周公, 孔子를 거쳐 오늘날의 역학(易學)체계를 세우게 되었으며 한편 복희(伏羲), 기자(箕子), 추연(鄒衍) 등을 거쳐 음양오행론(陰陽五行論)으로 발전되었다. 음양과 五行관념이 결합할 수 있는 공통분모는 상반응합(相反應合)과 종시순환(終始循環)의 논리에서 찾을 수 있다. 본래 실생활에 필수적인 다섯 가지 물질을 의미했던 五物이 점차 정리되어 오행설로 발전됨으로써 단순한 물질에 그치지 않고 우주만물을 구성하는 元氣, 나아가 원리로 추상화한 것이다. 오행사상의 기저에는 수리관념 이외에 상이한 사물들 간의 상호관계에 의한 조화 관념이 깔려 있다고 보는 것이다.

　자연을 지배하는 우주정신은 상수원리의 법칙성에 입각한 것을 기본으로 하는바, 어떠한 생명체에 있어서도 그것의 크고 작음을 막론하고 각각 小宇宙를 형성하고 있다는 사실을 굳게 믿었다. 동양철학이나 동양의학에서 인간을 소우주로 보는 이유가 여기에 있는 것이다.

오행이란 대우주가 생성되기 이전의 한 통일체. 즉 태극(무극)에서 음과 양이라는 두 가지 기운으로 갈라지게 되었고, 음양은 다시 각각 분합작용(分合作用)을 일으킴으로써 다섯 개의 새로운 성질이 발생되는데 이것이 木, 火, 土, 金, 水의 오행이다.

오행은 중심(五)이기는 하나 고정개념이 아니고 운동(行) 개념을 품고 있다.

이러한 오행의 개념은 우주의 운동 원질(原質)로서 무형과 유형의 양면성을 띠는 물질의 성(性)과 질(質)의 합성체이다. 따라서 지구 위의 모든 삼라만상은 음양과 오행의 성과 질이 아닌 것이 없다.

사주명리학의 기본이론을 이해하는데 있어서 우선 필요한 음양과 오행에 대하여 보다 심도 있게 설명하자면 그것은 존재개념이라기보다 관계성의 개념으로 받아들여져야 하며, 개념정립을 위하여 음양이 서로 공유하고 있는 법칙성을 아래와 같이 들 수 있다.

첫째 음양의 '상대성'이다.

천지(天地), 주야(晝夜), 남녀(男女), 부부(夫婦), 사제(師弟)와 같이 맞서 있으면서 서로 의존, 공존하는 것이지 결코 적대시하거나 반대되는 개념이 아니라는 것이다.

그러므로 음양은 따로 떼어놓고(존재론적) 설명할 수 없다는 것이다.

둘째 음양은 고정되어 있는 것이 아닌 '변화성'이다.

마치 '달이 차면 기운다' '음지가 양지된다'라는 말이 있듯이 우주 안에서 음양으로 구성된 물질은 공간과 시간의 차원에서 볼 때 잠시도 변화하지 않는 것이 없다.

역사는 발전하는 것이 아니고 변화에 변화를 거듭하면서 다만 순환할 뿐이다. 이것이 역도(易道)다.

셋째 음양은 상대적 변화적이면서 상함적(相含的)인 '공존성(共存性)' 이다.

음중에 양이 있고 양중에 음이 있다(陰中陽 陽中陰) 이것이 상함적(相含的) 논리다.

천둥번개(陽)와 폭우(陰)의 관계나 부자(陽)로 사는 사람의 마음 속 근심(陰)과의 관계성을 예로 들 수 있다.

HIP(Human Information Process) 즉 인간의 정보처리 과정에서 나타나는 이중성(二重性) 마음과 같이 우주내의 어느 물질이나 정신에서도 음양의 존재는 복합적 공존성을 갖는다.

이와같은 음양은 때로는 서로 밀어내고 때로는 서로 끌어안으면서 대립과 융화를 계속하면서 창조적 생생의 정신으로 상호대대적(對待的) 작용을 한다.(理必有對待 生生之本也 : 二程子의 말)

여기서 다시 위 세 가지의 '상대성', '변화성', '공존성'의 관계성에 대하여 하나로 회통될 수 있는 중요한 개념은 '대대성' 이다.

저자 자신이 다년간 사주명리를 추구하면서 느낀 바로는 인명에 대한 간명의 기준과 요체가 바로 이 음양의 대대적(對待的) 작용에 있었다고 본다. 동양의 周易에서는 헤겔(Hegel)의 변증법적 체계에서 전개되는 正. 反에 대비될 수 있는 陽, 陰의 개념은 나오지만 合에 해당되는 개념은 명확하게 나타나지 않는다.

이것에 대한 해답이 곧 '음양의 대대성'이다.

실제임상(사주간명)을 해보면 음양의 관계성에 대한 진리를 아무리 파고 들어가도 결국은 조화와 균형의 논리에 귀결된다. 정명도, 정이천 선생이 피력한 生生의 근본, 즉 '음양의 대대성'이야말로 동양철학 최고의 원리이자 인간의 지고한 가치가 아닐까 생각된다.

헤겔의 正, 反, 合에서의 合은 곧 易의 대대성(對待性) 나아가 중정사상(中正思想)과 서로 부합되는 개념으로 본다.

주역(周易)에서 물질과 정신구성의 최소단위인 효(爻)를 보면 결코 모순이나 대립이 아닌 대대(對待)의 관계를 이루고 있다.

음양은 대립되는 듯 하나 그 이전에 이미 통일되어 있다.(태극에서 시생)

여기서 잠깐 음양의 대대성(對待性)에 관한 특성을 살펴보면
1. 대대(對待)라는 관계는 서로 상반된 타자(他者)를 적대적인 관계로 보는 것이 아니라 자신의 존재성을 확보하기 위한 필수적인 전제로서 요구하는 관계다.
2. 서로 상반적이거나 모순적인 관계를 공격·비판하거나 배척하는 관계로 보는 것 아니라 상호 성취의 관계, 성공적 지향의 관계 더 나아가 운동 추동력의 근거로 본다(相反相成相應의 논리)
3. 서로는 항시 균형과 조화를 이루고 있는 관계라는 것이다.
4. 공간적 관계에만 머무르지 않고 시간적 관계성을 포섭한다. 또한 가시적 관계성보다 비가시적 관계성이 더 큰 비중일 것이다.

이렇게 보면 다음의 결론에 도달한다.

위에서 말한 대대(對待)의 관념을 단적으로 표현한 개념이 음양(陰陽)이며, 이 음양의 대대적 구조와 관계성을 기본 축으로 하여 성립된 것이 위대한 주역(周易)의 사상체계(思想體系)라 할 수 있다.

고전(古傳)을 통하여 살펴본 오행성분에 대한 기본적 분류는 <표 Ⅱ-1>과 같다.

〈표 Ⅱ-1〉 오행성분의 기본적 특성 분류표

區分＼五行	木	火	土	金	水
수(數)	3, 8	2, 7	5, 10	4, 9	1, 6
방위(方位)	동(東)	남(南)	중앙(中)	서(西)	북(北)
절기(節氣)	봄(春)	여름(夏)	사계(四季)	가을(秋)	겨울(冬)
천간(天干) 지지(地支)	甲·乙 寅·卯	丙·丁 巳·午	戊, 己 辰, 未, 戌, 丑	庚, 辛, 申, 酉	壬, 癸 亥, 子
괘상(卦象)	진(震), 손(巽)	이(離)	간(艮), 곤(坤)	건(乾), 태(兌)	감(坎)
구성(九星)	삼벽(碧) 사록(四綠)	구자(九紫)	이흑(二黑), 오황(五黃), 팔백(八白)	육백(六白) 칠적(七赤)	일백(一白)
오기(五氣)	풍(風)	열(熱)	습(濕)	조(燥)	한(寒)
오색(五色)	푸른색(靑)	붉은색(赤)	노랑색(黃)	흰색(白)	검은색(黑)
오미(五味)	신맛(酸)	쓴맛(苦)	단맛(甘)	매운맛(辛)	짠맛(鹹)
오상(五常)	어짐(仁)	예절(禮)	믿음(信)	의리(義)	지혜(智)
오체(五體)	심(心)	온(溫)	육(肉)	식(息)	혈(血)
오장(五臟)	간(肝)	심(心)	비(脾)	폐(肺)	신(腎)
육부(六腑)	담(膽)	소장(小腸)	위(胃), 삼초(三焦)	대장(大腸)	방광(膀胱)
인체부위	머리, 모발 신경계	체온·혈맥 시력	소화계통 흉부, 근육	기관지 골격, 피부	비뇨기, 자궁, 살(腑)
오관(五官)	안(眼)	설(舌)	신(身)	비(鼻)	이(耳)
오각(五覺)	시(視)	미(味)	촉(觸)	취(嗅)	청(聽)
오성(五星)	혼(魂)	신(神)	영(靈)	백(魄)	정(精)
조후(調候)	온(溫)	열(熱)	조습(燥濕)	냉(冷)	한(寒)
오음(五音)	각(角)	치(徵)	궁(宮)	상(商)	우(羽)
오행소속음 (五行所屬音)	아(牙) ㄱ, ㅋ	설(舌) ㄴ, ㄷ, ㄹ, ㅌ	후(喉) ㅇ, ㅎ	치(齒) ㅅ, ㅈ, ㅊ	순(脣) ㅁ, ㅂ, ㅍ

區分 \ 五行	木	火	土	金	水
형상(形象)	ǀ	△	○	□	―
위치(位置)	왼편(左)	위편(上)	가운데(中)	오른편(右)	아래편(下)
지역(地域)	교외, 전원 조용한 곳	변화가 높은지대	중심가 넓은 곳	모퉁이, 각지 소란한곳	호수, 개천 낮은지대
인생(人生)	유년기	소년기	청년기	장년기	노년기
성정(性情)	곧다	활달	과묵	용맹	지략
재주	결과성	판단력	융화포용성	결단성	암기총명
하루의 시간	새벽3시~7시	오전9시~오후1시	새벽 오전, 오후, 밤의 사이시간	오후3시~7시	밤9시~ 새벽1시
국가(國家)	한국	일본, 동남아	중국	미국	구라파, 러시아
국내지방	동해안	부산, 남해안	대전	서해안	서울
종교(宗敎)	유교(儒敎)	기독교, 천주교	토속(土俗), 무(巫)	불교(佛敎)	도교(道敎)

1) 위 표에서 절기의 土성에 사계(四季)라 함은 '아직어리다' '여리고 가늘다'라는 뜻이 되고 '끝(末)'이라는 뜻으로 매절기의 끝달. 즉 3월(辰月), 6월(未月), 9월(戌月), 12월(丑月)을 말한다.(凡四詩之末月日季月)
하루를 두고 이에 해당되는 시간은 辰시(오전7시~9시).
未시(오후1시~3시), 戌시(오후7시~9시), 丑시(새벽1시~3시)이다.
시간이나 절기의 변화싯점에서 오행상의 土성이 사이에 끼어서 연결되어 있는 것은 주역에서 연원된 오행변화의 중도적작용(自化시킬 수 있는 힘)을 土가 발휘하는 이치로 이해되어야 한다. 또한 中和, 中庸, 中正사상과 상통한다.
2) 위 표에서 분류한 것 이외에도 무수히 많은 관점에서 오행을 세분 적용할 수 있는 사상(事象)은 헤아릴 수 없이 많다. 다만 공부를 시작하는 분들의 이해를 돕기위해서 약간 억지에 가까운 분류로 된 부분도 있을 수 있는 점 이해를 구한다.

區分 \ 五行	木	火	土	金	水
★전공분야 및 관련 사업별	건축, 조경설계, 그림 의상, 패션 농축수임업 (農畜水林業)	전기, 전자컴퓨터, 정보통신, 관광 열, 가스, 보일러, 호텔	토목, 부동산, 중개업, 사회과학분야 부동산 임대업	기계, 금속 자동차, 중기 항공기 의료기기 치과관련	수산, 해양식품, 약품 화장품, 생수 건강식품 목욕탕
★의료전공별	윗과 정형외과 척추디스크	정신신경과 안과 뇌신경 방사선과	내과 가정의학 소아과	이비인후과 치과 결핵과	산부인과 피부과 비뇨기과 성형과
★대학별 오행분류	성균관대 동국, 단국, 이화, 건국, 동아, 인하대 등	고려대, 경희, 홍익, 가톨릭, 부산, 경성대 등	중앙대, 성신, 신학, 경기, 대전대 등	연세대, 서강, 호서, 전북, 동의, 포항대 등	서울대, 외국어, 한양, 숙명, 명지, 수원대 등

동양에서는 희랍의 자연철학처럼 물질단위만을 가지고 유동, 변화하는 것을 측정하려는 것이 아니고 정신이나 생명을 가진 살아있는 물질(인간, 동물 등)의 동정(動靜)하는 모습을 측정할 수 있는 자연 그대로의 법칙으로서 오행법칙을 가지고 있었다.

오행의 기운은 모여서 응집되면 그것이 형체를 이루어 만물이 되고 그 기운이 흩어지면 다시 순수한 오행기(五行氣)로 돌아온다.

---

3) 위 표에서 ★표 부분에 대하여는 저자의 다년간에 걸친 개인별 실제 운명감정, 상담에서 자연스럽게 터득된 주관적 경향으로서 특히 대학입시생들의 전공이나 진로문제, 좋은 인연으로 된 대학의 선택에서 임상결과 지명도가 높게 나타난 순으로 오행분류한 것이므로 피간명자의 개인별 특성(사주명식의 구조)에 따라 적용 코드가 달라질 수 있음을 밝혀둔다.

이렇게 볼 때 생성 소멸하는 물질은 모두가 정신을 함유하는 존재로서 세상 만물은 반드시 자기의 활력소인 정신을 타고난다고 보는 것이다.

이러한 정신은 주역(周易)의 감리(坎離) 작용으로 설명되어진다. 자기 자신이 스스로 감(☵), 리(☲) 운동을 할수 있는 것은 우주 내에서는 오로지 우주와 인간뿐이다.

감(坎) 괘☵는 水의 중도적 작용으로 결국은 곤(坤)으로 귀결되어 정(精)을 이루게 되고

리(離) 괘☲는 火의 중도적 작용으로 결국은 건(乾)으로 귀결되어 신(神)을 이루게 되니 이 감리의 운동이 마치 찬물을 끓이면 회전하듯이 수승화강(水昇火降)을 번복, 계속하여 바로 우주정신을 만들고 유독 사람에게만 이 정신이 우주정신과 같이 있는 것이다.

음양의 법칙과 오행의 관계성에 대해서 따로 떼어놓는 단절적 사고를 하지 말고, 항시 연결고리를 생각하면서 보다 폭넓은 사유와 고귀한 가치성을 더불어 이해하려는 자세가 필요하다.

오행의 木, 火, 土, 金, 水에서 예를 들면 木은 나무요 火는 불이라는 것과 같이 자연형질 자체를 의미하는 것은 아니다. 그렇다고 자연형질 자체를 완전히 배제하는 것도 아니다. 왜냐하면 오행의 실체(實體)에는 형(形)과 질(質)의 두 가지가 공존하고 있기 때문이다. 형이하학적 개념인 형과 형이상학적 개념인 질을 합한 개념, 즉 형질을 모두 대표하는 것이다. 그러나 그 주된 관점은 어디까지나 상(象:형이상학적인 질)에다 두고 있다. 이것은 일반적인 象(모양)이 아니고 이면(裏面)에서 율동하는 생명력인 象. 즉 운(運)을 말하는 것이다.

사주에 있어서도 이 오행의 개념은 인명추구의 가장 기본으로서 마음의 파장과 율동(運)에 대한 해석과 통변이 끝날 때까지 그 기본 개념이 추호도 흔들려서는 안 되는 만큼 인명의 추구는 오행에서 시작하여 오행으로 끝이 난다 하여도 과언이 아니다.

개인의 미래에 대한 예측과 비전을 제시하는 인명추구의 실제에 있어서(사주명리의 실제 임상의 문제) 피간명자(被看命者)가 갖고 있는 현재의 성정(性情)에 추호도 구애받아서는 안 된다는 뜻이다. 즉 일시적 情(감성)의 작용이 본체적인 性(오행)을 혼돈시키거나 변화시켜서는 안 된다는 원칙적인 정신에 끝까지 철저해야 한다는 것을 뜻한다.

이와 같은 점에서 보면 오행을 근간으로 자기를 분석하여 설명하고 미래를 예측하여 비전을 제시하는 사주는 우리들의 생활에서 상식적으로 행하는 대화, 의견제시, 자문, 충고 등을 하는 일반적인 카운셀링과는 그 차원을 달리한다. 또한 권선징악적인 종교적 설교나 법문과도 다르며 신비적인 무속이나 점술과도 엄연히 구분되는 것이다.

쉬어가기

다음에 열거한 천간(天干) 10개를 암기 될 때까지 번복하여 쓰시오.
  甲 乙 丙 丁 戊 己 庚 辛 壬 癸
다음에 열거한 지지(地支) 12개를 암기될 때까지 번복하여 쓰시오.
  子 丑 寅 卯 辰 巳 午 未 申 酉 戌 亥

또한 甲子에서 시작하여 癸亥까지의 육십갑자를 몇 번이라도 번복하여 쓰면서 소리 내어 익혀보십시오
종래에는 훤히 암송할 수 있게 될 것입니다.
많이 읽고 많이 쓰면 직관으로 가는 초입경지인 '식관(識觀)'이 될 수 있는 것이 아닐까요.

天干이나 地支등 사주명리학에서 필수적으로 사용되는 한자는 글자의 형태나 뜻에 있어서 한 글자라도 다각적인 의미를 함축하고 있으며 글자 자체로서 곧 철학이 되는 것입니다.
〈예〉 甲이라 할 때는 木의 오행에 속하는데 같은 木의 오행인 乙(풀이나 화초같이 부드럽고 연약함)과는 그 성질이 다른 큰 나무나 상록수와 같은 거목으로 글자형상이 사물의 형질을 다 나타내고 있는 것입니다.
한글로 표현해서 안 될 일은 아니나 이와 같은 이유로 반드시 사주명리에서는 한자사용 원칙이 요구되는 것입니다.
'갑자' '을축'과 같이 한글로 쓰는 것은 숭고한 동양철학정신을 너무 가볍게 보는 작란끼로 밖에 볼 수 없겠지요.

2. 오운과 육기

(1) 오운의 개념

　음양오행(陰陽五行)을 핵심으로 하여 천인상응(天人相應)의 전체 관념 기반 위에 수립되어 그 체계를 갖춘 것이 운기학설(運氣學說)이며 이것이 동양의 한의학에서 기본 개념체계로 되어있다. 본래 운(運)이란 운행이나 율동 등의 요인과 그 상(象)을 표현하는 율동개념이다. 따라서 오운이란 오행의 법칙이 변화함으로써 이루어지는 통일체의 변화법칙(天干이 合하여 生함)이다. 五行이 자연자체의 기본법칙인데 반하여 오운은 기본 법칙에 의한 자연자체의 다섯 가지 原質. 즉 木, 火, 土, 金, 水의 오행이 실현하는 우주정신 즉 자율현상(自律現象)의 변화법칙과 그 상(象)을 말하는 것이다.

(2) 오운의 내용

　오운은 다섯 가지 율동법칙으로서 甲己 土운, 乙庚 金운, 丙辛 水운, 丁壬 木운, 戊癸 火운으로 구성되어 있다. 오행을 만물이 생하는 기본법칙으로 본다면 오운은 인간(동물)에서처럼 그 변화하는 상에 있어서 다른 자연계와는 달리 자기 스스로가 소우주를 이루면서 단독변화를 하는 것이다. 마치 태양계에서의 지구가 공전하면서 자전하듯이 자기 나름대로의 우주를 형성하는 바 자기스스로 조절하는 土化작용의 힘을 가지게 되며 자생적이며 영속적이다. 인간(동물)이 일반물질과 다른 점으로 五運이 甲己 土운에서 발생하여 운의 변화에 의해 운동하지만, 다른 자연(일반 物)은 다만 木火土金水의 氣를 받을 뿐이고 土化작용을 하지 못함으로 운(運)도 없고 신기(神機)도 이루지 못한다. 따라서 다른 자연계는 운이 작용하지 못하므로 때에 따를 수밖에 없고 다만 우주에 있는 기의 분산과 집합작용에 의해서 형상이 이루어지므로 그의 운동은 자율적 자생적이 못되고 타율적인 것이다.

사주명리에 있어서 甲乙=木 丙丁=火 戊己=土 庚辛=金 壬癸=水의 오행은 방위중심의 법칙이요 甲己=土 乙庚=金 丙辛=水 丁壬=木 戊癸=火의 오운은 변화중심의 법칙이다.

변화는 실체인 오행을 기본으로 하고 일어나는 것으로 오행법칙과 오운법칙은 묘하게도 연결되어있으니 한시도 따로 떼어놓고 생각할 수 없는 불가분의 관계이다.

(3) 육기의 개념

육기는 지구의 운동과정에서 오행과 질에 변화를 일으켜서 운행의 기가 하나 더 불어나게 된 것으로 여섯 가지의 기가 된 것인데, 이것은 지구에만 작용되는 기이다.

대우주에 꽉 차있는 기운들이 서로 합하는 능동(能動) 운동을 시작하면 오운으로 변화하는 것이며, 오운의 기화작용이 지구주위에 집중하게 되면 지구에서는 서로 충돌하는 수동(受動)운동을 시작하여 육기로 변화하는 것이다.

지구는 그 축(軸)이 23도 7분가량 기울어져 회전되기 때문에 여기서 정립된 축(子午)에서 인신상화(寅申相火)라는 새로운 불(火)이 하나 더 불어나게 되어서 '오운 + 상화 = 육기'로 지구의 기가 형성되는 것이다.

이 육기의 작용결과에서 인간인 소우주와 천지인 대우주와의 사이에는 수명과 정신의 차이가 생기게 되었다고 한다. 대우주는 천기의 소생이므로 음양이 균등하게 작용하여서 수명과 정신이 만전을 기 할 수 있는데 반하여(무한한 우주) 소우주인 인간은 지구위주의 소생이므로 항상 형에 대한 저항력이 부족하여서 정신과 수명에 차질이 생기는 것이다.(유한한 인생)

(4) 육기의 내용

육기는 바람(風), 열(熱), 불(火), 습기(濕), 건조함(燥), 추위(寒)의 여섯 가지 기를 말한다. 天干은 운(정신)을 취하고 地支는 기(육체)를 취한다.

운기학설(運氣學說)에 따라 이것을 설명하면 다음과 같다.
- 천간(甲乙丙丁戊己庚辛壬癸)에 오행(木火土金水)을 배정한다.
  - 甲+己…土　　乙+庚…金　　丙+辛…水
  - 丁+壬…木　　戊+癸…火
- 이것은 사주명리에 있어서의 天干合과 같다.

- 지지(子丑寅卯辰巳午未申酉戌亥)에 오행을 배정한다.

  寅·卯…木　巳·午…火　　申·酉…金
  亥·子…水　辰·戌·丑·未…土

- 지지 12개에 음양으로 배정하여 오행의 충돌로 인한 6가지의 氣(사주명리에 있어서의 6가지 地支合 작용과 다르므로 혼동하지 말것)가 발생되는 현상은 <표 Ⅱ-2>와 같다.

〈표 Ⅱ-2〉 음양오행과 육기의 배정표

지지	子*午	丑*未	寅*申	卯*酉	辰*戌	巳*亥
음양	소음 (少陰)	태음 (太陰)	소양 (少陽)	양명 (陽明)	태양 (太陽)	궐음 (厥陰)
오행	水*火	土*土	木*金	木*金	土*土	火*水
육기	군화 (君火)	습토 (濕土)	상화 (相火)	조금 (燥金)	한수 (寒水)	풍목 (風木)

* 군화(君火)는 인신상화(한동석은 '無根之火'로 표현함)의 변화가 생기기 전의 본래의 火운을 뜻한다. 君이란 主나 本의 뜻과 통한다.
* 상화(相火)는 지구의 軌가 23.7도(寅申相冲자리에 가까움)로 기울어져 회전함으로써 발생하는 火로서 地上의 모든 유기체의 生成에 알맞은 따뜻함(溫氣)이다.

위에서 천간 오행의 배정은 인명추구에 있어서 대운(10년간씩 나누어 적용함)을 예측할 때 응용한다. 지지 오행의 배정은 한해의 운세를 예측할 때 응용한다. 오행의 충돌로 인한 기는 기후의 이상변화로서 사람의 신병기운을 예측할 때 응용한다.

이상에서 살펴본 바와 같이 오운과 육기는 자연계의 온도와 기후의 변화가 우주만물, 특히 인간에게 어떠한 영향을 주는가에 대하여 해석하는 고대의 우주론적 논리체계이다. 이것은 현대에 와서도 동양철학과 인체의 생명과 건강을 도모하는 한의학에서 기본원리로 중시되며, 운명감정에 있어서 개인의 건강운을 살펴 추측할 때 주로 적용된다. 또한 인간만사의 성공과 실패는 충돌함으로써 새롭게 변화(파괴가 곧 건설의 원동력)한다는 통변상의 기본원리를 제시하여 준다고 본다.

3. 오행의 상생(相生)·상극(相剋) 원리

(1) 상생과 상극의 개념

오행의 상생과 상극은 자연계의 운동 원리이며 변화의 일반법칙이다.

오행(木, 火, 土, 金, 水)은 그 본체는 하나이나 각각 양면성을 갖고 복합적으로 연계되어 있는 관계성을 가진 역동적 개념으로 이해해야 한다. 상생중에는 상극성이 포함되어 있고, 상극중에는 상생성이 포함되어 있다. 만약 상생만이 있고 상극이 없다면 일방적으로 치우쳐서 기형이 되거나 정상적인 균형발전이 될 수 없고, 상극만 있고 상생이 없다면 만물은 파괴되거나 유지 발전을 못하며 새로운 변화를 할 수 없을 것이다.

흔히들 상생은 좋은 것이고 상극은 나쁜 것이라는 선입관을 가질 수 있는데 이는 상극(相剋)의 묘(妙)를 모르고 갖는 인식이다. 상극(相剋)은 단순한 반격이나 파괴가 아니고 우주의 변화를 조성(助成)하는 모순대립(矛盾對立)이며 필요극(必要剋)인 것이다.

상생(相生)이 유지·생생의 정체라면 상극이야말로 변화의 정체이며 생명과 정신의 부모와 같은 것이다. 모순대립이 없는 세계는 바로 암흑과도 같은 세계이다. 예로서 오행상 木은 金의 剋을 받아 자기의 형(形)을 만들고 火를 생하며 오행상 水는 土의 剋을 받아 생명신(生命神)인 木을 생하며 곧 剋을 받음으로써 자기의 형을 만들고 가다듬어서 나아가 다시 창조하고 生하는 五行의 모체가 되는 것이다. 상극에 대한 이해를 돕기 위하여 사주명리의 육친관계 원리를 말하자면 남녀가 合하여 자손을 번성시키는 것은 여자일 경우(日干

이 水라면) 나(여자)를 극하는 남편(正官 : 土)을 만나 자녀(木)를 출산하고 남자일 경우(日干이 水라면) 내가 극하는 아내(正財 : 火)를 만나 자식(土)을 얻게 된다. 자식을 이기는 부모 없다는 말이 이러한 명리이론에서 나온 것이 아닌가 한다.(남자일 경우 官성이 자녀이니까) 만약 相剋하지 않고 相生(남여가 자유 동등, 양성평등으로 자기의 주장만 고집한다면)만 한다면 後生이 있겠는가? 相生만 좋아 하다가는 언젠가는 인구가 줄어서 人生의 본래 의미가 없어질지도 모를 일이다.

그러므로 상생상극은 일체의 만물이 서로 균형을 유지하면서 변화하기 위해서는 없어서는 안 될 필수 조건이다. 상호작용, 상호협조의 기초 위에서만 만물의 새로운 변화와 발전을 계속 할 수 있기 때문이다.

극한적 남녀 동등권 이나 절대 양성평등으로 사회 참여성이 좋아져 우선은 자유를 향유할지 모르나 여성의 임신거부나 요즈음 확산되는 DINK족(Double Income No Kid)들의 가치관은 인류의 단절을 초래할 수도 있다. 결코 우주정신이 허용치 않는 엄청난 재앙이 생길수도 있을 것이다.

(2) 상생상극의 내용

상생은 오행의 운동으로 변화되는 효과가 서로 성장 발전하는 방향으로 돕는 우호적 관계다.

상생의 순서는 木은 火를 발생시키고 육성하며 火는 土를, 土는 金을, 金은 水를, 그리고 水는 木을 발생시키고 육성한다. 하나의 오행은 그것이 발생시키고 육성하는 것이 있으면 반드시 그것을 발생시키는 것도 있다.

　예를 들어 木이 火를 발생시키고 육성한다면 木은 이미 水에서 발생되고 육성되어진다.

　이 경우에도 위의 상생에서처럼 하나의 오행이 다른 오행을 저지하고 파괴하는 것이 있을 때 반드시 하나의 오행도 또 다른 오행의 저지와 파괴적 충돌을 당한다. 적극성과 피동성의 연계로 계속되어진다.

　그러므로 오행의 상생과 상극을 합하여 보면 상생 중에는 상극성이 내재하고 있고 상극 중에는 상생성이 내재하여 상대적으로 돕기도 하고 저지하기도 하면서 항상 형평을 유지한다. 그러면서 생생(生生)한다.

　우주의 보편생명(우주 본체의 본질을 "生"으로 규정하는 중국철학사상)이 사람에 있어서는 선천적으로 지니고 있는 마음(仁)이다. 사람도 우주와 같이 생생불식(生生不息), 즉 능동성과 창조성이 무한하다는 것이 동양의 철학사상이다.

　오행의 상생과 상극의 관계성을 그림으로 표시하면 다음 <그림 Ⅱ-1>와 <그림 Ⅱ-2>과 같다.

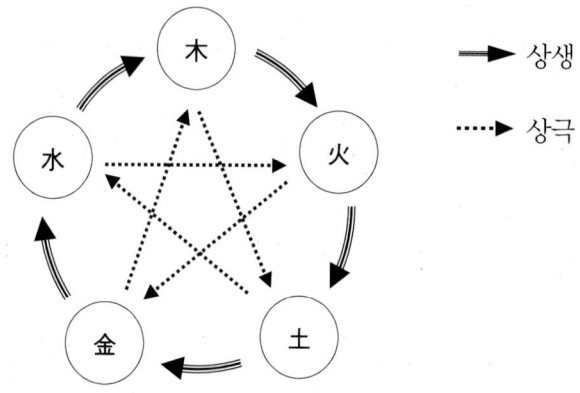

<그림 Ⅱ-1> 오행의 상생에 상극이 포함된 관계도

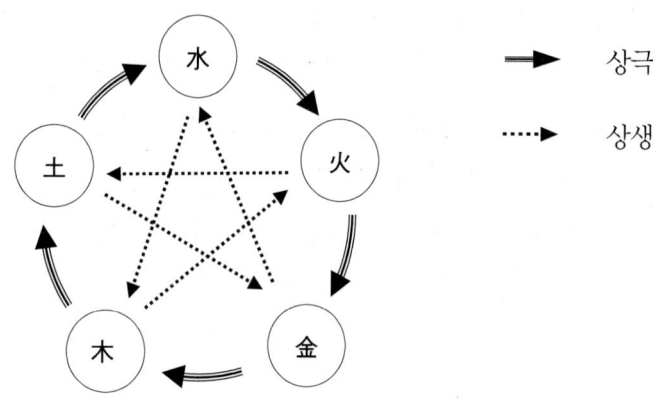

<그림 Ⅱ-2> 오행의 상극에 상생이 포함된 관계도

이상에서 살펴본 오행의 성장운동과 저지운동은 정상적인 상태에서 계속적으로 반복되는 변화작용이다. 그러나 오행사이에 기울어진 성쇠(비정상적인 현상)가 생기면 그 본래의 형평을 유지할 수가

없어 이상상태(異常狀態)로 되는데 이것을 "상승(相乘)"과 "상모(相侮)"라 한다. "승(乘)"이란 뜻은 몰아 붙여서 압박한다는 뜻이며 "모(侮)"란 무시한다 업신여긴다는 뜻으로 오행 상생상극의 법칙에서 보면 이것은 일종의 이상 현상이며 자연의 분노다.

극(剋)을 받던 五行이 반강(反强)하여서 극하던 五行이 도리어 모욕적 능멸을 받게 되는 현상으로 이러한 상모관계에서도 생(生)하거나 발전할 수는 있다.

'지구가 거꾸로 회전한다'하고 말할 수는 없으나 자연적인 질서 속에서도 가끔 이런 상모에 가름되는 현상이 일어날 수 있다는 가능성이다.

2004. 12. 26 돌발하였던 해일(쯔나미)을 회상해보자.

상모작용에 관한 예를 들면 일반적으로 金은 木을 剋(이긴다)하나 때로는 木이 金에게 이길 때도 있다. 학정에 시달리다 못해 일어나는 군중봉기나 반란, 혁명의 논리를 제시하는 부분이다. 사주명리 이론이 조선조의 왕권적 폐쇄체제나 권위주의시대에서는 이난으로 치부되거나 용납될 수 없는 논리임이 어쩌면 당연했을지도 모른다. 또한 이러한 오행의 성장과 저지의 운동 개념이 힘 있는 자들의 편에서 금기되거나 핍박을 받지 않을 수 있었겠는가? 오늘날의 이라크사태를 냉철하게 통찰 해 보자.

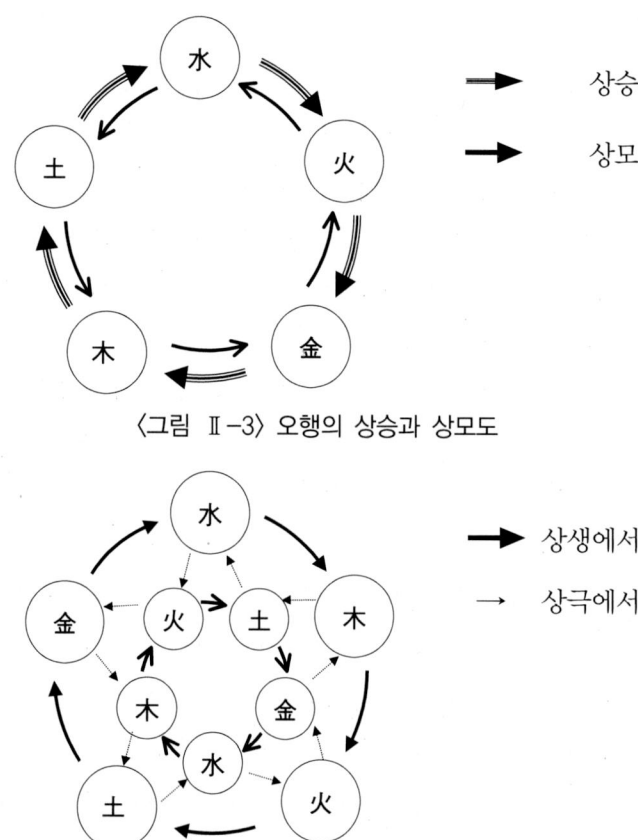

〈그림 Ⅱ-3〉 오행의 상승과 상모도

〈그림 Ⅱ-4〉 오행의 제약(制約)과 화생(化生)의 관계도

<그림 Ⅱ-4>의 테두리부분(木, 火, 土, 金, 水)에 상생이 이루어지고 있고 그 안에 있는 오행과 상극을 이루고 있으면서 상생관계로 다시 형성되어 무한한 변화운동을 한다. 심히 무한한 변화가 마치 핵분열 되듯이 번복하면서 한번 화생하고 한번 제약하는 시간과 공간이 우주정신에 합치될 때는 자연의 순리가 될 것이나 만약 시간과 공간이 타력에 의하여 극한적 압축이 이루어질 경우 견디어 내지 못

하고 폭발할 수도 있을 것이다.

이 부분에서 저자는 어리석게도 '상대성원리'로 유명한 아인슈타인을 생각하면서 제2차 세계대전 종말에 히로시마, 나가사키에 투하되었던 원자탄의 큰 버섯 같은 핵분열의 장면 속으로 잠기어 본다.

동양철학에서 만물의 과정적 변화의 기본법칙을 설정할 때에 陽+陰=太極, 木+火+土+金+水=陰陽이라는 공식으로 귀납되거나 太極=陰+陽, 陰陽=木+火+土+金+水 로 다시 연역되기도 하므로 이것이 우주만물의 분합운동으로서 본질에 대한 측정척도가 된다.

사주명리학을 역사적으로 거슬러 올라가보면 우주정신에 입각한 분명한 원리가 상수학(象數學)에서 부터라는 것을 앞서 지적한바 있다. 상(象)이란 물(物)이 그 자체의 내용을 기미(징조)로써 나타내는 것이며, 수(數)란 상(象)의 내용을 표현하며 증명하는 것이다.

그러므로 象을 포착하기 위해서는 먼저 數를 알아야 할 것이다.

이러한 원리를 보여준 것이 바로 하도(河圖)와 낙서(洛書)이니 중국의 상고사에서 나오는 전설 같은 그림과 부호가 오늘날까지 호리의 가감도 없이 그 의미를 다하고 있는 것은 동양철학의 자존심이라 자부한다. 흔히들 '그럴 리(理)가 없다' '그럴 수(數)도 있다'라는 말을 자주한다. 여기서 리(理)란 근본체이니 존재론적 표현이요. 수(數)란 상(象)의 내용을 표현하며 입증하는 것이라 인식론적 표현이다. 수리(數理)가 발달하는 것은 곧 사물의 상(象)에 접근하여 그 실체를 증명하는 근본이 되는 것이다.

합리적 사유와 수학의 발달로 과학(科學)이 이루어져 고도의 물질문명을 창출한 서양 선진국들의 근본정신바탕은 알고 보면 동양의 상수원리(象數原理)인 것이다. 안타깝게도 동양에서는 사물에 대하여 실체에 접근하여 상(象)의 내용을 엄밀히 증명하려는 자세보다 존재론적으로만 접근하다보니 결국 관념론으로만 맴돌고 만 것이다.

'그럴 수도 있다'는 전제보다 '그럴 리가 없다'라는 전제로 일관된 셈이다. 현대의 사주명리학이 나아갈 길은 '그럴 수도 있다'는 사상적 전제로 종래의 관념론을 탈피하고 위대한 동양철학의 정신 속에서 하루 속히 과학적사고로 인명에 접근하여 그 진상(眞象)을 합리적으로 해석할 수 있는 힘을 모아가는 길이다. '그럴 리(理)가 없다'라는 카테고리(category)에만 매여있어서야 되겠는가.

다음은 상수원리에 대한 대강의 이해를 돕기 위하여
오행의 상생상극원리를 설명하는 가장 큰 기본 틀인 <하도>와 <낙서>의 운행 방향을 <그림 Ⅱ-5>와 <그림 Ⅱ-6>에 나타내었다. 주자는 <하도>와 <낙서>를 통해 오행의 생수성수론(生數成數論)과 상생상극론을 발견한 것이다.

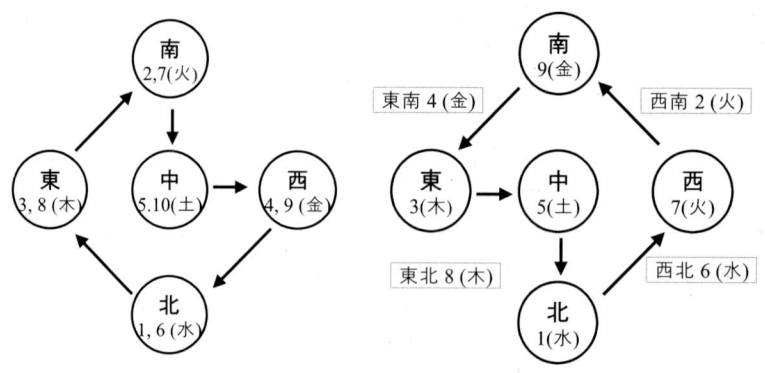

〈그림 Ⅱ-5〉 하도의 상생 운행도   〈그림 Ⅱ-6〉 낙서의 상극 운행도

그림에서 하도의 상생운행도는 자연수(自然數)가 통일하는 상(象)이며 낙서의 상극운행도는 자연수가 발전하는 상이다. 여기서 제시되는 것을 보아도 곧 상생은 통일을 의미하고 상극은 발전을 의미한다.

<그림 Ⅱ-5>와 <그림 Ⅱ-6>을 포개어 놓으면 어떻게 될까 음미해 보자. ⊕와 같은 스타일이 될 것이다. 곧 전체적 모형에는 증감이 없고 다만 오행에너지의 진행 방향만 正과 反의 방향으로 될 것이다.

거듭 강조하는 바는 상생과 상극을 따로 떼어놓고 생각하지 말고 흥미롭게도 포개어놓고 생각하는 지혜가 사주명리를 이해하는 첩경이 될 것이다. 전체적인 양(量)의 증감은 없고 내용의 질(質)도 正(+)과 反(-)으로 본래대로라는 점 ― 부처님 말씀에 부증불감(不增不減)이나 자연과학에서의 질량(質量) 불변의 법칙과 연관하여 사유해 보자.

오행의 운동과 변화법칙은 우주간의 모든 변화현상을 탐구할 수 있는 대 기본이기 때문에 철학, 의학, 물리학 등의 자연과학과 법학, 정치학, 사회학, 군사학, 경영학 등 사회과학의 원리 탐구를 위한 가장 근본적 법칙이 될 수 있다.

보충설명

'자연수'란 1, 2, 3, 4, 5, 6, 7, 8, 9, 10(자연질서를 의미하며 수열을 인간이 임의로 정한 것이 아니다)을 말한다.

하도(河圖)는 중국상고시대(복희) 용마의 등에 지고나온 그림(점무늬 같은 것 55개가 사방으로 나열표시)의 상(象)을 살핀 결과 그 그림의 뜻을 알아내고 해석 정리해놓은 것이다.

그림에 나타난 상에서 우선 1.3.5.7.9는 밝고(陽數). 2.4.6.8.10은 어둡다(陰數). 또한 생수(生數)인 1.2.3.4.5는 내포(內包)되어있고 (命數) 성수(成數)인 6. 7. 8. 9. 10은 생수를 포위하고 있음을 알 수 있다.(物數) 하도(河圖)의 연구는 곧 수(數)의 성립을 연구하는 것이다. 곧 1 水의 통일과 2火의 분열을 연구하는 것으로 1水가 2火로 발전하였다가 다시 1水로 귀장(歸藏)하니 수의 성립은 바로 水火운동의 성립이다. 1은 양(陽)이며 전체(全體)이면서 통일(統一)을 의미한다.

2는 통일의 방조자역할이며 분산(分散)의 주체이면서 전체의 半이다. 1이 2로 발전하려면 3의 협조가 필요한데 水火운동이 계속 번복되는 동안에 木(3)이 발생한다. 3이란 것은 1과 2의 합성체, 1은 순수한 양(陽)이고 3은 음양의 혼성으로 이루어진 陽(假陽)이다. 1+2 인 3은 음양의 혼성체다.

2는 3의 방조를 얻고 1은 4의 방조를 얻음으로써 순환작용이 이루어지므로 1 2 3 4의 서열이 결정되니 이것이 바로 水(1) 火(2) 木(3) 金(4)의 서열이다.

우주의 목적은 水·火(一, 二)의 반복인데 이것을 방조하는 것이 木·金(三, 四)이라는 원리가 성립된다. 이것이 자연수의 배열을 설명하는 요지다.

하도가 동서남북의 내부에 이러한 수를 내포하고 있는 것은 우주운동의 四大 원질의 기본인 생수(生數)의 발전순서가 이러하다는 게시다. 여기에서 우주운동의 모순을 조절하는 土(五)의 이른바 土化작용이 중요하다.

아무튼 수(數)가 성립된 이유에 밝으면 밝을수록 그의 변화에 밝을 것이고 따라서 우주 만물의 변화를 깨닫게 될 것이다.

4. 동양의 심성론에 대한 이해

(1) 주자(朱子)의 인성론(人性論)을 중심으로

서양철학의 발단이 아름다운 자연환경에 대한 인간의 경이(驚異)에서 라면, 동양철학은 인간의 삶 자체와 그와 연관되는 주위의 사상(事象)만을 사유(思惟) 영역으로 펼쳐나간 주관적인 학문이다. 도가와 같은 약간의 예외는 있으나 거의 인간 쪽에서 자연을 이해하려 하고 인간 자신의 내면을 성찰(省察)하는데서 우주의 체용(體用)과 변(變)에 대한 논리체계를 세우게 된다. 그러므로 동양의 인성론(人性論)은 우주의 본체론(本體論)이요. 대소의 차이만 있을 뿐 천인동기질(天人同氣質)의 천명관(天命觀)이다.

사실 중국의 상고시대에는 모든 사물이나 사건이 인간이 아닌 天 또는 上帝의 뜻에 의해 지배된다는 思考의 체계에 따라, 이때 上帝의 뜻을 인간사이에서 맡아보는 사람을 무(巫)라하고 그들이 사용한 방법을 복(卜)이라고 하였다. 1899년 중국 하남성 안양현에서 출토된 갑골(甲骨) 문자의 대부분이 商나라때(1751-1111B.C)의 복사(卜辭) 기록으로 이를 증명하고 있다.

이런 관점에서 살펴보면,

동양의 인성론에서 대표적 학문인 유가(儒家) 철학에 있어서의 천도론(天道論)과 인성론(人性論)을 한 체계 속에서 다루어야 하는 이유가 여기에 있는 것이다. 중국 철학을 집대성한 南宋의 유학자 주회암(朱晦庵)(1130AD~1200)은 主理論의 대표적 인물로서 성리학(性理學)의 거두이다. 정이천(程伊川)의 논지를 계승하여 당시 득세

하였던 老家의 허구사상이나 佛家의 적멸(寂滅)사상에 맞서서 자기 독창적인 인성론의 세계를 구축하였다. 사람의 心은 性(天理)과 情(人欲)으로 나누어져 서로 상대적 대결 관계인 相剋으로 보아 결국은 天理만을 택하고 人欲을 버려야 함을 주장하였다. 즉 생명의 행동적인 세계(氣의 세계)를 외면하는 정적수양론(靜的修養論)을 내세웠다고 볼 수 있다. 儒家의 經典에 나오는 극기복례(克己復禮) 존덕성(尊德性) 인심유위(人心惟危) 도심유징(道心惟徵) 유유일(惟惟一) 윤집궐중(允執厥中)등의 말은 聖人들이 보통 사람들에게「人欲을 滅해 없애야만 天理에 따를 수 있다.(멸인욕존천리 : 滅人欲存天理)」는 것을 가르친 것이라고 해석하였다. 그러니까 人欲이야말로 모든 惡行의 원인으로서 天理의 적(敵)으로 규정하고 그것을 막아내거나 없애는 무기는 오직「敬」뿐이라고 하였다. 이때의「敬」은 조화(調和)와 절제(節制)가 아닌 억정적(抑情的) 의미로 오도(誤導)되고 현실 생활에서 인간의 생기발랄한 면을 송두리 채 얽어매는 결과를 초래하였다.

이러한 주자(特)의 논리에 대한 청나라시대의 유학자들이 비판하는 것을 보면, 程子나 朱子의 이학(理學)을 가리켜「비상(砒霜)보다도 독하다」, 또는「가혹한 관리(酷吏)는 법으로 사람을 죽이지만 송유(宋儒)는 理로 사람을 죽였다.」라고 하였으니 程·朱의 이론이 낳은 횡포나 고집을 짐작할 수 있다. 아마도 漢族이 元이나 淸의 이민족통치를 받게 된 원인이 여기에 있은 것이 아닌가 싶기도 하다.

朱子의 우주관 인성론은 주돈이의 태극도와 장횡거의「西銘」을 이기 이원론(理氣二元論)으로 설명하였다. 朱子의 性과 情의 관계론을 살펴보면, 性을 本然之性과 氣質之性으로 칭하면서 이 두 가지가 별개의 것이 아니고 本然之性이 氣質속에 있는 것을 氣質之性. 즉 氣質가운데 있는 性이라는 것이다. 또한 氣가 응취할 때 정수(精粹)한 것과 저잡(低雜)한 것이 인간과 사물의 차이를 낳게 하니 수양과 공부로서 깨끗하게 할 수 있다고 보았다. 이때 氣質之性을 本然之性으로 자각하게 되는 것이다.

天理와 人欲은 맞닿아 있는 것이지 두 개가 아니다. 人心은 모름지기 天理에 있으면 天理를 보존해야 하고 (當然理) 人欲에 있으면 人欲을 버려야 한다. 天理는 公共한 욕구이며 人欲은 利己心에서 발생되는 私的욕구로 본다. 배고파 먹고자 하는 욕구는 天理이며 먹되 맛을 따지면서 더 맛있는 것을 요구하는 것은 人欲이 되는 것이다.

情은 마음이 발동한 것이므로 그 자체를 惡으로 돌릴 수는 없다. 情이 性에 따라서 발동하느냐, 외부환경에 따라 발동하느냐 하는것에서 비로소 善惡을 말할 수 있다 하는 것은 人心(人欲)과 道心(天理)의 경우와 같다.

性은 물과 같고 情은 물의 흐름과 같다. 이처럼 性이외에 마음의 모양을 설명한 개념들도 모두 작용·기능상에서 말한 것이다. 마음이 발동할 때의 어느 한 순간을 존재화 해 놓고 있게 하거나 없게 할 수 있다 하는 것이 잘못되었음을 누구이 지적하였다. 사람의 마음이야말로 그 허명통철(虛明洞徹)한 직각능력(直覺能力)에 의해서 정동성정(靜動性情)에 自存하여 性을 갖추고 보존할 수도 있으며 外物에 응접하여 움직이되 중절(中節)할 수 있는 주체라는 것이다. (…唯心乃虛明洞徹 統前後而爲言耳 據性上說寂然 不動處 是心亦得 據情上說感而遂通處 是心亦得」朱子語類眷5.)

心의 주재성(主宰性)에 대하여 살펴보면 마음의 움직임에만 나아가 주재한다 할 수는 없다. 움직이지 않을 때도 당연리(當然理)를 자각하고 그것을 보존하고 함양하는 것도 心이기 때문이다. 이와 같이 心을 性情으로 분별함으로서 어쩌면 도덕적 창생의 주체로서의 人間임과 그 마음의 탁월성을 설명 할 수 있다고 본다. 그가 주장한 심통성정론(心統性情論)이나 「性卽理」 등을 본체론에 기초를 두고 융합시킴으로서 그의 인성론은 완성된다.

朱子의 心性論에 대하여 「性論」에 대한 도덕성을 감쇄시켰고 그의 「性論」은 도덕창생의 뜻을 상실했고, 반대로 생각하여 본체를 증험하는 역각체증(逆覺體證)의 방법을 취하지 아니하므로서 결국은 존재론적 해석을 하고 말았다는 반박론도 있다.

그러나 심통성정론(心統性情論)의 진의규명과 거시적이고 포괄적인 사유로 그가 이룩한 넓은 성리학의 집대성 공과를 생각하면서 보다 긍정적 사고로 접근, 이해함이 요구된다.

주자의 인성론에서 사주명리학과의 관계성에 대한 올바른 이해를 위하여 지적해야할 부분이 있다. 사주는 단순히 점치는 것이 아니다. 사주는 그 자체가 인간성을 포함한 개념이므로 어느 때, 어디에서라도 개인이 있는 한 존재하며 보다 높은 가치 실현을 위하여 그 실체에 조금씩이라도 접근해가야 한다. 이것이 과학적 진리에 접근하려는 자세이기 때문이다. 사람들이 주로 큰일이나 어려운 난관에 봉착했을 때 사주에 의한 개인의 운명적 비전을 얻고 싶어하면서 정작 소홀히 여기고 비천시하는 선입견이나 외부에 나타내기를 꺼리는 견해와 태도가 어디서부터 연유된 것일까?. 이 물음에 대한 해답을 저자는 주자의 의리역학에서 구하고자 한다.

우리들의 무의식 속에 수백 년 전부터 깊이 새겨져 온 고착화된 잠재의식(이것을 융은 집단무의식이라 함)이 있다면 조선조 500년을 지배해 온 성리학의 논리와 주자를 들지 않을 수 없다. 주자 당시로 돌아가 그가 해석한 역학(易學)의 체계를 살펴보면 의리역학(義理易學)과 상수역학(象數易學)으로 대별한다. 상수역학은 점복(占卜)과 관련하여 성립된 역학체계로서 주역의 괘사에 주안을 둔 인식론적 접근이다. 반면 의리역학은 주역의 논리적 면에 주목하여 성립된 역학체계로서 자연과 인간의 법도에 주안을 둔 관념론적 접근이다. 한대(漢代)까지만 해도 역학은 음양재이론(陰陽災異論)을 중심으로 하는 점술경험의 이론으로 상수역학이 주류였다. 송대의 주자는 자기의 독창적 탐구자세로 철학적 근본의 세계로 파고들어 논리정연하게 자기의 뜻을 전개하였다. 상수역학의 도·상·수(圖·象·數)에 의한 방법론에서 단순한 점험(占驗)보다는 인간과 우주의 본질적인 문제들에 주목한다. 그러면서도 왜 의리역학을 주창했을까?

상수역학은 인간과 우주의 원리를 탐구하는 것 그 자체를 목적으로 하는 이상적인 경향을 띠고 있었고, 의리역학은 당(唐)을 대체하는 송(宋)이라는 새로운 시대를 경영하기 위해 시대이념을 제시하고자 한 철저한 현실인식을 바탕에 깔고 있었기 때문이다. 의리역학의 주체성은 우주와 인간에 있어서 상하(천지 : 天地)와 청탁(반상 : 班常)을 가리게 되고 이것이 지배와 복종의 체계를 구축하는 눈에 보이지 않는 강압된 힘이었다. 주자의 이론은 조선의 건국과 그 행보를 같이하여 직수입된 이존기비(理尊氣卑)의 사상으로 조선조 오백년을 예외 없이 묶어놓았던 것이다.

주자의 관혼상제에 관한 예를 보아도 실감할 수 있다. 민간의 생활이나 정신문화와 사고, 가치 기준의 설정에 있어서 주자의 이론에 대하여 반론이나 변명이 있을 수 없고, 신성한 학문 분야에서도 변화성의 주장은 곧 사문란적으로 되었다. 본래 역(易)의 뜻은 고정개념이 아닌 변화를 전제로 하는 것인데도 본래의 뜻은 뒤로 하고 의리만을 앞세우는 개인의 고집이 오랜 시대의 역사를 독단 일변도로 마비시켰다 해도 과언이 아니다. 사실 성리학과 명리학은 태극도의 기본 이념을 같이하는 것으로 학자의 접근 방향에 따라 인간성품의 이치를 다루는 것은 성리학이 되고, 인간 운명의 이치를 다루게 되면 명리학이 된다. 그러나 조선의 성리학 전성시대에서는 성리학만이 오로지 체제를 유지하는 성학(聖學)이었고, 사주명리학은 체제로부터 배척된 잡학(雜學)이었다. 성리학은 태양의 조명을 받아 양지의 역사가 되었고 명리학은 달빛의 조명을 받아 음지의 잡술이 되었다. 아무리 생각해도 성리학과 명리학은 그 체(體)는 같다. 다만 그 용(用)만 다를 뿐이다. 역학의 발생원천부터 시작하여 주자의 의리역학까지를 살펴보면 이제 우리는 역학본래의 정신을 이해하고 자기 성찰을 해야 할 것이다.

우주의 본체론적인 면이나 인간의 본성론적인 면에서 볼 때 상수역학(사주명리학의 원류임)이 본질적으로 의리역학보다 그 실체가 순수하고 인간이 추구해야할 높은 가치의 영역이라고 본다. 사주를 단순히 점치는 것으로 알고 비천시하거나 미신으로 알고 그냥 매도하는 것은 광대무변한 우주본체를 몰지각하거나 곧 자신의 진정한 자아를 매도하는 것과 같다.

사주명리학은 인간의 타고난바 개성이 우선되는바 집단주의나 권위주의와도 타협될 수 없는 독창적 분야로 정립되었을 때 그 진가를 나타낼 것이다.

(2) 태극도설과 천명도에 대한 이해

동양의 인성론에 대한 이해는 태극도설(太極圖說)에 대한 이해가 필수적이다. 태극도설의 기본적 개념 이해를 위하여 대표적인 도설만 살펴보기로 한다. 주렴계(周濂溪)의 태극도설은 중국 철학에 있어서 사유(思惟)의 원형(原型)을 이룬 주역(周易)의 음양원리(陰陽原理)를 그대로 수용한 것으로 도가의 우주론과 음양가의 오행설을 원용하여 만들어진 것으로 생각된다. 주렴계 이후 지금까지 전해져오는 태극도를 보면 아래의 <그림Ⅲ-1>과 같다.

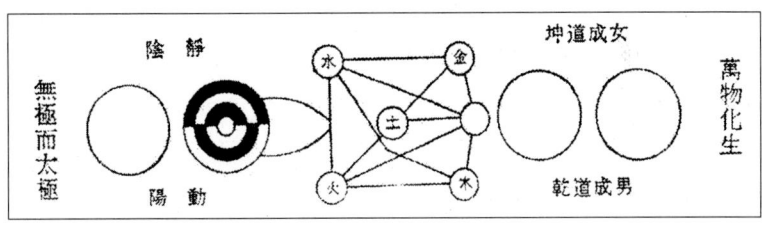

〈그림 Ⅲ-1〉 태극도

태극과 무극은 우주의 원형으로서 따로 떼어서 생각할 수 없고 음양과도 분리하여 생각할 수 없다. 매월당 김시습(1435-1493)은 태극은 이(理)라는 주자학에 반대하고 태극은 곧 음양이라 하여 이와 기를 불가분의 관계로 통일할 것을 주장하였고 다산 정약용(1762-1936)은 태극을 음양으로 분화하기 전인 「카오스」 상태로 보았으며, 「역(易)이라는 글자가 日月을 포함하였으니, 氣의 시초이니…」라 한 것을 보아 주자의 설과는 주장에 차이가 있음을 알 수 있다. 따라서 태극이거나 무극이거나 하나의 형질에서 음양(靜動)으로 나누어져서 오행으로 천변만화를 이루게 된다. 우주 속의 만물이 생성, 변화, 소멸하는 일련의 체계를 설명하고 있음을 알 수 있다.

다음으로 동양의 성격이론에 대한 우리나라의 고전을 살펴보면 가장 대표적인 것이 천명도(天命圖)이다. 천명도는 마음의 동정을 섬세하게 표현한 성격도해이다. 인간의 심성에 대한 실체를 파악하고 고증하기 위한 철저한 과학적 접근 자세를 엿볼 수 있다. 마음의 근본으로부터 마음의 내적 동요와 행동으로까지 옮겨지는 경로를 해석하기 위한 진실한 심리학적 탐구 자세가 나타나 있다. 다만, 이러한 합리적 격물치지(格物致知)의 설명서가 끝내 성리학에서 관념론으로만 존립이 가능했다는 것 자체가 정말 아쉽다. 조선 성리학에 있어서 천명에 대한 해석차이로 논쟁의 씨앗이 된 정지운(鄭芝雲)의 「천명도해」를 보면 마치 우주의 모양(天圓地方)안에 사람의 체형(頭圓足方)과 닮은 천인합일 사상을 기본모델로 하여 그려져 있다.

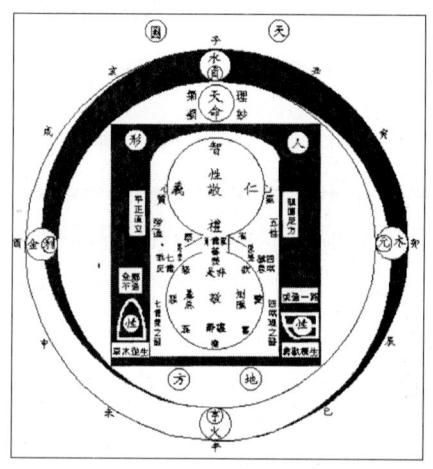

〈그림 Ⅲ-2〉 퇴계전서소재의 천명신도(天命新圖)

천명신도의 설명은 여러 학자들의 견해와 설을 바탕으로 하였다. 평소에 사주와 심성의 관계에 관심이 깊었던 저자의 주관적 견해가 부분적으로 개입되어 있음을 먼저 밝힌다.

천명신도를 면밀히 검토해보면
(1) 크게 두 가지로 구분되어 있는데 바깥부분의 원형은 우주를 표현한 것이고, 원형 안의 사각형은 인성을 표현한 것이다.
(2) 바깥부분의 둥근 원은 무한한 우주의 표현으로 周易에서의 元亨利貞(인성에 있어서는 四端과 유사한 개념이다.)의 근본(理)을

      元(木) 寅卯辰 東方
      亨(火) 巳午未 南方
      利(金) 申酉戌 西方
      貞(水) 亥子丑 北方으로 배열되어 있으며 (공간개념)

子水(正子時)에서 완전한 밤(검정색부분)이 새벽으로 되면서 점차 밝아져서 午火(正午時)에서 완전한 낮(여백)이 저녁으로 되면서 점차 어둠(검정색부분)으로 변화되는 주야의 변화모습(시간개념)을 볼 수 있다. 태극의 이(理)와 기(氣)의 유형을 헤아리는 것으로 생각된다.
(3) 내원 안에 있는 사각형(검정색)은 人(사람)과 形(만물)이다. 하늘(天)은 둥글고 땅(地)은 네모진 것이라고 하던 당시의 철학사상(天圓地方說)에서 작성된 것으로 본다. 사각형안에 있는 여백부분에는 사람의 마음을 표시한 것으로 이 또한 上圓下方

으로 道心(上位圖)과 人心(下位圖)을 표시하고 있다.
(4) 理는 묘(妙)하고 氣는 의(疑)하다는 전제를 하고 우주와 인간의 연결고리(천기가 품수 되는 자리)를 천명관으로 표시하였다.
(5) 상원부분에는 「心」을 표시
마음의 근본처에는 인의예지가 있으며 그 본이 性이요 敬으로 다스려야하고 밖으로 나타나는 것은 氣와 質이다.
(6) 하원부분에는 의(意)에서 발동하는 정(情)을 표현하기 위하여 글자를 이용하여 디자인하였다. 四端理之發 즉, 인의예지(仁義禮智)와 七情氣之發 즉, 희노애락애오욕(喜怒哀樂愛惡欲)을 표시하고 경(敬)을 강조하고 있다.
(7) 五性을 갖추고 모든 것에 두루 다 통하는(旁通) 내성적 존재와 두원족방(頭員足方) 하고 평정적립(平正直立)한 외형적 존재의 합성이 동물과 다른 인간이다.
(8) 性과 情을 敬으로 다스리고 오로지 성찰로서 본래의 선기(善幾)를 잘 닦아야 하는 것이 인간다움임을 표현하고 있다.

위 천명신도는 최초로 정지운(鄭芝雲)이 그렸던 것을 퇴계(退溪)의 수정을 받아 여러 차례 다시 작성되었던 것으로 추정되며 이 외에도 김인후(金麟厚 : 河西). 율곡(栗谷), 퇴계(退溪) 등의 것이 있으나 당시 학자들의 심성에 대한 분석태도와 탐구적 의지를 다시 일깨우는 뜻에서 퇴계전서 소장분 천명신도(天命新圖)를 소개하였다.

동양의 인성론은 인간다움을 강조하면서 "마음은 이러이러하므로 이러이러하게 행동해야 하는 것이다"라는 관념론적 윤리 일변도의 성격이론이었다. 이와는 달리 서양의 성격이론은 인간의 행동이 어떠한 마음에서 이러이러하게 나타내는가를 설명하여 행동의 근본인 마음을 이해하려는 인식론적 합리 일변도의 성격이론이라 할 수 있다. 만약, 동양에서 이러한 접근 자세가 객관적 관념론에만 머물지 않고 인식론으로 방향을 전환하였더라면 동양의 성격이론이 얼마만큼 발전되었을까 싶다. 아마도 서양의 프로이드나 융을 훨씬 능가하는 심층심리분석이 수 백 년 전에 이미 동양에서 이루어졌을 것이라 생각된다.

쉬어가기

성형수술하면 운이 달라지는가?

    강의실에서 어느 수강생으로부터 상학(相學)에 관계되는 질문을 받은 적이 있었다. '요즈음 성행하고 있는 성형수술로 얼굴을 잘 고칠 경우 팔자가 좋아지는가?'였다.
    저자 자신이 상법(相法)을 공부하기는 지금으로부터 근 15년 전 선생께서 주신 마의상서(麻衣相書)한권을 끼고 하동 땅에서 한여름철을 보낼 때였다.
    한지에다 붓으로 필사한 원문(原文)이라 이것을 해독하고 이해하는 데는 참으로 진땀이 났다.
    관인팔법(觀人八法)이 제시하는 좋은 상과 나쁜 상은 분명 있는 것 같은데 구체적인 해독정보(解讀情報)가 약하여 매력적으로 어필되는 정도가 미미하였음을 시인한다. 그래도 시작한 김에 운기구결(運氣口訣)이나 식한가(識限歌)등을 마치 독경(讀經)하듯이 열심히 읽었다.
    십이궁(12宮)이나 오행형, 오행색, 오형상설(五形象說)에 관한 것을 공부할 때는 음양오행론과 서로 통하는바 많아서 이해에 도움이 되기도 하였다.
    그러나 실컷 독송하고 난 후감은 무언가 애매모호함만 남아 '사주명리보다는 논리적 전개나 설득력 면에 부족하구나'하고 더 이상 심취하지를 못하였다.

    지금 생각하면 그때 좀 더 체득하지 못한 것이 유감스럽다. 왜냐하면 사주명리가 개인의 설계도면을 판독하는 것이라면 관상(觀相)은 건축물을 시각적으로 관찰하는 것이기 때문이다. 또한 유감은 사주명리의 임상경험에서 상담자의 찰색(察色)이 보조 재료로서 단단히 제몫을 하기 때문이다.
    관상이 불여심상(觀相而 不如心相)이라는 말들을 한다. 생각해보면 참 의미 깊은 말이다.
    상(象)을 통하여 마음을 다 읽을 수만 있다면 바로 성인(聖人)의 경지가 아닐까.
    관상에 있어서의 세 단계는 처음이 형(形)으로 보는 낮은 단계이고 다음은 색(色)으로 보는 중급단계이고 가장 높은 수준은 기(氣)로 보는 것이라는 것을 알고 있다. 그렇다면 문제는 형(形)을 고쳤을 때 기(氣)가 발산 또는 증가되느냐이다. 또한 그 기(氣)가 반드시 좋은 기(氣)이냐 라는 것이다.

검증된 바 없어서 질문에 답변하기가 퍽 곤혹스러웠다. 다만 긍정적인 부분은 남들이 보았을 때 좋은 인상으로 보이면 본인의 상(象)에 좋은 효과를 주게된다는 것이다. 결론적으로 소견을 말하자면 인공적인 성형으로 상(相)을 바꾸는 것과 팔자와의 간에는 正의 함수 관계는 아니다. 잘못하다가는 역기능이 커질 수도 있다. 그러나 남들에게 좋은 인상을 주게 되는 매우 자연스러움에 가까운 성형은 개인의 환경(운) 변수에 적어도 正의 영향을 끼칠 수 있다고 본다.

　남들이 보기에 혐오스러운 인체부위나 본인의 스트레스를 유발시키는 정도의 부분은 다소 손질하는 것에 긍정적 견해이다. 사주팔자나 상(相)은 다같이 상대성(음양) 이론이기 때문이다.

Ⅲ. 사주명식

1. 사주명식(四柱命式)의 개념

　사주명식은 개인의 성격을 분석하는 기본적 틀이다. 어떠한 사람이라도 출생하기 전까지는 호흡이나 영양섭취 등 생물적 본능이 오직 모체(母體)를 통하여서만 이루어지고 있다.
　입태(入胎)하는 때로부터 출생하기까지의 생성, 변화, 발전의 형태가 시시각각으로 달라진다. 너무나 무수히 많은 오묘한 육갑(六甲)의 변화가 있다. 이 육갑의 변화가 형이하학적으로는 육체의 원형적 형성과 발전이 되고 형이상학적으로는 인성의 원형과 관계성으로 된다.
　실제로 태아(胎兒)의 뱃속 움직임을 정밀하게 관찰하여 보면서 이것을 명리학적 관점에서 설명하자면 태아가 시시각각(時時刻刻)으로 생생(生生) 원리에 따라 극히 미미하게 변화되어 가는데 따라 사주(四柱)의 생년월일과 시(時)의 여덟 글자 중에서 최소한 시(時)의 干支五行이 바뀌어 갈 것이고 또한 사주전체와의 관계성(역동성)이 변화하여 갈 것이다.
　이렇게 하면서 24시간이 지나면 해당되는 일주(日柱)의 음양과 오행이 바뀔 것이고 따라서 타오행과의 무수한 변화와 관계성이 형성될 것이다.
　물론 달(당시의 月柱)과 해(당시의 年柱)도 따라 변화할 것이다.
　이것은 天時(우주의 時空)의 변화에 따라 태아도 오묘하게 따라 변화하는 이치이니 곧 우주정신과 꼭 일치하는 것이다.

태아가 입태되기 전을 우주론적 관점으로 볼 때는 음양분리 이전의 태극상태에 버금된다. 천지창조 이전의 혼돈이라 할까. 일단 모체 내에서 입태되는 순간에 자궁속에서 스스로(自化) 반복적이고 지속적인 태식(胎息)이 시작되는데 이것이 음양운동이다. 우주론적 관점으로 볼 때는 태극에서 음양의 양위로 분리되는 시점, 즉 천지창조와 비유된다.

이후 태내(胎內)에서 자라는 동안에는 누가 안 시켜도 순수(純粹) 자유(自由)로 생생(生生)하면서 대우주와는 모체를 통하여 호흡하는데 이것을 우주론적 관점에서 보면 음양에서 五行으로 역동적이고 다양하고 무수한 오행의 변화를 거치면서 形으로는 이목구비등 육체가 이루어지고 상(象)으로는 우주정신과 꼭 같은 본성(독특한 자기만의 개성)이 형성되는 것이다.

이런 점으로 볼 때 아무리 부족하거나 못생긴 사람도 똑같은 인격체이며 누구나 우주정신과 꼭 닮은 심성을 소유하고 있는 것이니 사람을 일컬어 소우주(小宇宙)라 하는 것이다.

그러므로 인간의 출생은 곧 소우주의 탄생이며 소우주(사람)와 대우주의 만남이다. 여기에서부터 금생(今生)의 모든 인연이 시생(始生)하는 것이다. 진실로 인간의 삶이란 자연의 순리인 천도(天道)를 벗어날 수 없는 것이다.

출생 전까지는 적어도 자기 스스로 무의식 세계에 있다. 동양사상은 이 부분을 출생 이후보다 더 중시하여 사람은 하늘로부터 생겨난 것이라는 천명관(天命觀)을 갖는다. 천지인(天地人), 즉 삼재(三才)에 의한 인간자체를 존귀성(尊貴性)과 소우주로서의 인격체로 보는 관점이다. 인간 그 자체로서 목적이지 수단이 결코 아니다.

이런 관점에서 사람의 나이를 출생시점으로부터 계산하는 서양식 계산법(만××세 라고 하는) 이 얼마나 인간의 원형적 인성면을 경시하는 것인가를 알 수 있다. 현대의 선진국이라면 극도의 과학발달이 천도(天道)에는 역행하는 행위라는 사실을 인식해야 할 것이다.

누구나 사람은 모체 내에서 성장하는 동안 헤아릴 수 없는 신비로운 변화와 자체 내에서 관계성이 형성되어 오다가 출생과 동시에 우주의 오행기(五行氣)와 맞닿는 순간 오묘한 법으로 불가사의하게 개성이 결정되고 구조화되는 것이다. 이것이 성격결정의 찰라(刹那)라 할 수 있다. 서양 성격이론에서 말하는 퍼스내리티의 근본 요소가 비로소 확정된다. 이것을 우주의 기운에 대한 부호로 표시한 것이 사주명식이다.

사주명식은 나타나있는 부호만의 단순성이 아니다. 무수히 많은 무의식 세계의 관계성과 출생과 동시에 외기(外氣)와의 순간적 결합으로 이루어진 의미 있는 복합적 구조이다. 같은 날 같은 시에 태어난 사람의 경우 사주명식의 구조나 글자의 형태는 꼭 같으나 얼굴모양이나 성격이 꼭 같은 사람은 하나도 없다. 이것은 태어날 때의 외부환경(출생지 등)의 차이로 인한 것이다. 또한 쌍태아(双胎兒)의 경우 한 뱃속에 있어도 잉태되어 출생되기까지의 태아기간에 형성되는 모체 내에서의 위치나 기(氣)가 꼭 같지 않기 때문일 것이다.

따라서 살아가는 형태도 달라질 수 있는 것이다. 저자의 임상체험에서 동일한 생년월일시인 사람이 잘살고 못사는 차이를 실제로 경험해본 바가 더러 있었다.

2. 사주명식의 작성법

우선 간명(看命)대상자의 태어난 생년월일시(生年月日時)를 만세력(萬歲曆)에 의해 해당 천간(天干)과 지지(地支)를 적는다.

천간과 지지의 오행은 사주의 결정에 있어서 가장 기본적 구성요소로서 오직 만세력에 의하여 결정되는 것이다. 이렇게 중요한 달력의 창제기원에 대하여 살펴보면, 중국의 상고시대 자부진인(紫府眞人)이 삼황내문(三皇內文)을 만들어 동국기문(東國奇門)이라 하였다는 데에서 유래한다.

당시는 사실적 역사기록이 애매하던 시대로 설득력은 약하지만 중국의 삼황오제시대에 이미 우주의 시간적, 공간적 계산이 초월적 경지에서 만들어졌던 것으로 추정되며 이것을 달력의 시원으로 삼는 것이다.

그 후 당나라 고종 때에 이순풍(李淳風)이라는 사람이 태음력을 만들었다. 이것을 신라 문무왕 14년(674년)에 대나마덕복(大奈麻德福)이 처음으로 수입하여 만든 것이 인덕력(麟德曆)이다. 우리나라로서는 이 인덕력이 최초의 달력이라 할 수 있다. 삼국시대와 고려시대를 거쳐 조선조 숙종 34년(1708)에 시헌력(時憲曆) 오성법(五星法)이 제정됨으로서 근대 역서로 정립되었다. 정조 6년(1782)에 천세력을 만들어 미래 100년간 (1777-1876)을 추산하게 되었으니 역서로서의 기틀이 완성되었다. 100년간의 달력이라는 뜻으로 백세력, 백중력이라고도 한다.

고종 32년(1895, 조선조개국 504주년)에 음력 11월 17일을 개국

505년(1896) 양력 1월 1일로 하는 개력(改曆)을 단행하였다. 이듬해 광무원년 즉, 1897년 11월에 지금까지의 시헌력을 개정하여 비로소 만세력(萬歲曆)으로 공포 시행하였다.

그 후 1977년에 국립천문대에서 편찬하고 남산당(南山堂)에서 출판함으로써 과학적 관측과 계산에 의한 명실상부한 역서로서의 기초를 다지면서 오늘날까지 이르고 있다. 매년마다 한해가 저물어가는 12월이 되면 다음해의 책력이 시중에 출간되어 나오는데 '××년 大韓民曆' 이라는 것이다. 만세력과 다른 점은 시간에 대한 환산까지를 엄밀하고 세세하게 기록되어 있어서 음양오행에 관계되는 모든 인사를 정하는 데는 필수적인 '시계책(時計冊)'이라 할 수 있다. 저자가 오랫동안 사용하고 있는 책력은 남산당 출판본이다.

사주명식의 개념을 명확히 하기 위하여 사주명식의 작성 실례를 들어보면 다음<예>와 같다

<예> 2003년 1월 1일 (음력으로는 임오년 11월 29일 임) 낮 12시에 출생한 사람(남여, 성별에 관계없이)의 사주를 만세력에 의해 작성하면 <표 Ⅲ-1>와 같다.

사람의 사주(생년월일시의 네 기둥)를 하늘기운인 천간(天干)과 땅의 기운인 지지(地支)로 나누면 여덟 개의 글자(八字)가 되므로 이것을 합하여 사주팔자(四柱八字)라 한다.

〈표 Ⅲ-1〉 천간지지의 사주 배정표

간지 \ 태어난	년	월	일	시
천간	壬	壬	甲	庚
지지	午	子	戌	午

　사주명식의 작성에 있어서 중요한 것은 생년월일시의 결정에 대한 인식기준 이다. 일반적으로 사용하는 달력의 기준에 의한 년도나 월의 적용과는 다른 점이 많이 있으므로 아래의 기준에 따라 인식해야 한다.

　이것을 살펴보면,
- 연(年)의 결정은 만세력에 의하되 우리들이 일상생활에서 쓰는 달력 (1. 1~12. 31)에 의한 한 해의 개념이 아니고 입춘(立春)을 한 해의 시작(1. 1)으로 보아 연의 간지를 적용한다. 사주명리에서는 '立春'을 '설날'로 보는 것이다. 그러나 서자평(徐子平) 선생이 사주명리의 주체를 일간(日干) 기준으로 하기 전 까지는 한해의 시작을 자월(子月)로 한 것 같다.
천간(天干)이 甲·乙·丙·丁…순으로 되고 지지(地支)가 子·丑·寅·卯…순으로 되어 육갑(六甲)의 초행서두가 甲子·乙丑·丙寅…순으로 되는 걸보면 자월(子月), 즉 동짓달인 11월을 한해의 시작으로 본 것 같다.
현대에 와서도 동짓달(11월)을 한해의 생수(生數)로 보아 '동지가 지나면 새해로 보는' 말들이 전해오는 것으로 보아 짐작되는 바다.

- 월(月)의 결정에 있어서는 1년 24절후 중 12절기의 당해 입절일(入節日)을 월의 시작(초하루)으로 보아 만세력의 월간지를 적용한다.

12절기(節氣)는 아래와 같다.

月	1	2	3	4	5	6	7	8	9	10	11	12
地支	寅	卯	辰	巳	午	未	申	酉	戌	亥	子	丑
節氣	입춘	경칩	청명	입하	망종	소서	입추	백로	한로	입동	대설	소한

중국 상고시대에 「容成」이라는 학자가 천체의 운행을 측정하고 지구의(地球儀)를 만들어 사시(四時)의 기후를 할당하여 24절후를 창정한 것으로 전해지고 있다.

- 일(日)의 결정은 예외 없이 만세력에 있는 날의 일진(日辰)을 그대로 적용한다.
- 시의 결정은 하루 24시간을 12시로 하여 아래와 같이 적용한다. 다만 자(子)시만은 양일(兩日)에 겹쳐서 1시간씩 있으므로 이 때는 오늘밤 11시~12시를 초자시(初子時) 또는 야자시(夜子時)라 하고 새벽 0시 - 1시를 정자시(正子時), 또는 조자시(朝子時)라 하여 엄격히 구분하고 있다. <그림 Ⅲ-1>에서 이를 자세히 나타내었다.

〈그림 Ⅲ-1〉 12지지 시각표

    태어난 시의 지지는 위와 같이 인식하고 적용하면 되는데, 시의 천간에 대한 적용은 아래와 같은 법칙에 따라야 한다.

    시간의 적용에 있어서 천간적용법칙이 이렇게 엄격한 이유는 태어나는 시간에 인간과 우주의 기운(오운과 육기)과의 관계성이 서로 신비스럽고 묘한 천부적 역동관계가 순간적으로 형성된다고 보는 동양철학적 사상에서이다.

    生日의 天干이 甲이나 己일 경우 時干支는 甲子, 乙丑, 丙寅, 丁卯 … 순이 된다.

    生日의 天干이 乙이나 庚일 경우 時干支는 丙子, 丁丑, 戊寅, 己卯 … 순이 된다.

    生日의 天干이 丙이나 辛일 경우 時干支는 戊子, 己丑, 庚寅, 辛卯 … 순이 된다.

生日의 天干이 丁이나 壬일 경우 時干支는 庚子, 辛丑, 壬寅, 癸卯 … 순이 된다.

生日의 天干이 戊이나 癸일 경우 時干支는 壬子, 癸丑, 甲寅, 乙卯 … 순이 된다. 위의 甲子시는 오늘의 0시 ~ 1시(正子時)이다. 따라서 오늘의 밤 11시-12시(야자시:夜子時)는 丙子시가 되는 것이다.

사주명리에 있어서의 년. 월. 일. 시에 대한 우리들의 인식이 단순한 수학적 논리나 과학적 사고만으로 개념을 이해하기에는 다소 부적합함을 지적해 두고자 한다.

과거 한때에 실시하였던 '썸머타임' 적용이나 출생시간을 분. 초까지 세분하는 것은 이를 과학적 사상으로 볼 때는 매우 합리적이고 흡사 진리에 더욱 가까운 것 같이 생각될 수 있으나 과연 그러한가. 사주명리 이론에서는 어디까지나 학문의 원류가 '상수원리'에서 부터임은 누누이 지적되어 나타나는 수(數)보다 속에 품고 있는 상(象)이 더 크다는 것을 이해하고 보면 직관적 견지에서 볼 때 오히려 수(數)라는 것이 걸림돌이 될 수도 있고 오히려 거추장스런 군더더기가 될 수도 있다는 점이다.

예를 들자면 개인의 출생시간이 오후 1시 10분이라 할 때 위 시간표대로 하면 미(未)시 초각으로 보아야 하나 오히려 오(午)시의 기운을 크게 보아 실제임상에서는 오시로 적용함이 보다 큰 이치에 합당하다는 뜻이다. 곧 합리적사고가 때로는 필요하다. 그렇다면 시의 구분을 어디다 둘 것인가. 여기에 대한 해답은 오로지 간명자의 사물에 대한 통찰력이나 기미(象)를 읽어가는 직관력에 있다고 본다.

년(年)이나 월(月)도 마찬가지다. 우리들이 보통 나이를 물을 때 년령(年令)이라는 말을 쓰는데, 이때의 년령은 단순한 사회적 정신적 년령 등 숫자적 개념이 아니고 1년의 천기(天氣)를 말하는 뜻이다. 사주명리에서 한 달의 지배적인 천기를 월령(月令)이라 하고 년의 지배적인 천기를 年令이라 하는 의미를 폭넓게 이해해야 한다.

(1) 오행의 표시

사주의 여덟 글자가 확정되면 이에 해당하는 오행을 표기해야 한다.

천간 10개에 대한 오행의 배분은 <표 Ⅲ-2>와 같고,

〈표 Ⅲ-2〉 천간의 오행 배분표

천간	甲, 乙	丙, 丁	戊, 己	庚, 辛	壬, 癸
오행	木	火	土	金	水

지지 12개에 대한 오행의 배분은 <표 Ⅲ-3>과 같다.

〈표 Ⅲ-3〉 지지의 오행 배분표

지지	寅, 卯	巳, 午	申, 酉	亥, 子	辰, 未, 戌, 丑
오행	木	火	金	水	土

위의 <예> 사주에 해당되는 오행을 넣어 작성하면 <표 Ⅲ-4>과 같다.

이하 표 작성을 할 때에는 한자 종서(從書)의 필기 관습에 따라 右下순으로 기록한다.

〈표 Ⅲ-4〉 간지·오행의 사주 배정표

時	日	月	年	生 \ 구분
庚	甲	壬	壬	干支
午	戌	子	午	
金	木	水	水	五行
火	土	水	火	

(2) 월률분야(月律分野) 지지장간(地支藏干)의 표시

주역(周易)의 괘상(卦象)에 주효(主爻)가 초효(初爻) 중효(中爻) 상효(上爻)의 삼단으로 되어 마치 헤겔의 정반합의 변증법적 논리와 같이 사주명리에서도 천기의 강약을 본중말(本中末)로 심도있게 보다 세분하여 살피는 부분으로 월률분야 지지장간은 사람의 인성을 분석하고 추구함에 있어서 고차원적 핵심부분이다. 월률분야는 그 달 일개월간의 기후의 변화를 나타내기 위하여 천간오행에 의하여 배치되어 작용한 것이다. 월률분야 장간(藏干)은 원래 각월 지지에 소장하는바 十干을 인명의 근원으로 하기 때문에 가장 중요한 것이다. 생일을 중심으로 하여 입절일에서 며칠 째에 출생하였는가를 먼저 알아야한다. 이러한 특유한 기간에 출생한 해당 천간을 채용하여 이것을 인원(人元)으로 하고 용신(用神)으로 한다. 월률분야 지지장간은 어느 시대, 어느 학자에 의하여 정하여졌는지는 분명치 않으나 전술한 바와 같이 우리들은 천명을 받아 지상에 태어난 것이기 때문에 지지장간으로써 인원을 삼는 까닭이 여기에 있다. 따라서 한 달간의 기후를 천기의 변화에 따라 세분하여 본다는 뜻이다. 지지장간이란 땅의 기운(地支)속에 함유되어있는 하늘기운(天干)이다. 현대

과학에서 자연과 인간의 관계를 개방체계(open system)로 보는 패러다임으로서 동양의 지혜가 얼마나 숭고하고 앞서 있다는 것을 보여주는 단면이다.

이 두 가지 의미를 합하여 보면, 즉 태양에너지와 같은 천기가 지구에 도달하여 변화를 일으키는 정도에 따라서 인간이나 사물의 본래적인 성분(本性)이 형성된다는 뜻이다. 지지장간(地支藏干)을 지장간(地藏干)이라고도 하며 그 배분의 방법은 월의 입절일에서 며칠 째인 가를 계산하여 해당되는 천간의 기운을 지지오행 밑에 표시한다.

<표 Ⅲ-5>에 의하여 지장간을 배분표시하면 <표 Ⅲ-6>와 같다.

〈표 Ⅲ-5〉 월률분야 지장간(地藏干)의 배분표

地支	초기(初氣)	중기(中氣)	정기(正氣)
자(子)	임(壬) 10일 1시간		계(癸) 20일 2시간
축(丑)	계(癸) 9일 3시간	신(辛) 3일 1시간	기(己) 18일 6시간
인(寅)	무(戊) 7일 2시간	병(丙) 7일 2시간	갑(甲) 16일 5시간
묘(卯)	갑(甲) 10일 3시간		을(乙) 20일 6시간
진(辰)	을(乙) 9일 3시간	계(癸) 3일 1시간	무(戊) 18일 6시간
사(巳)	무(戊) 7일 2시간	경(庚) 7일 3시간	병(丙) 16일 5시간
오(午)	병(丙) 10일	기(己) 10일 1시간	정(丁) 11일 2시간
미(未)	정(丁) 9일 3시간	을(乙) 3일 1시간	기(己) 18일 6시간
신(申)	무(戊) 7일 2시간	임(壬) 7일 2시간	경(庚) 16일 5시간
유(酉)	경(庚) 10일 3시간		신(辛) 20일 6시간
술(戌)	신(辛) 9일 3시간	정(丁) 3일 1시간	무(戊) 18일 6시간
해(亥)	무(戊) 7일 2시간	갑(甲) 7일 1시간	임(壬) 16일 5시간

〈표 Ⅲ-6〉 지장간의 사주 배정표

시	일	월	년	태어난 구분
庚午	甲戌	壬子	壬午	간지
金	木	水	水	오행
火	土	水	火	
(丁)	(丁辛)戊	(壬)癸	(丁)	지장간

( ) 안은 실제 임상에서 적용할 때 주로 하지 않고 참고해야 할 부분임

지지장간의 원리와 그것이 인간에게 제시하는 깊은 의미를 해독하는 데는 장구한 시간적 노력과 비범한 통찰력을 필요로 한다. 본성 속 깊이 잠재되어 있는 무의식속의 무의식이기 때문이다.

저자도 이 부분에서는 글자의 이면세계로 잠입하여야 겨우 문이 조금 열리는 듯한 느낌을 받게 되고 간명의 묘가 있음을 절실히 알게 되었다.

실로 사주의 실체적 접근은 잡다한 이론이나 말로만은 수박 겉핥기만 하는 격이 되는 것임을 실감케 하는 부분이다.

(3) 12운성(運星)의 표시

이 부분은 일간을 중심으로 여타 지지와의 관계성과 기운의 강약을 표현하는 부분이다.

12운성이란 인간의 생성화육(生成化育)을 글자의 뜻으로 나타낸 것이다. 모체에 잉태됨을 태(胎). 고고의 성을 울리고 출생한 것을 장생(長生), 출생하여 몸을 씻는 것을 목욕(沐浴), 성장하여 사당에 제사 참여하는 때를 관대(冠帶), 학업을 마치고 관직에 나섰을 때를

건록(建祿), 사회에서 성공 했을 때를 제왕(帝王), 이윽고 노쇠, 질병, 사망하여 묘(墓)가되어 흙으로 돌아가는 것을 차례로 나타낸 것이다. 마치 불교의 십이윤회설(十二輪迴說)과 같은 것이다. 따라서 12운성 이란 만물이 생겨나서(生), 자라고(長), 움츠리다(消), 소멸(滅)되어가는 과정을 12단계로 구분한 것을 말한다. 이것은 사람이 태어난 시기가 그 사람의 주변을 둘러쌓고 있는 오행기운의 어느 시기에 맞추어져 있는가를 분석하는 부분이다. <표 Ⅲ-7>에 의하여 12운성을 표시하면 <표 Ⅲ-8>과 같다.

〈표 Ⅲ-7〉 12운성표

12운 일간	장생	목욕	관대	건록	제왕	쇠	병	사	묘	절	태	양
甲	亥	子	丑	寅	卯	辰	巳	午	未	申	酉	戌
乙	午	巳	辰	卯	寅	丑	子	亥	戌	酉	申	未
丙	寅	卯	辰	巳	午	未	申	酉	戌	亥	子	丑
丁	酉	申	未	午	巳	辰	卯	寅	丑	子	亥	戌
戊	寅	卯	辰	巳	午	未	申	酉	戌	亥	子	丑
己	酉	申	未	午	巳	辰	卯	寅	丑	子	亥	戌
庚	巳	午	未	申	酉	戌	亥	子	丑	寅	卯	辰
辛	子	亥	戌	酉	申	未	午	巳	辰	卯	寅	丑
壬	申	酉	戌	亥	子	丑	寅	卯	辰	巳	午	未
癸	卯	寅	丑	子	亥	戌	酉	申	未	午	巳	辰

우선 12운성에 대하여는 일간(태어난 생일의 천간자리)에서 보는 중심개념이므로 한마디 집고 넘어가야겠다. 사주공부를 제법 한 사람들도 일간이 마치 현실의 자기(사람)인양 착각하는 경우가 종종 있는데 이는 큰 오류를 범하는 것이다.

생일의 천간오행이 풍기는 일간의 의미는 인간의 무의식 세계 속에 있는 원초적 실체(프로이드나 융이 말하는 원초아 Id)임을 다시 한번 강조한다. 공부가 무르익어 가면 현실의 내가 아닌 나를 조금이라도 만나볼 수 있을 것이다.

〈표 Ⅲ-8〉 12운성의 사주 배정표

시	일	월	년	태어난 구분
庚午	甲戌	壬子	壬午	간지
金火	木土	水水	水火	오행
(丁)	戊(丁辛)	癸(壬)	(丁)	지장간
死	養	沐浴	死	12운

이 부분까지가 본체(본성)의 기운에 대한 관계성의 표현이다.

동양의 이기론(理氣論)적 견해로 볼 때 개인의 생년월일시에 의한 사주명식은 이(理)에 속하고 뒤에 나오는 대운은 기(氣)의 발현함과 같다. 역사적으로 유명하였던 이퇴계(李魋悸)와 기고봉(奇高峰)의 8년 논쟁도 결국 이와 기중에서 어느 것이 더 중한가, 어느 것이 더 먼저냐 하는 실리성 없는 관념론을 가지고 허구한 세월을 보낸 거와 같다.

선후 강약이 중요한 것이 아니고 현실적으로 인간의 삶에 있어서 미래를 직시할 수 있는 지혜와 바르게 쓸 수 있는 도구가 더욱 절실한 것이다. 이렇게 볼 때 사주명리이론은 인간의 이상에 바탕을 둔 현실적 실천이론이다. 理와 氣를 모두 포용하기 때문이다.

(4) 통변성(通辨星)의 부여

사주팔자의 간명(看命)은 유능한 통변에 있다는 말도 있다. 통변성이란 사주자체내의 상대적 관계성, 영향력 등을 운명의 핵심(사주명식 내에서의 일간)에서 보아 일련의 관계성을 상담자 자신의 마음에 전달하기 위하여 비가시적(非可視的) 세계를 가시화(可視化)하는 언어적 표현이다.

이러한 모용(妙用)을 문자화 한다는 것은 무리라 할 수 있으나 간명자가 상담자에게 의사전달을 바로하기 위해서는 해석학적으로 꼭 필요한 것이다. 지금까지 사용해오고 있는 통변성을 살펴보면 <표 Ⅲ-9>, <표 Ⅲ-10>과 같고 이에 따라 위의 <예>에 통변성을 부여하여 작성하면 <표 Ⅲ-11>와 같다. 이 부분은 서양 성격심리이론에 있어서의 정신역동이론(S.Freud나 C.G.Jung)을 공부하여 무의식속의 역동적 관계성을 터득하고 나면 더욱 이해가 빠를 것이다.

〈표 Ⅲ-9〉 일간(日干)에 대한 통변성(通辨星)

일간 통변성	甲	乙	丙	丁	戊	己	庚	辛	壬	癸
비견(比肩)	甲	乙	丙	丁	戊	己	庚	辛	壬	癸
겁재(劫財)	乙	甲	丁	丙	己	戊	辛	庚	癸	壬
식신(食神)	丙	丁	戊	己	庚	辛	壬	癸	甲	乙
상관(傷官)	丁	丙	己	戊	辛	庚	癸	壬	乙	甲
편재(偏財)	戊	己	庚	辛	壬	癸	甲	乙	丙	丁
정재(正財)	己	戊	辛	庚	癸	壬	乙	甲	丁	丙
편관(偏官)	庚	辛	壬	癸	甲	乙	丙	丁	戊	己
정관(正官)	辛	庚	癸	壬	乙	甲	丁	丙	己	戊
편인(偏印)	壬	癸	甲	乙	丙	丁	戊	己	庚	辛
정인(正印)	癸	壬	乙	甲	丁	丙	己	戊	辛	庚

◇ 偏印을 도식(倒食), 偏官을 칠살(七煞), 正印을 인수(印綬)라고도 함

〈표 Ⅲ-10〉 지지(地支)에 대한 통변성(通辨星)

일간 통변성	甲	乙	丙	丁	戊	己	庚	辛	壬	癸
비견	寅	卯	巳	午	辰戌	丑未	申	酉	亥	子
겁재	卯	寅	午	巳	丑未	辰戌	酉	申	子	亥
식신	巳	午	辰戌	丑未	申	酉	亥	子	寅	卯
상관	午	巳	丑未	辰戌	酉	申	子	亥	卯	寅
편재	辰戌	丑未	申	酉	亥	子	寅	卯	巳	午
정재	丑未	辰戌	酉	申	子	亥	卯	寅	午	巳
편관	申	酉	亥	子	寅	卯	巳	午	辰戌	丑未
정관	酉	申	子	亥	卯	寅	午	巳	丑未	辰戌
편인	亥	子	寅	卯	巳	午	辰戌	丑未	申	酉
정인	子	亥	卯	寅	午	巳	丑未	辰戌	酉	申

〈표 Ⅲ-11〉 통변성의 사주 배정표

시	일	월	년	태어난 구분
庚午	甲戌	壬子	壬午	간지
金火	木土	水水	水火	오행
(丁)	戊(丁辛)	癸(壬)	(丁)	지장간
死	養	沐浴	死	12운
偏官	@	偏印	偏印	통변성
傷官	偏財	正印	傷官	

@란은 일간에서 볼 때 사주내에서 절대적 주체의 자리이므로 공란이 되는 것이다.
사주공부를 점차 해보면 이 공란이 주인공의 호흡통로와 같음을 실감하게 될 것이다.

(5) 길흉신살(吉凶神殺)의 기입

전통적인 길흉신살(다분히 상징적이며 신비적 색채가 농후한 부분임)의 적용방식에 따라 〈표 Ⅲ-12〉와 〈표 Ⅲ-13〉에 의하여 해당되는 곳에 기입한다.

운명감정을 실제 임상함에 있어서 이 길흉 신살의 부분은 참고자료로 쓸 뿐이다. 결정적 사항에 대한 설득력이 미약함은 부정할 수 없는 바로써, 실제 적용하는 것을 古人들이 무척이나 경계해놓고 있다. 운명감정을 하는 자가 체용변(體用變)의 대원칙은 멀리 두고 자꾸 신살만 가지고 길흉을 논하는 것은 정도(正道)가 아니다. 즉 사람에게 어두운 암시를 주고 숙명적 언사를 농(弄)하던지 각 종의 제 신살(神殺)을 함부로 나열하는 설득력 없는 방법에 의하여 인간의 고유하고 숭고한 정신과 영지(英知)의 세계까지 망치는 일이 있어서는 안된다. 실제로 명리학이 꽃피워지던 청조시대에는 아예 신살론을 거의 무시하기도 하였다.(滴天髓闡微)

〈표 Ⅲ-12〉 10간의 신살표(神煞表)

◇ 길신에 속함.

일간 구분	甲	乙	丙	丁	戊	己	庚	辛	壬	癸
양인(羊刃)	卯	辰	午	未	午	未	酉	戌	子	丑
귀인(貴人)	丑未	申子	亥酉	亥酉	丑未	申子	丑未	寅午	卯巳	卯巳
삼기성 (三奇星)	甲戊庚			乙丙丁			壬癸辛			
	天上 三奇星			地下 三奇星			人中 三奇星			

　만약 신살 부분만을 크게 부각시켜 마치 길흉화복을 결정하듯이 간명하는 자가 있다면 혹세무민(惑世誣民)하는 것이며 사문란적(斯文亂敵)의 오명을 벗지 못할 것이다. 대개 명리상담을 하는 자로서의 기본적 자세가 안 되어있거나 학문의 체를 바로 세우지 못한 자일수록 하찮은 것을 가지고 호도하거나 신살 등으로 말장난을 일삼는 부류가 떠들어대는 경향이 더러 있다. 사주공부하는 자의 계율 제1조는 오직 '양심' 바탕이라는 것을 마음깊이 견지해야 한다.
　마음이 밝아야 보인다는 말은 眞言이다.

〈표 Ⅲ-13〉 12지의 신살표

◇표는 길신, ※표는 흉신

	년지 신살	寅午戌	亥卯未	申子辰	巳酉丑
◇※	역마 (驛馬)	申	巳	寅	亥
※	육해 (六害)	酉	午	卯	子
◇	화개 (華蓋)	戌	未	辰	丑
※	겁살 (劫煞)	亥	申	巳	寅
※	재살 (灾煞)	子	酉	午	卯
※	천살 (天煞)	丑	戌	未	辰
※	지살 (地煞)	寅	亥	申	巳
◇※	년살 (年煞)	卯	子	酉	午
※	월살 (月煞)	辰	丑	戌	未
◇※	망신 (亡神)	巳	寅	亥	申
◇	장성 (將星)	午	卯	子	亥
◇	안장 (鞍長)	未	辰	丑	戌

註 1. 연살을 一名 도화살(桃花煞)이라고도 함
   2. 위 신살은 연지(○○띠) 기준으로 해석되는바 신빙성이 희박한 편이나 전혀 무시할 수도 없는 사항임.

(6) 형충파해 등 필요한 사항의 확인 및 기입

오행의 상생상극원리에 의한 일간(주체)과 여타의 干支와의 관계성 및 영향력을 살피는데 부수적인 자료로서 대표적인 것이다. 즉 회(會), 합(合), 해(害), 충(沖), 파(破), 형(刑)과 공망(空亡) 등을 보아 각각 해당여부를 면밀히 검토한 후 <표 Ⅲ-14>에서 <표 Ⅲ-15>까지를 이용하여 해당 내용을 기입한다.

〈표 Ⅲ-14〉 삼합 지합 간합표

삼 합	亥卯未	寅午戌	巳酉丑	申子辰
회 국	木국	火국	金국	水국

지합	子丑	寅亥	卯戌	辰酉	巳申	午未
합화	土	木	火	金	水	火土

간 합	甲己	乙庚	丙辛	丁壬	戊癸
합 화	土	金	水	木	火

참고 : 1. 위 표에서 삼합회국은 당초의 삼합에서의 중심기운(예로서 亥卯未중에서의 卯木기운) 보다 더 강해지는 기운으로 모여진다는 의미이다.
2. 지합과 간합은 당초의 오행기운보다 무력해지면서 합화된 오행성분으로 지향된다는 의미이다.
이렇게 볼 때 흉신(불리한 당초기운)은 합(合)하면 행운이 되고 길신(유리한 당초기운)은 합(合)하면 본전보다 손해를 보게 되는 것으로 이해된다.

〈표 Ⅲ-15〉 형충파해표

지지육해	子未	丑午	寅巳	辰卯	申亥	戌酉
지지상충	子午	丑未	寅申	卯酉	辰戌	巳亥
지지상파	子酉	丑辰	亥寅	午卯	巳申	戌未
지지삼형	寅 巳 申			의지(依持) 함		
	丑 戌 未			무은(無恩) 함		
지지이형	子 卯			무례(無禮) 함		
지지자형	辰辰 午午 酉酉 亥亥			자탄(自嘆) 함		

〈표 Ⅲ-16〉 삼재년표

연지	寅 午 戌	亥 卯 未	巳 酉 丑	申 子 辰
삼재	申 酉 戌	巳 午 未	亥 子 丑	寅 卯 辰

삼재라는 말은 예부터 많이들 사용하는 말인데 삼재년은 무조건 불길하다는 고정관념을 갖고 있는 사람들이 많다.

여기서 저자가 밝혀둘 것은 삼재년이라도 사주의 일간이 신약일 때와 신강일때에 따라 길흉이 다르다는 것이다. 만약 삼재년의 오행이 일간을 도우면 좋은 삼재가 되어 발전이 되고 일간을 해치게 되면 나쁜 삼재가 되어 흉하거나 고생이 된다.

좋은 삼재를 두고 흔히 '복삼재(福三災)'라고 한다.

〈표 Ⅲ-17〉 오행공망표

간지 천간순	육 갑									공망
一旬	甲子	乙丑	丙寅	丁卯	戊辰	己巳	庚午	辛未	壬申	癸酉	戌亥
二旬	甲戌	乙亥	丙子	丁丑	戊寅	己卯	庚辰	辛巳	壬午	癸未	申酉
三旬	甲申	乙酉	丙戌	丁亥	戊子	己丑	庚寅	辛卯	壬辰	癸巳	午未
四旬	甲午	乙未	丙申	丁酉	戊戌	己亥	庚子	辛丑	壬寅	癸卯	辰巳
五旬	甲辰	乙巳	丙午	丁未	戊申	己酉	庚戌	辛亥	壬子	癸丑	寅卯
六旬	甲寅	乙卯	丙辰	丁巳	戊午	己未	庚申	辛酉	壬戌	癸亥	子丑

공망(空亡)은 '비었다' '실망성' '허망함' 등을 뜻하나 꼭 유의할 점은 좋은 에너지가 공망되면 허망함이나 나쁜 에너지가 공망되면 오히려 다행할 수 있다는 것을 명념해야 한다. 공망이라고 무조건 다 나쁜 것은 아니다. 格자리(生月의 地支)에 공망이 가장 크고 年支 공망은 부모덕 실망성이고 時支 공망은 자손에 실망성이다. 또한 통변성에 따른 공망도 중요하다. 다년간 임상경험에 비추어 보면 결코

공망론이 경시되어서는 안 되는 부분이다.
　이상으로 한 인간의 사주명식은 완성된다.
　본래의 자기를 알고 싶어 하는 욕구자체가 자아실현의 발단이라 할 수 있다. 사주명리에 대한 이치를 공부하려는 사람은 곧 자아실현을 해 보려는 사람이다.
　현대생활에서 점점 멀어져 가는 자아를 발견하는 길이 곧 인간성 회복을 위한 것이다. 인격완성의 길이야말로 인간성회복을 기본요건으로 한다.
　사주명식은 누구나 자아를 바로 볼 수 있는 분석 메카니즘이다.
　생년월일시의 시간적 개념과 천간지지의 공간적 개념이 통합되어 진정한 자기의 원형을 보여준다.
　사주명식의 바닥에 깔려있는 가장 깊은 의미는 오로지 인간에게만 있는 우주합일적 인성회복의 대 사상이라 할 수 있다.
　사주명식을 대하는 저자의 마음은 피간명자의 현재 분위기나 미래에 닥쳐올 길흉화복에 대한 관심보다 먼저 피간명자의 마음자리와 그것의 행동 방향에 더 큰 관심이 집중된다. 현대사회의 조직 구성원들이 왜 현재의 방식대로 행동하는가 하는 것을 이해하고 장래의 행동에 대한 예측을 하고 행위를 변화 관리하는데 있어서의 유효성을 어떻게 증대시킬 수 있느냐 하는 것이 조직행위론에 있어서의 주요관심사로 되는 것과 일맥상통한다.
　이럴 때마다 어떻게 하면 개인의 성격특성에 대한 해석을 하기 위하여 누구나 객관적으로 이용할 수 있는 하나의 도구를 만들어 볼 수 없을까 하는 욕구가 발동되었고 지금까지 공부해온 이와 같은 사주명식을 통하여 저자의 욕구가 달성될 수 있다는 신념을 점차 갖게 되었다.

위 <예>의 사람에 대한 사주명식을 지금까지의 작성 절차와 자료에 의하여 작성하면 <표 Ⅲ-18>과 같다.

〈표 Ⅲ-18〉 길흉신살의 사주 배정표

시	일	월	년	태어난 / 구분
庚午	甲 U 戌	壬 亥 子	壬 × 午	간지
金火	㊍土	水水	水火	오행
(丁)	戊 (丁辛)	癸 (壬)	(丁)	지장간
死	養	沐浴	死	12운성
偏官		偏印	偏印	통변성
傷官	偏財	正印	傷官	
將星	華蓋	災煞	ⓐ	신살
				길신

* 午 U 戌은 寅午戌 三合은 아니나 地支二合에 가까움. (U표는 합의 관계성에 대한 부호임)
* 亥는 地支間에 협공(俠功)한다하여 중시함. 地支의 六甲진행순서에서 한 칸 띄워지는 자리에 生成되는 기운으로서 戌과 子의 사이에는 亥水의 기운이 성한 것으로 보는 것이다 (戌亥子).
* 子×午에서 ×표는 相剋(沖)살의 표시로서 水剋火함으로 午火의 기운이 쇠약하다.
저자 註: 위 사주명식에는 표8에 의한 공망(申酉)은 없음. ⓐ란은 年의 신살은 거의 미약하여 의미가 없어서 취용하지 않는다.

Ⅳ. 대운(大運)의 결정

앞에서 살펴본 사주명식을 '사주바탕'이라 한다. 사주명식을 불변치의 정태적 개념이라면 앞으로 살펴볼 '대운(大運)'은 10년 단위로 구분하여 사주바탕과의 관계성과 작용하는 바의 기운이니 가변적인 동태적 개념이라 할 수 있다.

개인이 본래의 자기(自我, 眞我, 如來, 佛, 聖體 등)를 바라본 상(자아개념)을 해석하기 위하여 정형화, 즉 문자화 한 것을 사주명식(사주팔자)이라 하고, 자아가 상황(때)에 따라 현실적 행동으로 나타나는 것(서양의 성격이론에서 성격 관찰 대상인 퍼스내리티 부분이며 융의 페르조나와 같은 개념이다)을 대운이라 한다.

그러므로 동양적 인성론의 접근대상은 사주명식이 되고, 서양적 퍼스내리티 이론의 접근대상은 자아(사주명식)보다는 외부로 나타내는 행동면에 무게를 더하고 있는 것으로 생각된다.

개인의 행동에서 주변상황변수를 감안하여 교육을 주창하는 것이 서양적 접근이라면 동양은 개인의 본성에서 마음의 근본을 회통하여 수도적 자세로 인간의 본성으로 접근하는 것이라 할 수 있다.

사람의 인성과 행동면에 대한 동양과 서양의 인식이나 접근방법의 근본적 차이점에 대하여는 '서양의 성격이론과 사주명리학과의 관계'에서 살펴보기로 한다.

아무리 사주를 잘 타고 난 사람이라도 대운에서 역행의 비운을 만나면 보통사람보다 그 당하는 고통의 정도가 더 크다. 역사적으로 알려져 있는 위인(偉人)이나 재벌사업가의 예에서 그 정도를 짐작할 수 있다.

예를 들자면 동학란(東學亂)을 선봉 하였던 전봉준(녹두장군)이

처형 당하기 직전에 남긴 싯귀 중에 「때가오니 천지가 다 힘을 모아 주더니, 운이 떠남에 영웅도 그 획책이 스스로 안 되도다.」 시래천지 개동력(時來天地 皆同力), 운거영웅부자모(運去英雄不自謀)라 한 것 이라든가.

H그룹의 J회장이 국회청문회에서 "사업은 뭐라 해도 운이 따라야 하는거요"라 한 것을 들 수 있다.

저자의 임상경험으로 볼 때 현실세계에서는 타고난 사주보다 운의 진행방향이 순행하는 사람의 경우에 비교적 수난이 적고 실제 생활면에서 행복해 보이는 경향이 높았다.

인간의 삶에 있어서 길흉화복이란 무엇이 좋고 무엇이 나쁘다는 결정론적인 것이 아니고 어느 정도가 알맞고 어느 정도가 알맞지 못하다는 분수론적(저자의 표현)인 것임을 시사한다. 분수(分數)를 모르는 사람을 푼수라 하지 않는가.

마음의 움직임에 따른 행동에 있어서 겸허한 자세로 극기(克己)하고 수양하면, 외부와의 관계성이 순조롭다.

원만하고 동조적인 덕행의 처세는 언제나 자연히 좋아지게 된다는 우주와 인간의 불변하는 생생(生生)의 진리이다. 이런 관점에서 사주는 결코 숙명론은 아니다.

성격의 형성부분을 선천적 숙명관으로 본다면 성격의 표현유형(행동)은 후천적 수양심으로 변화할 수 있는 가능성을 보여준다.

다시 말하자면 타고난 성격은 변화시킬 수 없지만 살아가면서 성질은 변화시킬 수 있다는 것이다.

복잡한 사회를 살아가느라 자기를 망각하고 줄달음치는 현대인이 사주명리를 알아야 하고 미래운세를 보아야 하는 이유와 당위성이 여기에 있는 것이다.

1. 대운의 입운수(立運數)

　대운이란 후천적으로 살아가는 동안의 길흉화복에 직접적인 영향을 주는 성격의 표현, 즉 나타내는 행동이다. 이 부분이 서양의 성격이론들이 주목하는 영역이기도 하다. 우리가 흔히 '운수대통'이라 할 때의 운수가 여기서 말하는 운수(運數)와 같고 돈이나 재산의 흥패에 관한 운수를 '재수(財數)'라 한다. 모두가 수(數)의 묘용이다. 사주명리로 보면 오직 인간의 삶은 수와 시간의 계산에 따르는 것뿐이다라 할 수 있다.
　앞서 사주명식의 작성에서는 남녀성별구분 없이 동일하였으나 대운을 결정하는 데서는 남성과 여성이 반대로 된다. 남녀 생년(生年)의 천간음양(天干陰陽)에 따라 대운의 진행방향이 정(正)의 방향 또는 역(逆)의 방향으로 달라진다.
　남자의 경우 陽年(甲, 丙, 戊, 庚, 壬)에 출생한자는 순행 (진행방향)
　　　　　　하고
　　　　　　陰年(乙, 丁, 己, 辛, 癸)에 출생한자는 역행 (후진방향)
　　　　　　한다.
　여자의 경우에는 남자의 정반대로 적용한다. 동양의 오래된 철학사상 즉 남자는 陽(乾), 여자는 陰(坤)으로 보는 사상에서라고 본다. 남자와 여자는 상대적 성이기 때문이다.

　대운이란 10년간의 운세 (실제 통변상으로는 5년씩 간지로 나누어 더욱 세밀히 함)를 말하는 것으로 대운을 정하기 위한 수(數)의 계산방법은 태어난 달(月)의 입절일(入節日)에서 생일(生日)까지의 일수를 3으로 나눈 수이거나 또는 생일에서 다음 달 입절일 까지의 일수를 합산하여 이것을 3으로 나눈 수(數)가 대운을 정하는 수(數)가 된다.

다시 말하면 순운(천간이 陽年인 남자와 陰年인 여자)은 생일에서 다음 달 입절일까지의 일수를 3으로 나눈 수(이 때 남는 수는 1捨2入 한다)가 되고, 역운(천간이 陰年인 남자, 陽年인 여자)은 生月의 입절일에서 생일까지의 일수를 계산하여 3으로 나눈 수(이때 남는 수도 1捨2入 한다)이다.

2. 간지의 채용

대운의 천간지지는 생월의 천기와 직결되는 것이다. 그러므로 생월의 천기가 성격 유형에 가장 큰 영향력을 발생하는 것이다.

춘하추동 사시의 계절 변화는 나이(해)나 하루사이의 대기변화보다 그 변화의 폭이 크기 때문인 것으로 보인다.

간지에 따라 순 과 역의 원리를 적용하여 입운수 단위로 연령을 10년(天干단위)간씩 끊어 나눈다. 5년은 천간이 되고 5년은 지지의 대운으로 성립된다.

그러면 지금까지 살펴본 운수(運數)의 정립방식에 따라 실제 계산을 해보자.

<예시> 앞에서 제시되었던 2003년 1월 1일생의 사람일 경우
   입운수(立運數)의 계산은

남자일 경우 2 (1월 6일이 소한(小寒) 입절일이므로

　　　　　1. 1~1. 6 전 일까지 5일 ÷ 3 = 2)

여자일 경우 8 (12. 7일이 대설(大雪) 입절일 이므로

　　　　　12. 7~1. 6전 일까지 25일 ÷ 3 = 8)이 된다.

따라서 대운의 干支적용은 주역의 근본사상, 즉 남자는 陽(乾: 하늘), 여자는 陰(坤: 땅)으로 보는 동양철학사상에 따라

남자일 경우 壬午生이므로 陽男에 속한다
　　　3세 ~ 7세　癸水대운　　(1세~2세는 사주의 生月의 地支子水
　　　8세 ~ 12세　丑土대운　　 대운이 된다)
　　　13세 ~ 17세　甲木대운
　　　18세 ~ 22세　寅木대운
　　　23세 ~ 27세　乙木대운
　　　28세 ~ 32세　卯木대운의 순(順)으로 된다

여자일 경우 壬午生이므로 陽女에 속한다.
　　　9세 ~ 13세　辛金대운　　(1세 ~ 3세는 壬水대운, 4세 ~
　　　14세 ~ 18세　亥水대운　　 8세는 子水대운)
　　　19세 ~ 23세　庚金대운
　　　24세 ~ 28세　戌土대운
　　　29세 ~ 33세　己土대운
　　　34세 ~ 38세　酉金대운의 순(順)으로 된다.

3. 연운 등의 채용

연운은 세운(歲運)이라고도 하며 한해의 운세를 나타내는 것으로 그 해의 천간지지 오행에 따라 운을 관찰한다.

오행을 중심으로 하여 보다 세부적으로 관찰하면 그 달의 운세나 그 달의 일수(日數) 즉 일운(日運)이나 시운(時運)까지도 예측이 가능하다 할 수 있다. 그러나 저자의 견해로서는 인간의 사는 모습에서 큰 쳇바퀴라 할 수 있는 大運과 年運까지는 비교적 실제 임상에서도 예측율이 높은 편이었으나 日運이나 時運에서는 그 수(數)를 헤아려 보기가 지극히 난해하며 이 부분만은 진실로 도통(道統)의 경지나 신비적 차원이 아니고서는 언어도단이라 생각된다.

저자의 40여년에 걸친 임상경험에 의하면 사주명식을 위와 같은 방식으로 진지하게 작성하는 과정에서 형용하기 어려운 그 무언가가 머리로부터 지시되는 것처럼 문자이면(裏面)에 어떤 모습이나 상징으로 펼쳐지는 느낌이 때로는 희미하게, 때로는 거의 확연히 현현되었다.

사심(私心)이나 선입관(先入觀), 그리고 부담감이 일체 없는 상태일수록 그 영상이 더욱 밝아지고 상징성이 굳혀지는 예가 종종 있었다.

배가 부르거나 편안한 소파에 앉아서 간명(看命)을 하면 영상이 희미해지고 피곤할 때나 오후의 늦은 시간쯤이면 더욱 둔탁해짐을 체감하게 된다.

너무나 간절하게 자기의 실체를 알고 싶어 하는 개인의 미래사(未來事)를 예지하고 비전을 제시하는 일이기 때문에 여러 사람이 마치 생산 공장처럼 분업화할 수 없는 것이다.

또한 아직은 기계화(인터넷을 이용하는 방법) 할 수 있는 일이 아니다. 오직 혼자서 사주명식의 작성부터 통변은 물론 예언한 내용을 양심에 따라 선명하게 직접 기록해야 하는 것이다.

지금도 그대로 실천하고 있으며 앞으로도 순수 양심의 자세로 계속해야한다. 저자는 후일 실증적 연구와 검증에 필요할 것으로 알고 현재까지 임상을 거친 개인별 명조(命組)를 약 일 천개 정도 보관 관리중이다. 그러나 기존의 임상자료는 저자 자신의 공부와 연구에는 도움이 되었으나 사주명리학 전체의 과학적 검증을 위한 자료로는 불충분하여 2004년 1월부터는 상담 내용을 연구목적의 한계 내에서 검증이 가능하도록 체계적인 관리를 하고 있다.

땀에 젖은 간명지 한장 한장이 모아진 자료뭉치가 저자로서는 최소한의 자존심이다.

또한 사주명리학과 저자가 공존할 수 있는 천부적 소명이며 선생과 저자와의 인간적 약속이다. 단, 과학적 검증을 거친 부분에 대하여는 인터넷을 이용해도 무방할 것이다.

'공부도 없는 자가 허구한 말로 전하면 반드시 재앙을 받게 되고 아는 바를 사람들에게 바로 전하지 않아도 또한 재앙을 받는다(非己人而傳之 必受其殃. 得己人而不傳 亦受其殃 古之戒也). 오로지 공부와 수행(修行)을 지극정성으로 하여 정기신(精氣神)을 온전히 하면 다 보이게 되는 법이다'(精全不思欲. 惡傳不思食. 神全不思睡)라고 항상 경계하시던 선생의 생전 모습이 역력하다.

앞의 (예) 2003년 1월 1일(음력으로 임오년 11월 29일) 낮 12시에 출생한 사람의 사주명식과 대운은 <표 Ⅳ-1>와 같다.

〈표 Ⅳ-1〉 사주명식

태어난 구분	시	일	월	년
간지	庚午	甲戌	壬亥	壬午 ×
오행	金火	㊍土	水水	水火
지장간	(丁)	戊(丁辛)	癸(壬)	(丁)
12운	死	養	沐浴	死
통변성	偏官 傷官	偏財	偏印 正印	偏印 傷官
신살	將星	華蓋	災煞	
길신				

삼재년 : 신유술(申酉戌) 년
공 망 : 신유(申酉)

대운 (남자일 경우)

己未	戊午	丁巳	丙辰	乙卯	甲寅	癸丑	운로
62	52	42	32	22	12	2	

대운 (여자일 경우)

乙巳	丙午	丁未	戊申	己酉	庚戌	辛亥	운로
68	58	48	38	28	18	8	

● 사주명식에 대한 해석

본명조에 대해 사주상의 통변법이 제시하는 지금까지의 원리에 따라 해석하는 것을 기본으로 한다. 그러면서도 저자의 20여 년 간의 임상체험을 통하여 관찰되는 상을 더 중시하면서 다음 장에서 논할 격국, 용신, 희신, 기신 등을 모두 종합하여 통변하기로 한다. 먼저 일간(甲木)이 土(처복, 남편자리, 재산복 그릇)에 기초가 튼튼하여 안정성을 취해 있고 성장발전에 필요한 水(인덕, 공부덕)와 火

(총명 판단력, 생재 능력)가 있으며 金(명분, 지키는 수비운)도 있으니 오행이 구비되어 균형을 취하고 있는 바람직한 자아구조를 갖추고 있다.

어느 때라도 희신대운을 만나게 되면 기발하고 순기능을 마음껏 발휘할 수 있는 성격구조로 되어있다.

성격은 주관성(水가 많고 목욕지에 있음)이며, 다분히 외향형(겨울에는 火가 희신으로 능력발휘 강함)이다. 비교적 원만하고 사교적이며 처세에 있어서도 도리보다는 실리형(축재형)이다.

성별에 관계없이 지도자적 능력을 갖춘 원만하고 유능한 성격의 소유자이다. 다만 남자일 경우에는 주도적이며 처세에 유능한 실리파에 속한다. 여자일 경우에는 남성에게 쉽게 견제되지 않는 자립형으로 사회 활동격에 속하고 집에서는 갑갑하니 기가 좀 센 편이다.

대운의 흐름에 의한 운세(미래의 행동예측)를 보면,
- 남성일 경우 : 사업가적 기질에 최고 경영자로서의 비전이 제시되는 운이다. 32세까지는 입지하기 위하여 공부, 직장 등 고통이 많고 33세 이후(火운) 융통성 발휘로 매사에 발전성이며 38세부터 단독사업으로 62세까지 대업을 이루게 되는 유망한 경영자의 상으로 예측된다. 직장에서나 사업에서 항시 임기응변과 처세에 능한 노력가이다.

- 여성일 경우 : 사회적으로는 명분이 좋으나 가정적으로 고독성

이 제시되는 운이다. 주관이 강하고 비판성이 높아서 공부 많이 하고 부잣집에 결혼 인연이며 사회적 지위도 좋다. 부부관계성에서 고독, 불만성(火)으로 34세-38세에 불화, 이혼의 고비가 있다. 50세까지는 발전하고 그 이후도 재산적 생활의 발전은 좋으나 49세 이후 인간관계에 고독성이 예측된다.

   위와 같이 제시된 운세의 미래예측은 저자의 실제임상방법에 따라 간략하게 기술한 것이다. 먼 훗날, 2003년 1월 1일 낮 11시-1시에 태어난 남녀가 장성하여 저자에게 찾아와 다시 묻는다 해도 그 해답에는 큰 차이가 없을 것이다. 현재 우리나라 나이로 23세이니 대학 재학 중일 것이다. 전공은 자연계(전자공학), 기술, 예능성(디자인), 컴퓨터, 언론방송 등 火성전공이 우세하다.
   만약 사주명리 공부에 관심이 높은 연구자가 있다면 해당 장본인의 거취를 찾아 저자의 통변내용과 실제상황을 검증해 보아 주었으면 좋겠지만 실행하기가 쉬운 일은 아니다.

쉬어가기

'불사약' 이야기

지금으로부터 약 20년 전 어느 추웠던 겨울 날 이었다.
　선생께서 저녁식사를 마치고 커피한잔씩 나누는 자리에서 저자에게 무슨 쪽지를 불쑥 건네주시면서,
　'죽지 않고 영원히 사는 선약(仙藥)을 만들러 가자' 하시었다.
　그 쪽지에는 큼직한 사인펜 글씨로 화제가 쓰여 있었는데 두 가지 뿐으로 생지황 한가마니와 생칠(옻) 한말이었다.
　황당무계한 하명을 받고 엉겁결에 물었다.
　'선생님 생칠이 위장 청소하는 데는 좋다는 말은 들었지만 생지황과 단 두 가지로 무슨 선약을......' 하니까,
　'나머지 화제는 내가 구해 놓은 게 있으니 현지에 가서 보면 알아' 하시었다.

선생의 말씀은 곧 법이라 밤중에 이곳저곳 수소문 하다가 마침 초량동 소재 H한의원 (P원장)과 연결되어 3일간 말미를 주면 생지황 한가마니를 구하겠다는 확답을 얻었다.
　말이 한가마니지 엄동설한에 생지황 구하기가 그리 쉬운 일인가.

선생을 하늘같이 모시고 공부와 수행을 겸해야 하는 당시의 저자로서는 무슨 일이던 군소리 없이 언즉시야 실행해야했다.
　선생보다 먼저 잠을 자서도 안되고 선생보다 늦게 기침(起寢)해서도 안된다.
　평상시에 저자가 본 선생께서는 말씀 한마디나 발걸음 하나하나가 모두 무의식세계를 넘나드는 듯, 한 말씀 하면 그것은 곧 명제요 법이었다.
　장난 끼 섞인 웃음 속에서도 깊고 냉엄한 화두가 있었다.
　생칠(옻)은 남원 인월에서 한약국을 경영하는 N선생에게 부탁하고 이래저래 다 준비하고 나니 떠나자 하시었다.
　선생으로부터 한 말씀 듣기위하여 새벽부터 신문지 깔고 줄지어 앉아있는 뭇 대중들을 뒤로 한 채 마치 무한의 세계에 도전장이라도 내는 듯 의기당당하게 훌훌 떠나 도착한 곳이 함양 서상의 농가였다.

온 산천이 은빛으로 백설이 뒤덮은 산골짜기에서 커다란 가마솥에다 장작불을 지피고 생지황등과 미문의 약제를 혼합하여 3일 밤낮을 고이는데 독한 생칠을 고이기 위해 계속 저어야 하는 일을 누가 선뜻 나서려 하는가.

머뭇거리는 저자를 지목하여서 한마디 거역도 못하고 할 수 없이 도맡아 하였다.

이때 장시간 들여 마셨던 (물론 마스크는 했지만) 생 옻의 독기가 온몸에 퍼지면서 가려움과 열기로 벌겋게 달아오르면서 몸이 퉁퉁 붓기 시작 했다.

약 10일정도 넘어서자 양 눈은 뜰 수가 없었고 귀 끝에서 진물이 뚝뚝 떨어졌다.

목불인견(目不忍見)이었으리라.

세상을 불인(不認)한 처지라 이것쯤이야 하면서도 가장 곤혹스러웠던 것은 심한 가려움증(가슴속 오장육부가 다 가려운 정도)에 시달려 잠을 청할 수가 없었던 점이다. 사경(死境)을 헤매는 꼴이 마치 동해 거북이와 닮았을까.

사람을 미치게 하려면 잠 못 자게 하는 것이 맞구나 싶었다.

가장 절정에 달했던 20일경에는 수면제를 세 차례 복용 할 수밖에 없었다. 예외 없이 자고 나서는 또 수행을 계속해야 하니까.

이때 악전고투하면서 이를 악물고 불평 한마디 없이 일하는 모습을 당시에 찾아온 손님들은 다 보았던 사실이다.

지나고 나서 저자 자신도 놀라운 것은 이러한 상황에서도 수행의 정신과 업무처리에는 추호의 차질도 없이 선생 곁을 철저히 지켰다는 것이다.

약 45일 정도의 기간을 지나니까 거의 다 나아지는데 온몸에 살 꺼풀이 발끝에서 머리끝까지 한 벌 벗어졌다.

환골탈퇴(換骨脫退)가 된 것이다.

죽을 지경으로 방구석을 헤맬 때 선생이 좀 미안했던지 일부러 안보는 척 고개를 딴 데로 하였다. 얼마나 불편하냐고 한번쯤 물어 볼만도 한데 모른 척 하였다.

참 독하다 싶었고 당시로서는 원망도 하였음을 피력한다.

아이러니하게도 선생의 불사약 짓기 프로젝트에서 저자는 죽을 고통을 겪었으나 전신이 완전히 체질개선 되어 신기할 정도로 매끈하게 되어 버렸다.

물론 불사약(?)은 조제되어 그 후 선생께서 백자 단지에 넣어서 모든 음식을 다 끊은 채 약 1개월 정도를 복용하였는데 어느 날부터인가 볼 수가 없다.

지금 생각하면 불사약이라는 화두로 저자의 마음자리를 시험해 보았던 하나의 수련 방법 이었나 싶기도 하다.

당시의 고통스런 사경에서 선생을 무척이나 원망하면서 야속하다는 생각도 많이 하였으나 다음의 법문을 깊이 되새기면서 오늘이 있음에 감사하는 마음 뿐이다.

'좋은 몸 얻기가 어렵고, 큰 법을 듣기가 어렵고, 알맞은 도장(道場)을 만나기가 어렵고, 참 선생을 만나기가 어렵고, 이상향(理想鄕)에서 살기가 어렵다.'
(人身難得 佛法難聞 道場難遇 眞師難逢 中土難生 學者當知)

丁卯년(1987년) 오월어느날, 부산 수영에 있던 '제산정사'에서 뜰에 나와 잠시 휴식하는 저자의 모습 '선불가진수어록'을 펴낸 무오년(계룡산에서)으로부터 꼭 10년이 되는 해(丁卯년)에 先生은 이곳 수영의 모 안가에서 임상을 하였다. 평생 동안 간판을 달아 본 적이 없는 선생이 하시는 말씀은 '진짜 선생(道師)은 간판이 필요 없어', '내만 앉아있으면 용케도 잘 찾아와' 저자가 입고 있는 옷은 회색 천에 전통한복으로 유·불(儒·佛)을 합성한 느낌을 주는 선방 도복으로 선생과 제자 간에 꼭 같이 맞추어 입고 살았다.

이때 선생은 스스로 조제한 선약(仙藥)을 복용하였고 저자는 온몸에 옻이 올라 고생 끝에 허불을 한벌 완전히 벗은 후였다.

쉬어가기

◆ 나의 운명은 어떠한가? 사주팔자의 실체에 대하여 지금까지 익혀온 바를 스스로 작성해 보자.

이름 :　　　　　생년 월 일 시 :　　　　　　　(남.여)

	자손	부부	형제	부모		胎月
	實(時)	花(日)	苗(月)	根(年)	星	
					歲月	
					日	
空亡 三災 仇神 喜神					時	

사주 명식의 작성이 끝나면 혹시 빠졌거나 잘못된 곳이 있는지 확인하고 지극히 고요한 마음 자세로 전체를 관(觀)합시다.

　이 단계에 글자 이면에서 풍기는 분위기(氣)를 몸소 느끼게 되면 공부가 상당히 된 셈입니다.

　위와 같은 모델로 작성하여야 하는 특별한 이유는 없으나 저자가 임상체험에서 느끼는 바로는 간명지의 작성을 완전히 끝내고나면 마치 입을 벌리고 앉아서 말하고 있는 사람의 형상과도 같고, 글자들끼리의 이면에서 풍기는 분위기가 상담자와 저자와의 사이에 라포형성과 같은 기(氣)를 체득하게 되는 일이 많아졌다.

개인의 타고난 생년월일과 생시에 의한 자료만을 통하여 그 사람의 성격원형에서부터 행동에 이르기까지의 일련의 과정을 가장 진실에 가깝게 해석할 수 있는 과학적이면서 설득력 있는 모델로서는 이러한 사주 모형보다 더 좋은 것을 아직은 볼 수 없었다. 사주는 글자 이전에 살아 숨쉬는 한 생명체임을 잊어서는 안된다.

상담자와 직접 대면하지 않고도 사주간명하는 것은 별문제 없으나 가능하면 상담자 스스로 간명자와 직접 대면하여 상담하는 것이 바람직하다. 가슴에서 가슴으로 전하는 것이라야 상담효과가 크기 때문이다.

개인의 얼굴이나 용태가 건물이라 한다면 사주명식으로 작성된 간명지는 그 사람의 건축물 설계도면 이라 생각되기 때문이다.

한마디로 사주와 관상은 상호 보완관계라 하는 것이 저자의 지론이다.

또한 개인의 사주를 통변하는 길은 결코 온라인화 할 수 없다. 따라서 아무리 과학시대라 하여도 컴퓨터에 의존해서는 안 될 일이다. 기계가 이성적 판단력이 있는가? 개인의 운명을 컴퓨터에 묻는 것은 자신이 유일무이한 존재임을 망각하는 행위일 것이다.

◇ 사주(四柱)는 단순한 글자의 조합이 아니고, 개인의 타고난 바 천성바탕이므로 작성을 마치고나면 마치 실재 인물을 대하듯 하는 겸허한 자세가 필요하다.

| 丁酉火金 |
| 戊戌土土 |
| 己亥土水 |
| 庚子金水 |
| 辛丑金土 |
| 壬寅水木 |
| 癸卯水木 |
| 甲辰木土 |
| 乙巳木火 |
| 丙午火火 |
| 丁未火土 |
| 戊申土金 |
| 己酉土金 |
| 庚戌金土 |
| 辛亥金水 |
| 壬子水水 |
| 癸丑水土 |
| 甲寅木木 |
| 乙卯木木 |
| 丙辰火土 |
| 丁巳火火 |
| 戊午土火 |
| 己未土土 |

命理硏究篇

姓名

	자손	부부	형제	부모	
	實(時)	花(日)	苗(月)	根(年)	星
					歲
					月
空亡 三災 仇神 喜神					日
					時
					男
					女

						運路

IV. 대운(大運)의 결정

쉬어가기

이제 운명 주체와 외부 환경과의 접촉(행동:運) 강도를 계산하는 대운 산출과 행운(行運)에 필요한 기재사항을 작성하여 봅시다.

						運
						路

庚子金水	戊寅土木
辛丑金土	己卯土木
壬寅水木	庚辰金土
癸卯水木	辛巳金火
甲辰木土	壬午水火
乙巳木火	癸未水土
丙午火火	甲申木金
丁未火土	乙酉木金
戊申土金	丙戌火土
己酉土金	丁亥火水
庚戌金土	戊子土水
辛亥金水	己丑土土
壬子水水	庚寅金木
癸丑水土	辛卯金木
甲寅木木	壬辰水土
乙卯木木	癸巳水火
丙辰火土	甲午木火
丁巳火火	乙未木土
戊午土火	丙申火金
己未土土	丁酉火金
庚申金金	戊戌土土
辛酉金金	己亥土水

V. 성격의 분석 체계와 유형

1. 운명주체 (運命主體)의 설정(設定)

 사주에서 사람의 인성은 그의 태어난 생일의 天干(體·己神) 오행 기운과 여타(餘他)의 7개 오행과의 상대적 관계성을 모두 포함한 총화(總和)라 할 수 있다.

 인성은 변화의 개념이 아니고 출생 시에 수품(受禀)된 天·地·人 三才의 본체(天性)로서 사망할 때까지 내재(內在)된 상태로 이루어져있는 정태적(靜態的) 개념으로 근본 주체라는 뜻에서 이를 체(體)라고 한다.
 타고난 성격은 죽기 전까지는 바꿀 수가 없다는 말이다.
 그러나 이것은 단순한 주체가 아닌 복합적인 성질로서 기신(己神)이라고 표현하기도 한다.

 체와 기신의 개념을 위해 보다 깊이 살펴보면 형상적 의미로는 생일의 천간이 체가 되나 기신이라고 하면 체의 형상적 의미보다는 내적(內的) 성분, 영향력, 반응 등으로 성향만 내재하여 있는 상태로 평상시에는 감추어져 있다가 외부와의 상대적 관계성이 이루어질 때는 어김없이 발휘되는 양태(樣態)의 주성분(主成分), 곧 기발(氣發)의 근본처(根本處) 이다.
 즉 「사주의 체」라 할 때에는 객체에 대한 주체를 뜻하나, 「己神」

이라 할 때에는 인성 속에 내재되어 있는 주된 성분이나 성향(性向)을 포함하는 개념으로 간주된다.

예를 들자면 앞에서 살펴본 일간은 甲이라는 木(나무)이 체가 된다. 그러나 기신이라 할 때에는 단순한 木(나무)이 아니라 뿌리나 줄기가 크고 성분이나 성향이 작은 것에 연연하지 않고 큰 판도를 나타내며 진퇴의 폭이 크고 왕성하게 상징화된 것을 지칭한다.

실제 임상에서도 체보다는 기신이라는 개념이 더욱 중요시된다. 저자의 스승이 한 사람 한 사람 看命할때마다 강조한 사항이다. 기신이 결정되면 간명(看命)을 완료 할 때까지 결정된 기신의 상(象)을 흔들림 없이 계속 유지해야 한다. 이때 가다가 흔들리면 모든 관계성이 흔들리고 헝클어져서 추구하는 목표가 초점을 잃게 된다.

인간의 미래에 대한 예측이 맞느냐 맞지 않느냐는 오로지 간명하는 사람의 양지(良知)에 의존할 뿐이다. 여기서 양지(良知)라 함은 후천적으로 얻어지는 외계사물에 대한 지식보다 선천적으로 이미 갖추어진 소명(昭明)한 진지(眞知) 즉, 도덕적인 智(선천 지혜)를 말한다.

개인의 길흉화복에 너무 치중하거나 사사로운 정의에 끌리게 되면 간명자의 마음이 어두워지는 임상경험을 종종 느꼈다.

2. 성격의 분석 체계

성격의 분석은 사주명리에서 가장 핵심이라 할 수 있다. 사람의 타고난 성격을 볼 수 있다면 그 사람의 사주는 다 본 것과 같다 할 수 있다.

동양의 우주론과 인성론에서 사람의 심성에 대한 철학적 추구는 옛 성인의 시대로부터 많은 탐구와 논쟁이 있었다.

그러나 현재까지 심성에 대한 만족스러운 답을 얻지 못하고 있는 실정이다. 또한 사주추명에 의한 접근방식도 여러 가지로 논의되었으나 과학적 검증을 거치지 못한 것이 사실이다. 1990년 이래 사주와 직업, 적성, 교통사고 등 실증적 접근의 노력이 있었으며 향후 지속적인 연구가 기대된다.

동양 인성론의 요체인 오행의 성정과 사주에서의 사람의 인성에 대한 접근방법, 인성과 발현(행동)과의 상관관계를 분석하고 해석하는 정도 등에 대해 살펴보면 다음과 같다.

오행의 일반적 성정(性情)을 살펴보면,

- 木 : 유순평화(柔順平和)하다.
  즉 나무의 인성은 무르고 연하며
  곧은 성분으로 성정이 부드럽고 순리에 따르며 화평과 질서를 좋아한다.
  겉으로 보기에는 연하고 약해 보여도 속으로는 강인성이 있다(外柔內剛).

남들과 다같이 이익 되는 공동선을 지향하고 있어서 정의
(情義)로움에 거취의 기준을 둔다.
오상으로는 인(仁)에 결부되며 측은지심(惻隱之心)의 근본
이다.

- 火 : 성질이 급한 편이며 예외를 잘 인정하지 않는 원칙론적이다
(急燥). 보통 다혈질이라 하는 부류에 가깝다.
예(禮)에는 밝고 겸허하며 검소한 성품이며 위엄과 의리가
있고, 순박하여 웃어른에 대한 공경심이 높다.
성질은 급하여도 심중에 독(毒)은 없으니 곧 해소한다.
오상(五常)으로는 예에 결부되며 사양지심(辭讓之心)의 근본
이다.

- 土 : 성질은 두텁고 무게가 있으며(重厚) 신의가 강한 편이다.
감성적인 면이 있으면서도 그 돈독함이 추상같다.
매사에 신용제일주의요 책임감이 강하고 신불(神佛)을 공경
하며 신앙심이 있고 말과 행동에서 많은 수양을 보인다.
생각의 도량(度量)은 넓고 관대하며(寬廣) 사람의 도리를 준
수한다.
오상으로는 신(信)에 결부되며 사단(四端)의 중앙이 된다.

- 金 : 성질이 강렬, 강건하고 웅대하다(외강내유한 금속물의 속성
과 같다). 일에 대하여 과단성과 결단성이 있으며 의리를 중
시하고 돈을 가볍게 여기는 열사나 선비의 풍상이다.

제반 사항에 항시 근엄하고 겸손하며 불의를 저지르게 되면 그 수치심이 크다.
신체가 건장하고 정신이 맑고 상쾌(爽快)하다.
오상으로는 의(義)에 결부되며 수오지심(羞惡之心)의 근본이다.

• 水 : 부드러우면서도 적응적이고 활용적이며 민첩성이 있다.
감성적이나 악의가 없이 맑다.
적시에 맞는 책략이 종횡무진하고 획책하는 꾀가 많으며 언어는 인정스럽고 학식이 높은 수준이다(智禮).
약한 듯 하여도 꺾이지 않는 물의 속성과 같다.
오상으로는 지(智)에 결부되며 시비지심(是非之心)의 근본이다.

이상과 같이 오행에 따른 각기의 인성(사람에게는 性과 情)을 분류하고 사람의 성정을 고찰하는 방법으로는 생일의 천간오행을 주로 하여 생시와 월령(月令)에 의하여 그 기운의 왕성함의 정도(旺相), 즉 너무 지나침(太過)과 부족함(不及)에 따라 그 변화를 본다는 것으로 말하고 있다.
따라서 월령은 생월 중에서 어떠한 오행의 기운이 왕성한 날에 태어났는가를 분류하고, 천기의 강도를 헤아려서 천기, 즉 사람의 성정을 분석하는 방법으로서 실지 적용은 본 책의 사주명식 중 월률분야 지지장간의 표시나 월률분야 지장간의 배분표에 따른다.

위에서 살펴본 오행의 일반적 성정(인성면)과 이의 발현(행동면)은 인성론의 핵심으로서 이를 사주상의 세부적 분석기법에 따라 오행 성정의 7분류를 살펴보면, 대개 사람의 성(性)은 원래 정(靜)한 것인데 타동적 자극으로 정(情)에 나타난다고 전제한다.

인성의 오행 즉 인의예지신(仁義禮智信)이 발현되는 것은 칠정 즉, 희(喜) 노(怒) 애(愛) 락(樂) 애(愛) 오(惡) 욕(欲)에 의한다.

따라서 사람의 성정을 분석하는 기법은 어떤 사람의 태어난 생일의 천간 오행을 중심으로 타(他)의 三干, 四支의 작용 및 관계성과 운의 흐름(旺衰强弱)의 지나침과 부족성에 따라 그 사람의 행동을 미리 예측할 수 있다.

사주에 대한 이론의 전개내용이나 해석, 접근의 방법에 있어서 학자나 간명자에 따라 견해 차이가 다소간 있기 때문에 이하에서 기술되는 오행의 성정이나 7분류의 준거는 "일반적으로 생각되고 역사적으로 인정되어 많이 사용하는 것"에 따라 설명하는 것이다.

◈ 木氣性情.
- 木은 곡직(曲直)하고 인(仁)을 주된 성분으로 한다. 곡직은 구부러지기도 하고 비뚤어지게 성장하기도 하지만 근본은 위로 곧게 커 나간다는 나무(木)의 속성을 표현한 말이다. 항상 타인에 대하여 유정(有情)하고 자애(慈愛)로움이 깊다. 타인을 유익하게 하여 자기도 이롭게 하는 어진 마음(仁心)과 측은한 정을 가지는 특질이다.
- 木기가 온전하면 온후한 마음이 자리하고 스스로에 대하여 독실하다. 측은심이 많으며 선한 것을 북돋우고 악한 것을 미워하

는 마음이다. 사주상 오행구비의 형태이다.(원만성)

- 木기가 지나치게 많으면 집요(執拗)하고 편파적 성향이 강하다. 질투심이 많으며 인자하지 못하고 사려분별이 흔들리며 좌절을 잘 한다. 일간의 기세가 신강한 형태이다.(주도적)

- 木기가 부족하면 의지가 약하고 지나치게 부드러워 무기력 하다. 매사에 규율이 없고 不正한 마음으로 이기적인 성향을 가지고 있다. 일간의 기세가 신약한 형태이다.(추종적)

- 火가 많으면 지혜에 밝고 총명재주가 빼어나며 사리분별력이 높아 이지(理智)가 뛰어난다. 신약하면 총명한 듯하나 능력이 없으며, 마음 표현에 가식이 있고 화려함이나 미적인 것을 좋아하며 허영심이 많다. 밖으로 베풀고 싶어하는 외향적 성향이다. 사주의 일간과 비교하면 일간 木이 지나치게 기운을 많이 소실당하는 관계성으로서 통변성으로는 식신·상관에 해당한다.

- 土가 많으면 자부심과 자신감이 많고 재물에 집착이 강하다. 이기적이며 환경의 변화에 적당히 영합하며 인심을 잘 간파한다. 또한 의심도 많다. (진취적 성향) 사주의 일간과 비교하면 일간 木보다 공격대상의 기운(土)이 더 강한 형상으로 매우 힘겨운 관계성이며 통변성으로 정재나 편재에 해당한다.

- 金이 많으면 겉으로 드러나지 않지만(陰險) 강기(剛氣)와 결단

력이 있으나 태도가 명확치 않다. 어진 마음은 있어서 실행력이 적고 일에 부딪혀서는 좌절하게 되며 매사에 초조하다. 안으로 움츠리고 방어하는 내향적 성향이다. 사주의 일간과 비교하면 일간木을 공격하는 金의 성분이 강하여 자칫 일간木이 위축당하는 형상이라 통변성으로는 정관과 편관에 해당한다.

- 水가 많으면 언행이 불일치하고 때에 따라 왜곡(歪曲)하는 성향이 있다. 계획이 없고 규율적이 되지 못하며 몸과 마음이 올바르지 못하여 변심하기 쉽다. 매사에 자신감이 너무 지나쳐서 자승자박(自繩自縛)이 된다. 사주의 일간木을 생해주는 水성분이 강한 형상이다. 통변성으로는 정인, 편인에 해당한다.

이하 火기성정, 土기성정, 金기성정, 水기성정에도 각각 통변성 면으로는 같은 논리가 적용되므로 일일이 설명하는 것을 생략한다.

◈ 火氣性情.
- 火는 염상(炎上)하고 예(禮)를 주된 성분으로 한다. 염상(炎上)은 마치 불이 타오르는 모습을 지칭하는 것이다. 본래 성질은 따뜻한 열과 밝은 빛(明光)으로 따뜻한 마음을 나타내는 것으로 해석된다. 항상 겸손한 마음이 있고, 사랑과 공경하는 마음을 바탕으로 위엄과 의식이 갖추어진 순박성과 예의적인 특질을 가지고 있다.

- 火가 온전하면 명랑 쾌활하며 악의가 없으며 조급하다. 인간적으로 훈훈한 정이 있다. 화려함을 좋아하고 이론보다는 실행을 중시하고 문장 재능이 있다. 사주 상 오행구비의 형태이다.(원만성)

- 火가 지나치게 많으면 조급하여 물건을 잘 깨고 마음이 변덕스러워(朝令暮改) 후회를 잘한다. 자칫 허례허식에 흐르기 쉽다. 겉으로 화려한 것 같으나 속은 어둡다. 일간의 기세가 신강한 형태이다.(주도적)

- 火가 부족하면 기교 부리기를 좋아하고 내심은 허위성과 사행성이 많다(爲詐). 잔재주 부리기를 좋아하며 작은 일은 성사시켜도 큰일은 감당하기 어려우며 망각을 잘한다. 일간의 기세가 신약한 형태이다.(추종적)

- 木이 많으면 스스로 높게 평가하고 위력을 과시하기를 좋아한다. 또한 자존심이 강한 편이다. 총명하나 뜻을 이루기가 어렵다. 시비를 잘 따지며 의논하기를 좋아한다. 자신감이 지나쳐서 교만하게 된다.

- 土가 많으면 모든 일에 비밀스러움이 적고 말과 행동이 일치한다. 이해관계에 균형을 잃기 쉽고 행동이 천박하고 동요스러워 무게를 잃는 경향을 가지고 있다. (외향적 성향)

- 金이 많으면 자부심이 강하고 타인에게 무리한 행동을 한다. 타인에 대한 배려가 약하여 타인으로부터 비방을 받기 쉽다.(진취적 성향)

- 水가 많으면 덕행을 하여도 균형이 맞지 않고 기교를 부리나 졸렬하고 계획이 심오하여도 결과는 뜻대로 되지 않는다.(내향적 성향)

◈ 土氣性情.
- 土는 가색(稼穡)으로서 신(信)을 주된 성분으로 한다. 가색이란 곡식을 심어(稼) 거둔다(穡)는 뜻으로, 모든 곡식은 흙에서 자라며 열매 맺고 다시 심어지는 근원지가 土(땅)라는 뜻이다. 매사에 성실을 바탕으로 대인관계가 두텁고 믿음이 돈독하다. 말과 행동이 신중성이며 포근하고 온후하며 신용과 중용성(中庸性)이 특질이다

- 土가 온전하면 신용을 중하게 여기고 약속을 잘 지키며 매사에 충실하다. 인간관계가 원만하고 존경심과 신불(神佛)에 대한 경신(敬信)함이 강하다. (오행구비형태)

- 土가 지나치게 많으면 모든 일에 집요하여 반성이 약하고 막힘이 있어서 어리석고 둔한 편이다. 비밀이 많고 자기보호 위주로, 은혜로움과 해침을 동시에 포함하니 덕이 부족하다. 다만 신용은 중히 한다. 우직하게 밀어붙이는 신강형이다.

- 土가 부족하면 이치에 맞지 않고 자기에게만 유리하게 하는 버릇이다. 내심에 작으나마 독이 있고 모든 일이나 사람에게 인색하다. 종종 불신도 드러내며 수치스러움을 모르는 성질이다. 약삭빠른 신약형이다.

- 木이 많으면 노력은 많이 하고 성공은 없다. 중요한 근본은 잊고 지엽적인 것에 치중하니 매우 비효율적이다. 정에는 약하고 타인을 위해 분주하게 노력함이 많다. 주변의 침공에 경계심이 크다.

- 火가 많으면 의리를 베푸나 친함이나 동조를 얻지 못하고 혼미함이 많다. 사물에 접하여 결단성이 약하고 사치와 검약의 중용을 잡지 못하고 치우친다. 약속을 잘 지키지 못하고 항시 자기보호나 자기변명에 의존한다.

- 金이 많으면 은혜 베푸는 것을 좋아하고 신용과 의리에 치중 한다. 자만심이 있고 건강하여 떠드는 편이다. 자중심의 결여로 인하여 타인의 비난이 용납되지 못한다.(외향적 성향)

- 水가 많으면 공을 세우거나 이름을 내는 일에 초조하다. 자중심으로 수양하면 선행이 되나 망동하면 기교로 인하여 손해를 본다. 자칫 악에 가담하면 의리를 잃고 바보가 된다.(진취적 성향)

◆ 金氣性情.

- 금은 종혁(從革)으로서 의(義)를 주된 성분으로 재물을 가볍게 보는 가치관이며 악을 부끄러워한다. 항상 용감하고 굳세지만 너무 치우치지는 않고 중용을 취하여 염치를 안다. 종혁(從革)은 쇠로 만든 갑옷 (革의 사전적 의미)이라는 뜻으로, 金의 인성이 혁신 개혁 혁명과 통하는 의리를 추종하는 것이다.

- 金이 온전하면 명예를 중히 여기고 의리와 인정에 깊다. 인격과 위엄 및 권위가 있고 일에 결단력과 추진력이 강하다. 또한 명민하다.(오행구비형태)

- 金이 지나치게 많으면 자기 용기를 과시하고 일에 임하여 무모성이나 망동을 한다. 은혜와 의리에 지나친 경향이 있고 강건함이 지나쳐 손실을 초래한다. 일에 대하면 각박하고 속으로 독이 있다. 음색을 즐기고 살생을 좋아하는 표독스러움도 있다. (신강형태)

- 金이 부족하면 사고나 생각이 지나쳐 오히려 결단력이 없고 모든 계획이 좌절될 수 있다. 의리를 숭상하나 실행력이 약하다. (신약형태)

- 木이 많으면 타산적이고 특히 재물이나 금전에 대한 집착이 강하다. 이해득실을 판별하는 능력이 좋고 욕심이 지나쳐서 손해 볼 것이며 덕행을 알면서도 베풀지 못한다. 언행이 일치하지 못

하는 성질이다.(진취성)

- 火가 많으면 이해득실을 판별하는 잔재주일 뿐 행동에 착수함과 행동을 멈추는 일에 초조하다. 일에 끈기가 없고, 좌절하기 쉽다. 매사에 신경을 곤두세우고 방어 태세다.(내향적 성향)

- 土가 많으면 계획성이 없고 검약이나 자비를 말로만 하여 언행이 불일치한다. 어두운 마음으로 매사에 의심이 많다. 자기를 믿는 마음이 강하며 자기 의식화에 강하다. 자칫 교만해진다.

- 水가 많으면 지혜롭고 총명 영특하나 계획에 균형을 잃는다. 스스로의 총명을 믿고 자기 꾀에 넘어간다. 은혜를 받고도 보은할 줄 모르는 경향이 있다. 일의 성공과 실패가 번복하며 항시 초조하게 생각하는 성질이다.(외향적 성향)

◈ 水氣性情.

- 水는 윤하(潤下)로서 지(智)를 주된 성분으로 한다. 윤하(潤下)는 물이 불어나서 질펀하게 흘러가는 모습으로 물(水)의 인성을 나타내는 표현이다. 물은 아래(下)로 흐르는 인성을 강조하고 있다. 지자(智者)로서 모사가 많고 그 획책함이 깊으며 책략이 원대하다. 총명하나 변통수가 많다.

- 水가 온전하면 생각이 높고 원대하며 마음의 도량이 관대하여 모든 일에 치밀하다. 식견이 뛰어나서 학덕이 높다. 마음이 청하

여 거짓말을 잘못한다. 스트레스를 받아도 금세 잘 해소한다. 사주상 오행 구비의 원만성이다.

• 水가 지나치게 많으면 옳고 그름에 개의치 않고 경거망동한다. 잔재주가 많으나 기회주의다. 사술이 있고 기분이 정착되지 못하여 변동이 많으며 음탕에 흐르고 언어가 가볍다. 기분파에 속한다. 일간의 기세가 신강한 형태이다.(주도적)

• 水가 부족하면 온후하나 반복이 비할 데 없다. 담력이 적고 계획이 없으며 성질이 애매하다. 지혜나 지식을 얻지 못하여 원하는 바를 얻기 어려운 성격이다. 일간의 기세가 신약한 형태이다.(추종적)

• 木이 많으면 의지가 일정치 못하여 나약함으로 되거나 완만하여 사치와 검소의 균형을 잃고 한쪽으로 치우친다. 타인에게 은혜를 베풀기는 하여도 한편 원수가 될 수도 있다.(외향적 성향)

• 火가 많으면 형식과 허례에 묶이기 쉽고 정신이 산만하다. 모든 일에 생각을 깊이 하면서도 손해 보는 경우도 많으며, 잘못 판단하여 후회하고 중용을 잃으면 성취하기 어렵다.
사회적 성취욕구가 강하다(진취 일변도)

• 土가 많으면 안으로는 부드럽고 밖으로는 둔탁하다. 인내력은 있으나 바보가 많고 일에 달성이 느리다.(내향적 성향)

- 숲이 많으면 총명하며 뜻하는 바가 크다. 의리를 존중하나 결실을 맺지 못한다. 자기 평가를 높이고 자존심이 강하다. 자칫 교만하기 쉽다.

이상으로 사람의 성격을 정한다고 전해 내려오고 있다.
인간의 속성을 사물에 비추어 해석하려는 자연적 인간관이 그대로 나타나고 있음을 알 수 있다.

3. 성격 유형의 분류

사람의 인성에 대하여 사주에서 오랫동안 적용하여 온 여러 가지의 분류방법을 살펴보면 그 성격유형이 다음의 것들 이외에도 오행과 그 관계성에 따라 무수히 많은 성격유형을 들 수 있다.

저자의 연구 논문에서는 사주에서의 접근대상으로 다음과 같이 대표적인 6가지의 성격유형에 대하여서만 심도 있게 접근하여 고찰하였다. 이하 6가지의 성격유형은 다년간의 임상체험 결과 저자의 눈에 보이지 않는 영역에 대한 구분이 뚜렷하게 성격특성으로 나타나는 것을 실감하였기 때문이다.

(1) 신강형(身强型)과 신약형(身弱型)

신강형과 신약형의 뜻은 건강이 좋거나 나쁘다는 것을 뜻하는 것이 아니다. 태어날 때 천기를 강하게 받은 정도를 나타내는 일간의 세력을 말한다. 따라서 체력적으로 기운이 세거나 약하다는 뜻이 아니고 태어날 때 받은 천기의 강약으로서 일반적으로「저사람 기가 세다」할 때 그 기(氣)를 말한다. 여기서 말하는 천기(天氣)의 강약(强弱)은 체력(體力)이 아닌 성격(性格)을 기준으로 하는 것이다.

일간(日干)이 강한 것을 '신강형'이라고 일간이 약한 것을 '신약형'이라 한다. 기존의 사주명리이론에서 일간의 강약을 구별하는 것은 득령(得令) 득지(得支), 득세(得勢)의 조건들을 거의 다 구비하거나 두 조건 이상만 얻어도 신강한 사주로 보았다. 그러나 이러한 조건들은 판단하는데 근거는 될 수 있으나 신강, 신약을 구별하는 원칙으로 정해져 있는 것은 아니다.

따라서 신강형·신약형·외향형·내향형·도리형·실리형으로 성격유형을 분류하였다하여 그 특성이나 행동이 예외 없이 사주와 꼭 일치하는 것은 아님에 유의해야 한다.

성향의 개연성이 높은 수준이라는 뜻으로 이해되어야 한다.

왜냐하면 하나의 성격특성을 정의하는 데는 사주 내에서의 다양한 관계변수를 고려해야 하기 때문이다.

① 사주에서 신강형으로 분류하는 기준은 아래와 같다.
- 일간의 오행과 동일한 오행이 보통 3개 이상으로 많은 경우 (음양을 달리하면 더욱 신강으로 분류한다)
- 일간을 생해주는 오행이 보통 3개 이상으로 많은 경우
- 일간의 오행이나 그를 생해주는 오행이 2개정도로 보통수준일 경우라도 12운성의 기가 양(養), 장생(長生), 목욕(沐浴), 관대(冠帶), 건록(建祿), 제왕(帝旺)에 해당할 경우

신강형의 사주명식을 예시하면 <표 V-1>과 같다.

〈표 Ⅴ-1〉 신강형의 사주명식

1965.6.21.12:00 생	1965.10.14.20:00 생	1965.12.16.12:00 생
甲 丙 壬 乙 午 午 午 巳	戊 辛 丙 乙 戌 丑 戌 巳	庚 甲 戊 乙 午 辰 子 巳
木 ⓗ 水 木 火 火 火 火	土 ⓖ 火 木 土 土 土 火	金 ⓜ 土 木 火 土 水 火
일간 丙火와 동일한 오행 火가 4개나 되고 午火는 일간 丙火와 음양을 달리하므로 극신강형으로 분류된다.	일간 辛金을 도와주는 土(土生金)가 4개로 신강형으로 분류된다(비록 金이 하나뿐이라도).	일간 甲木에서 보면 사주에 오행이 구비하여 원만형으로 보이나 子水왕지(12운성)에 있으므로 신강형으로 분류된다.

② 사주에서 신약형으로 분류하는 기준은 아래와 같다

- 일간의 오행과 동일한 오행이 보통 1개 이하로 적은 경우
- 일간을 생해주는 오행이 보통 1개 이하로 적은 경우와 일간이 생하는 오행이 보통 3개 이상으로 많은 경우
- 위 두 가지 경우가 보통 수준이라도 12운성의 기가 쇠(衰), 병(病), 사(死), 묘(墓), 절(絶), 태(胎)에 해당할 경우

신약형의 사주명식을 예시하면 <표 Ⅴ-2>와 같다

〈표 V-2〉 신약형의 사주명식

1961.10.19.09:00 생	1961.6.29.05:00 생	1961.7.7.20:00 생
庚 乙 戊 辛 辰 酉 戌 丑	甲 癸 甲 辛 寅 巳 午 丑	壬 癸 乙 辛 戌 丑 未 丑
金 ⓜ 土 金 土 金 土 土	木 ⓦ 木 金 木 火 火 土	水 ⓦ 木 金 土 土 土 土
일간 乙木이 많은 金의 극을 받으면서 많은 土를 극해야 하니 木의 기운이 신약형이다.	일간 癸水가 金의 도움은 약하고 水의 기운을 소실 당하는 木이 많아서 신약형이다.	일간 癸水에 金과 水의 도움이 있는 듯하나, 많은 土에 극을 받으면서 12운성이 장지에 있으니 신약형으로 분류된다.

 신강도 아니고 신약도 아닌 중간형은 보통수준으로 중용을 취하는데 이때 오행이 두루 갖추어지면 성격이 원만하다.
 이외에도 일간의 음양 등 여러 가지 변수에 따라 약간 다를 수 있다. 지금까지 전해오는 대표적인 견해로는 일간오행을 주로 한 강약의 세를 보는 것이 제1단계이고, 제2로는 용신의 왕약 제3으로는 희신 기신의 왕약 제4로는 행운에 대한 일간 용신 기신의 왕약을 예측하는 것으로 되어있다.

 ③ 신강형과 신약형의 인성이 외부로 나타나는 성격유형은 <표 V-3>와 같다.

〈표 Ⅴ-3〉 신강형·신약형의 성격유형

신강형의 성격 유형	신약형의 성격 유형
· 주관이 강하다 · 고집이 세다. · 추진력이 강하다. · 독립적이다. · 자신감이 넘친다 · 독단적이다. · 보스형이다. · 마음보다 행동이 앞선다	· 주관이 약하다. · 고집이 약하다. · 추진력이 약하다. · 의타적이다. · 자신감이 부족하다. · 추종적이다. · 참모형이다. · 행동보다 생각을 더한다.

(2) 외향형(外向型)과 내향형(內向型)

마음에 내재하고 있는 인성의 취향이 외부적 성향이냐 내부적 성향이냐에 따라 다음과 같이 분류한다. 융은 심리유형(psychological types)에서 사람들이 외부 환경에 대처하는 방식을 외부지향과 내부지향의 두 가지 형태로 분류하였다.

① 사주에서 외향형으로 분류하는 기준은 아래와 같다.

- 통변성(通辯星)에 있어서 식신(食神)이나 상관(傷官)성분이 왕성하면서 나머지 7개의 오행과 유통이 순조로운 경우
- 사주에 비교적 청(淸)한 오행기운(水, 火)이 많은 경우
- 신강자로서 사주명식의 상생유통이 잘 이루어지는 경우 등

외향형의 사주명식을 예시하면 <표 V-4>과 같다.

〈표 V-4〉 외향형의 사주명식

1970.3.15.18:00 생	1970.7.16.04:00 생	1970.9.17.22:00 생
癸 甲 己 庚 酉 午 卯 戌	壬 丁 癸 庚 寅 酉 未 戌	丁 庚 乙 庚 亥 子 酉 戌
水 ㊍ 土 金 金 火 木 土	水 ㊋ 水 金 木 金 土 土	火 ㊎ 木 金 水 水 金 土
일간 甲木이 火에 상생하고 水에 도움으로 건강하고 친교적 외향형의 사주다.	일간 丁火가 木의 힘을 얻으면서 水 두 개와 교류하니 천간이 맑아 외향형의 사주다.	일간 庚金이 퍽 신강하다. 그러면서도 水성으로 희생하고 火의 온기를 받아서 발성이 좋다. 외향형 사주다.

② 사주에서 내향성으로 판별하는 기준은 아래와 같다.
- 통변성에 있어서 정관(正官)이나 편관(偏官)이 왕성하면서 나머지 7개의 오행과 유통이 비교적 원만치 못한 경우
- 사주에 비교적 탁(濁)한 오행기운(木, 金, 土)이 많을 경우와 水, 火의 균형이 맞지 않을 경우
- 신강자로서 상생보다 상극기운이 더 많은 경우 등

내향형의 사주명식을 예시하면 <표 V-5>과 같다.

〈표 Ⅴ-5〉 내향형의 사주명식

1973.11.16.18:30 생	1973.4.2.13:00 생	1973.5.24.10:00 생
壬 丙 癸 癸 辰 辰 亥 丑	己 戊 乙 癸 未 辰 亥 丑	辛 庚 丁 癸 巳 申 巳 丑
水 ㊋ 水 水 土 土 水 土	土 ㊉ 木 水 土 土 木 土	金 ㊎ 火 水 火 金 火 土
일간 丙火가 많은 土와 水에 심한 극을 받는 신약형이며 주변에 항상 경계심으로 움츠리는 내향형의 사주다.	일간 戊土를 도우는 동일오행 土가 많아서 신강형이면서 융통성과 외부와의 교류가 폐쇄적이므로 내향형의 사주다.	일간 庚金이 기세가 왕성한 듯 신강형이면서 여름철의 火기를 많이 받고 있으니 내향형의 사주다.

③ 위의 두 가지 성향이 외부환경과 만났을 때 나타나는 성격 유형은 〈표 Ⅴ-6〉과 같다.

〈표 Ⅴ-6〉 외향형·내향형의 성격유형

외향형 성격유형	내향형 성격유형
· 친교적인 인간관계를 좋아한다. · 마음을 외부로 표출한다. · 진취적이다. · 스트레스를 잘 푼다. · 말수가 많은 편이다. · 근면하다. · 봉사활동을 좋아한다.	· 인간관계가 고립적이다. · 좀체 마음을 표시하지 않는다. · 보수적이다. · 스트레스가 쌓인다 · 말수가 적다. · 안일하다. · 남에게 인색하다.

(3) 도리형(道理型)과 실리형(實利型)

생일의 천간 오행이 성취하려는 욕구성향이나 궁극적 가치 기준을 어디에다 두느냐에 따라 질서와 법도에 따르면 도리형의 성격으로, 현실적 재산적 욕구에 따르면 실리형의 성격으로 분류한다. 성격이 이상주의형인가, 현실주의형인가의 유형구분으로 말할 수 있다. 서양의 정신역동이론과 관계가 깊은 부분이다.

사주의 구조가 정신적(天氣) 취향성인가 물질적(地氣) 취향성인가로 분류하는 것과 맥을 같이한다.

① 사주에서 도리형으로 분류하는 기준은 아래와 같다.

- 통변성에 있어서 정인(正印)이나 편인(偏印)성분이 왕성하면서 그 인성(印星)이 희신(喜神)으로 되어 있을 때
- 재성(財星)이 약하거나 있어도 기신(忌神)으로 되어 있을 때
- 정관, 편관의 기운이 왕성할 경우 등

도리형의 사주명식을 예시하면 <표 V-7>와 같다.

〈표 Ⅴ-7〉 도리형의 사주명식

1964.3.16.20:30 생	1964.12.15.12:00 생	1964.9.22.16:00 생
庚 丁 丁 甲 戌 丑 亥 辰	戊 戊 丙 甲 午 戌 子 辰	壬 甲 癸 甲 甲 戌 酉 辰
金 ⊗ 火 木 土 土 木 土	土 ⊕ 火 木 火 土 水 土	水 ⊗ 水 木 金 土 金 土
일간 丁火가 土위에서 木의 기운을 받아야 발화가 되니 곧 질서를 따르는 도리형이 되는 사주다.	일간 戊土의 세력이 신강형이나 水(財)는 차워서 꺼리고 따뜻한 火를 추종하는 도리형의 사주다.	일간 甲木이 金의 제압을 받으면서 임기응변(火)을 싫어하니 도리형의 사주다.

② 사주에서 실리형으로 분류하는 기준은 아래와 같다.

- 통변성에 있어서 정재(正財)와 편재(偏財)가 왕성하면서 그 재성이 희신으로 되어 있을 때
- 재성이 강하거나 희신으로 욕구가 강할 때
- 식신이나 상관의 기운이 왕성할 경우 등.

실리형의 사주명식을 예시하면 <표 Ⅴ-8>과 같다.

〈표 Ⅴ-8〉 실리형의 사주명식

1964.2.3. 20:00 생	1960.6.29.13:00 생	1960.3.16.10:00 생
辛 壬 乙 癸 亥 午 丑 卯	己 戊 壬 庚 未 子 午 子	丁 癸 己 庚 巳 卯 卯 子
金 ㉛ 木 水 水 火 土 木	土 ⊕ 水 金 土 水 火 水	火 ㉛ 土 金 火 木 木 水
일간 壬水가 조후상으로 가장 좋아하는 희신이 火(財)이며 세력이나 조직성이 갖추어진 실리형의 사주다.	일간 戊土가 더운 여름철에 가장 좋아하는 기운이 水(財)이므로 실리형의 사주다.	일간 癸水가 金水의 도움을 받는가 하면 스스로 생재 방향으로 노력하는 성분(木)이 왕성하니 실리형의 사주다.

③ 위의 두 가지 성향이 외부 상황에 따라 나타나는 성격유형은 <표 Ⅴ-9>과 같다.

통변성에 있어서 인성과 재성에 따른 성격유형이다. 인성지향일 경우 도리성으로 보고 재성지향일 경우 실리성으로 본다.(저자 주)

〈표 Ⅴ-9〉 도리형·실리형의 성격유형

도리형(이상주의)	실리형(현실주의)
· 암기력이 좋다. · 융통성이 부족하다. · 사회성이 낮다. · 지식추구형이다. · 외골수다. · 자아실현의 목표는 명예이다. · 빛을 남기고 죽고싶다.	· 암기보다 판단력이 뛰어나다. · 임기응변적이다. · 처세성이 높다. · 재산추구형이다. · 타협적이다. · 자아실현의 목표는 돈과 권력이다. · 재물을 남기고 죽고싶다.

쉬어가기

지나온 이야기 속으로

　서부경남의 지리산 골짜기 마다 예부터 전해오는 기담(奇談)과 전설(傳說)은 헤아릴 수 없이 많다.
　저자의 유년기부터 들어오던 사랑방이야기는 얼마나 흥미진진했던지 깊은 밤 시간가는 줄도 몰랐다. 참았던 소피가 마려워 마당으로 나와 하늘에 총총한 북두칠성이 돌아 앉은걸 보고서야 비로소 때를 짐작할 수 있었다.
　유난히도 입담이 좋았던 청암형이 한번 큐를 하면 천하를 후다닥 뒤집듯이 온 방안이 폭소와 정적으로 교차하였다.
　대방골 절터(쌍계사)에 얽힌 빈대 이야기, 물귀신에게 홀린이야기, 고려무인(武人)정치시대 최충헌의 아들과 손자에 얽힌 정안봉(저자의 生家 뒷산이름) 이야기, 성터의 기왓장, 정안(鄭晏)이 말고삐를 매었다는 배나무이야기, 그리고 이산저산봉우리를 도력으로 훌훌 건너다닌 이야기 등등, 이러한 정서를 성장시기에 생활환경으로 몸에 익혀진 저자의 영혼이기에 지금도 산이라면 지리산이요. 토종을 좋아하고 흙냄새 맡기를 좋아한다.
　아마도 흙은 우리들 인간을 싹트게 한 어머니의 자궁인 것 같다.
　사람이 태어나서 흙을 밟고 살다가 흙에 묻히는 것은 곧 자연으로 육신이 본래처소에 귀착함이니 슬퍼하거나 한탄 할 일 만은 아니다.
　박제산 선생과 저자와의 인연도 이러한 맥락에서 보면 그 성장해온 환경과 상황변수가 너무도 많이 닮아서 서로가 보면 그저 좋았던 게 아닌가 싶다. 사실 선생께서는 평소에 '현실세계에서의 부부나 자식 등은 황천길에 가서는 만나지도 못해, 그러나 비록 남이라 할지라도 상념(想念)이 서로 통하는 사람끼리는 저승에 가서도 같이들 산다 해'라고 하셨다.
　그런 말씀을 들었을 당시에는 그저 그럴까? 하였으나 살아갈수록 마음에 깊이 각인되면서 흙과 산이 내 뿜는 훈훈함에서 모정을 느끼고 육체와 영혼의 실체속으로 몰입되어 보기도 한다.
　마음의 세계에서만 존재하는 동기감응(同氣感應)을 뜻하는 것이리라, 사후

세계(死後世界)가 있다면 저자도 선생과 같이 지낼까?

    현실세계와 사후세계를 인간의 영혼과 육체 그리고 산(자연)에다 결부시켜 해석하려는 것이 풍수지리설의 논지(論旨)인 것으로 안다
    저자는 결코 삼생론(三生論)을 부정하려는 것이 아니다.
    그러나 어쩐지 풍수(風水)라하면 문자 그대로 바람과 물이라 흙과같이 장중함이 아닌 마치 둥둥 떠다니는 듯한 가벼운 유행성(流行性)의 속성으로 받아들여짐은 무슨 연유일까?
    대자연의 요소인 풍수 그 자체야말로 얼마나 위대하고 소중한가?
    매사 인작(人作)이 탈이다.
    인욕(人慾)과 결부되어 명당(明堂)터만 찾아 다니는 '바람따라 물따라' 하는 식의 이기주의적이고 구복(求福)적 행각 때문일 것이다.
    '땅이 훤히 보인다'는 등 사이비(似而非)한 점이 저자의 정서에는 한마디로 맞지 않는 부분이다.
    세상만사 모두가 체(體) 보다는 용(用)이 더 중요하다
    복(福)이란 타고나는 것이 결코 아니고 만들어가는 것이다.
    경주 최부자집의 가훈인 육연(六然)이 교시하듯이 말이다.
    풍수지리설도 역사적으로 거슬러 올라가면 결국 주역원리나 음양오행론에서 사주명리와도 만나게 된다.
    박제산 선생의 선대 조부님들의 묘소에 얽힌 이야기들은 여러 가지가 있는 것으로 들어서 안다.
    아무튼 당신의 조부님(부친은 일찍이 별세하였음)께서는 후덕한 심성에다 명문한족(名門寒族)으로 지내다 보니 후대의 영발을 위한 염원에서 자연히 풍수(地官)들과 가까워진 것이 사실이다.
    그 대표적인 이야기로 '을해혈(乙亥穴)'이 있다.
    이 을해혈에 얽힌 이야기는 수없이 많아 다음기회로 미루기로 한다.
    무릇 사람이나 사물에 대한 평가는 어느 한 측면이나 어느 한 때만 가지고 논할 것이 아닌 줄로 안다. '~라 하더라'라는 식의 방송은 자칫 실체에 대한 중대한 오류를 범할 수 있기 때문이다.

시간적 공간적으로 다중적인 접근 자세로 수 없이 거르고 또 걸러서 신중한 조명이 필요할 것이다.

미래의 예측을 위한 고차원의 정신영역에서 한때를 풍미하며 살다간 실재 인물에 대한 사실적 배경과 정체성을 후세사람들이 바로 알아야겠다는 충정(衷情)에서 저자가 병인년(1986년)에 촬영하여 보관 중이었던 사진 두 장만을 우선 공개하고자 한다.

이 사진 속에는 당시 하나하나 짚어가면서 설명하시던 선생의 육성이 담겨 있는 듯 하다.

1986년 4월 선생의 육대조부(六代祖父) 묘소에서 '동기감응'을 말씀하시던 선생과 함께.

풍수지리설의 이치로 대두된 '을해혈'에 따라 선생이 출생하기전에 이곳으로 산소를 이장하였다 한다. '을해혈'(아래사진)의 맥(脈)을 따라 바로 윗쪽 가까이에 위치한다.

묘소의 주인공은 박선근(朴善根), 선생은 이분의 6세손(世孫)이 된다. 사진에서 멀리 용(龍)이 뻗어 주산(主山)인 극락봉의 '메기혈'이 보인다. 그 혈 바로 밑에 극락사(極樂寺)가 있다.

수다한 일화를 남긴 '을해혈'(乙亥穴)이다.

연못 가운데로 주욱 뻗어져나온 맥(脈)의 끝부분이 '거북혈'이다 '거북혈'로 인하여 저수지의 물이 마치 새을자(乙字) 형으로 휘돌아지게 된다.

실제를 육안으로 보아도 그 형상이 너무도 선명하였다.

그러나 지금은 흙으로 메워져서 형상을 알아볼 수 없고 선생도 가고 없다. '을해(乙亥)'와 박제산의 관계, 우연일까 필연일까. 풀수 없는 숙제로만 남는다.

Ⅵ. 사주명리의 핵심적 요소

 어떠한 사주라도 기신이 정해지면 본성의 분석이 시작되고 분류된 본성에 따라 타고난 사주의 격(인격)과 자기도 모르게 좋아하는 곳 즉「자아」의 회신처에 대한 분석이 가능해 질 수 있다. 이 정도에 다다르면 어떤 개인의 성향이나 직업관이 현현된다.
 사주명리에 있어서 본성의 분석이야말로 개인이 함유하고 있으면서도 자기 스스로 인지할 수 없는 무의식의 범주이며 초인식론적(超認識論的)접근이다.
 기신과 나머지 7개의 오행과의 관계를 바탕으로 타고난 바 본성에 관한 유형이 분류되고 외부환경과 관계없이 원초적(原初的)으로 내재된 타고난 바를 해석하게 된다. 이에 대한 방법론으로서 대표적인 것이 격국(格局)과 용신(用神), 희신(喜神)과 기신(忌神)을 들 수 있다.

1. 격국과 용신

 격국이란 한 인간의 천부적 지위라 할 수 있는 사람됨의 자리이다. 사람에게 인격이 있는 것과 같이 사주에도 격국이 있다. 이는 마음 안에 선천적으로 내재되어 있는 본래의 자리라 할 수 있다.

 사주에서의 격국이란 마치 소지하고 다니는 신분증이나 명함과 같다. 즉 평상시에는 그냥 소지하고 있다가 사람을 만나거나 신분을 밝힐 때만 밖으로 제시하는 것이다. 밖으로 제시하지 않아도 직함이나 사회적 신분이 신분증에는 기재되어 있듯이 나타나 있지는 않지만 타고난 그릇(器局)이 정해져있다. 따라서 격국이야 말로 개인의 운명상 목표이며 인성 속에 살아있는 자기의 인격으로 타고난 품격이라 할 수 있다. 그러므로 格局은 四柱命理學의 生命이다. 格局을 모르고서는 운명의 판단을 하지 못하는 것이다.

격국의 설정은 사주의 생월지지(생일이 속하는 달의 地氣 받은곳)에 있는 통변성으로 한다. 生月地支가 比肩, 劫財일때는 生時의 天干자리를 格으로 적용하고 時干이 比, 劫이면 年干으로 다음은 月干으로 하는데 그래도 格적용이 불가능 할 경우에는 결국 특수격(外格)이 되는 것이다.

격국자리가 용신(用神)의 근거지이다. 특수한 격국(外格이라 함)도 많이 있으나 정격(內格이라함)에 대한 것을 요약해보면 <표 Ⅵ-1>와 같다.

〈표 Ⅵ-1〉 격국의 요건과 성분표

格局	立格要件	内在되어있는 成分	
		육친관계	성정과 사회성
正官格	日干을 剋하는 五行으로日干의 음양과 다른 경우	남자에서는 딸 여자에서는 남편	지키는 수비성(제방) 으로 小폭 관록(일반행정계통) 직장그릇이 안정한 小폭 부하조직의 덕이 원만
偏官格	日干을 剋하는 五行으로日干의 음양과 같은 경우	남자에서는 아들 여자에서는 후남편 숨은 남자	지키는 수비성(제방) 으로 大폭 관록(법조, 권력, 무관) 직장그릇이 안정한 큰폭 부하조직의 덕보다 강압성
正財格	日干이 剋하는 五行으로日干의 음양과 다른 경우	남자에서는 본처 여자에서는 시어머니 형제	재산그릇으로 안정 小폭 월급재산창고 절약, 인색함 변화, 투기를 싫어함

格局	立格要件	內在되어있는 成分	
		육친관계	성정과 사회성
偏財格	日干이 剋하는 五行으로 日干의 음양과 같은 경우	남자에서는 후처 숨은 여자 부친 여자에서는 시어머니	재산그릇으로 변화 大幅 사업성창고, 부자그릇 돈과 여자를 좋아함 횡재, 변화추종
正印格	日干을 生하는 五行으로 日干의 음양과 다른 경우	남자에서는 어머니 여자에서는 생모	인덕, 부모덕, 상속복 그릇 공부덕(문과성분) 큰선비의 도장 조직의 長, 교직, 교수
偏印格	日干을 生하는 五行으로 日干의 음양과 같은 경우	남자에서는 계모 장모 여자에서는 시어머니 계모	공부덕(자연계, 예능성) 의사, 공학자의 도장 신병살(야윔) 기술계 교직, 교수
傷官格	日干이 生하는 五行으로 日干의 음양과 다른 경우	남자에서는 장인 여자에서는 딸	비재판적 재주안정(자연계, 예능성) 언론, 방송계통 잔재주 임기응변 독신 고독살(여자), 봉사희생성
食神格	日干이 生하는 五行으로 日干의 음양과 같은 경우	남자에게는 장모 여자에서는 아들	정론파, 큰재주(문과성) 가르치는 재주, 교직성, 성실근면성 실리위주, 정직성
從格	日干이 쇠약하여 그 근거를 잃었을 때 日干을 버리고 세력을따라간다	四柱중 통변성이 모두 正官이면 從官格 모두 偏官이면 從殺格 모두 財星이면 從財格 모두 食神또는 傷官이면 從兒格	

　이상은 통변성 중에서 財·官·印·食·傷·殺의 육신을 용신으로 하는 正格으로서 실제 임상에서도 가장 많이 적용하는 대표적인 격국이다. 태어날 때의 천성을 통변성에 따라 구분하여 살펴보면 <표 Ⅵ-2>와 <표 Ⅵ-3>와 같다.

〈표 Ⅵ-2〉 통변성에 대한 설명표

구분	大 샘 (만드는 복)	小	小 호수 (보관 복)	大	小 제방 (지키는 복)	大	大 관리자 (상속, 인덕)	小	純 소모살 (손재, 실패)	強
통변성	食神	傷官	正財	偏財	正官	偏官	正印	偏印	比肩	劫財
육친관계	(女)아들 (男)장모	딸 조부모	본처 숙모	후처 (은첩) 부친	남편 (男)딸	후남편 아들	생모 유모, 부모덕	서모 이모	형제 친구	이복 형제 자매
사회성	총명 문학 재산 능력	자촌 총명 봉사 희생	월급, 직장 (고정) 노력, 小財	사업, 부자 (유동) 수단, 외교	行政 관리 총명 질서	武官 권력 法官 정치	학자 선비 예절 유덕	기술 기능 예술, 醫, 工	상호 부조 동업 동사	손재불 화배신 투쟁
희신처	文科 智明 德望	理科 不和 고독	총명, 성실	大財 豪酒	溫厚 保守	果敢 革新	學問 敎授	技藝 九流	親交 友邦	動搖 無終
참고	健康 敎門	批判 政治	吝嗇 保守	英傑 大成	時殺 大忌	年殺 不制	時印 大智	制化 正印	신강할 경우 損財	강약 不和
	壽長	獨身	內助	外華	名尊	權雄	書筆	智略	協助	憂患
과다할 때	病慾	犧牲	不睦	虛勢	官災	刑苦	虛弱	身病	苦生	失敗

식신(食神)이 지나치게 많으면 상관(傷官)살로 변화한다. 정재(正財)가 많으면 편재(偏財)살성이 되고, 정관(正官)도 지나치게 많으면 편관(偏官)살로 되어진다. 정인(正印)도 지나치게 많으면 편인(偏印)살로 변화한다. 비견(比肩)도 지나치게 많으면 겁재(劫財)살로 변한다.

여기서 살(煞)이라 함은 눈에 보이지 않는 반부정적 저항성이며 비탈지고 거치른 악기(惡氣)를 말한다. 결코 무엇을 죽인다는 뜻은 아니니 살(殺)로 표현하는 것은 옳지 않다.

〈표 Ⅵ-3〉 천간지지에 대한 오행의 속성표

地支	寅	卯	辰	巳	午	未	申	酉	戌	亥	子	丑
天干	甲	乙	戊	丙	丁	己	庚	辛	戊	壬	癸	己
음양 오행면	大林 木	花草 木	野 土	太陽 火	燈 火	溫 土	動 金	珠玉 金	熱 土	海 水	雨 水	砂 土
띠이름	범	토끼	용	뱀	말	양	원숭이	닭	개	돼지	쥐	소

용신(用神)이란 마치 사람몸(格局)에 정신(精神)과 같이 몸을 움직이게 하는 원동력, 즉 행동하도록 지시하는 정보사령부라 할 수 있다. 사주의 격국을 도우는 기운이 용신이다. 용신의 활동상태에 따라 격국의 길흉성쇠(吉凶盛衰)가 정해지는 것이며 인명추구에 있어서 근원의 신이라 할 수 있다. 따라서 필요 용신은 한 개인에 있어서 어떤 경우라도 한가지 용신으로 요지부동 되는 것이 아니고 육신의 관점에 따라 어느 조건에 충족되는 적합한 용신을 취용할수도 있다.

격국의 통변성과 생월의 정기와는 거의 일치하는데 초기나 중기일 경우 약간의 차이를 나타낸다고 본다. 용신의 활용을 충분히 이해하면 누구의 운명이라도 자유자재(自由自在)로 간명할 수 있으며 보다 중요한 것은 사주전체에 걸쳐 있는 오행기운의 생극(生剋), 제화(制化), 억부(抑扶)의 관계성에 대한 통찰력이라 본다.

대개의 초심자들이 혼돈지경으로 헤매는 부분이 격국과 용신의 이해에 앞서 나무 한 그루만 보고 큰 숲을 보지 못하는 경우이다.

저자가 공부해 온 경험으로 보아 사주명리를 통하는데는 구차한 말이나 난해한 전문용어의 표현, 시비 자체가 문제되는 것이 아니다.

다만 공부하는 자의 기본, 풍부한 인간성과 폭넓은 관조(觀照)가 요청될 뿐이다.

용신의 종류와 그 내용을 대략 살펴보면 다음과 같다.

● 억부용신(抑扶用神)
억부용신은 격국을 보호하기 위해서 일간의 신강과 신약에 따라 그 힘의 중용을 취하는 방법으로 용신을 정하는 것이다. 예로서 너무 일간이 신강이면 관성을 용신으로 삼아 일간(己神)의 기세를 억제함으로써 균형 되게 하는 경우. 印성이 너무 많을 때는 財성을 용신으로 설기(泄氣)한다. 이때 官印相生으로 官을 用神으로 쓸수도 있다 食, 傷이 너무 많으면 印성을 용신으로 부조(扶助)하고 官성이 강해도 印성을 용신으로 삼는다. 곧 殺印相生으로 통관(通關) 시키는 작용을 말한다.

● 조후용신(調候用神)
조후용신은 기후(氣候)의 정보를 바로 알려주는 용신이다.
추울 때는 따뜻한 丙丁巳午 甲乙寅卯 戊未가 용신이 되고, 더울 때는 차가운 壬癸亥子 庚辛申酉 己丑이 용신, 건조할 때는 습한 성분의 壬癸亥子 己丑辰이 용신, 습할때는 건조한 성분의 丙丁巳午 戊戌未가 조후용신이 된다.

● 통관용신(通關用神)
극함으로써 취하게 되는 것은 오행생극의 원리이다. 통관용신은 극하는 것과 극을 당하는 것의 중간에서 상생의 역할을 하는 것이다.

예로서 土剋水하는 경우 水를 생해주는 金이 통관용신이 되어 土生金 金生水하게 되는 원리이다.

● 병약용신(病藥用神)

병약용신은 병이났을 때 약으로 치료를 하듯이 상관(傷官), 겁재(劫財), 편관(偏官), 편인(偏印)의 사흉신(四凶神)이 제화(制化)되지 않고 흉신으로 작용 될 때 "병(病)"이 되는데 이것을 제화 하는 신이 "약(藥)"이 되는 것이다. "命理正宗"에 無病이면 不是奇요. 有病이면 方爲貴라. 病이 重해도 樂을 얻으면 大富大貴요. 그렇지 못하면 貧賤客이라 하였다.

겁재살을 제화하는 관성(官星)으로 용신을 삼아 약으로 쓰는 것과 같다.

● 전왕용신(專旺用神)

특수격에 속하는 단일 오행의 사주로서 대세를 건드릴 수 없어 왕성한 오행자체를 용신으로 하는 경우이다. 대표적인 전왕격으로 사주전체가 火로 되면 염상격(炎上格), 水로 되면 윤하격(潤下格), 木으로 되면 곡직격(曲直格), 金으로 되면 종혁격(從革格), 土로 되면 가색격(稼穡格)이라 한다. 일반적으로 제화나 설기의 방법으로 용신을 잡을 경우 역행의 현상(가열된 후라이팬에 차가운 물방울을 떨어뜨리면 갑자기 튀는 이치와 같음)이 일어나므로 순리에 따라서 염상격일 경우에 용신은 火로 하는 것과 같다.

이상으로 용신취용에 있어서 그 종류와 내용을 살펴보았다. 가장 많이 쓰이는 조후용신과 補佐用神은 <표 Ⅵ-4>와 같다.

〈표 Ⅵ-4〉 조후용신표

地支\天干	寅	卯	辰	巳	午	未	申	酉	戌	亥	子	丑
甲	丙	庚	庚	癸	癸	癸	庚	庚	庚	庚	丁	丁
	癸	丙戊己	丁壬	丁庚	丁庚	丁庚	丁壬	丙丁	甲壬丁癸	丁丙戊	庚丙	庚丙
乙	丙	丙	癸	癸	癸	癸	丙	癸	癸	丙	丙	丙
	癸	癸	丙戊		丙	丙	癸己	丙丁	辛戊	戊		
丙	壬	壬	壬	壬	壬	壬	壬	壬	甲	甲	壬	壬
	庚	己	甲	庚癸	庚	庚	戊	癸	壬	戊庚壬	戊己	甲
丁	甲	庚	甲	甲	壬	甲	甲	甲	甲	甲	甲	甲
	庚	甲	庚	庚	癸庚	庚壬	丙戊庚	丙戊庚	丙戊庚	庚	庚	庚
戊	丙	丙	甲	甲	壬	癸	丙	丙	甲	甲	丙	丙
	甲癸	甲癸	癸丙	癸丙	甲丙	甲丙	甲癸	癸	丙癸	丙	甲	甲
己	丙	甲	丙	癸	癸	癸	丙	丙	甲	丙	丙	丙
	甲庚	丙癸	丙癸	丙	丙	丙	癸	癸	丙癸	甲戊	甲戊	甲戊
庚	戊	丁	甲	壬	壬	丁	丁	丁	甲	丁	丁	丙
	甲丙丁壬	甲丙庚	丁壬癸	丙壬戊	癸	甲	甲	甲丙	壬	丙	丙	丁
辛	己	壬	壬	壬	壬	壬	壬	壬	壬	丙	丙	
	庚壬	甲	甲	甲癸	己癸	甲癸	甲戊	甲	丙	甲戊壬	戊己壬	
壬	庚	戊	庚	壬	癸	辛	戊	甲	甲	戊	戊	丙
	丙戊	庚辛	庚	庚辛癸	庚辛	甲	丁	庚	丙	丙	甲丁	
癸	辛	庚	丙	辛	庚	庚	丁	辛	辛	庚	丙	丙
	丙	辛	甲辛	辛壬癸	辛壬癸		丙	甲壬癸	戊丁辛	辛		丁

2. 희신과 기신

　희신이란 상대적으로 가까이 하기를 좋아하며 갖기를 바라고 갖고 난 후에도 좋아하는 오행의 의미이다.
　기신이란 희신과는 반대로 멀리하고 보기도 싫으며 갖고 난 후에도 꺼려하는 오행의 의미이다.
　희신과 기신에 대하여는 개념파악이 쉬운 편이나 인명추구에 있어서 일간에 따라 그 적용하는 바가 다 같지 않다는 것을 유의해야 한다.
　사주명식이라는 도구로 사물의 기와 상을 해석하는 점이 생각보다 어려울 뿐만 아니라 그렇게 단순하지는 않다는 것을 일깨우는 부분이다.
　마치 더운 여름철에는 대체로 시원한 바람이나 물이 희신이 되겠지만 같은 물이라도 추운 겨울철의 물은 거의 모든 사람에게 기신이 되는 것과 같다.
　예를 들자면 소인의 자질이나 그릇으로 타고난 사람에게 큰 벼슬 감투를 맡기면 감당을 못해내는 것처럼 모든 사람들이 다 좋아하는 희신(벼슬, 감투)도 개인에 따라서는 기신이 될 수 있다.
　즉, 자기 분수를 알고 그 분수만큼 누리고 사는 것이 최상의 행복이라는 뜻이 된다. 사주가 제시하는 인격수양의 도를 강조하는 부분이다.

　사주간명상에서 희신과 기신의 적용은

· 일간에 대한 희신과 기신
· 격국과 용신에 대한 희신과 기신
· 대운에 대한 희신과 기신으로 구분하며

위와 같은 상관관계성을 종합적으로 적용해야 한다. 일반적으로 사주명식은 맑은 것(淸)을 좋아하고(喜) 탁한 것(濁)을 꺼려하며(忌) 중화를 존중하고 치우침(偏枯)을 싫어함이 원칙이다. 인간의 인성은 善한것이라고 본 孟子의 性善說과 근본이 같다고 할 수 있다.

희신(喜神)을 알기위한 양면성(兩面性)의 이해
첫째 일간에 대하여 유리하고 유용한 작용을 하며 개인의 발전을 촉진하는 오행기운이라는 면.
태어날 때 어떠한 환경조건과 전혀 관계없이 무의식세계속에서의 일간(프로이트나 융이 말하는 이드 Id)이 가장 희구하고 좋아하는 상대성의 오행이다.
이것을 '기신(己神)의 희신' 이라하는데 죽을때까지 없어지거나 변동되는 성분이 아니므로 사회적 성취여부에 따라 만족, 불만족의 양면으로 갈등을 이루게 된다.
다음은 격국용신을 활성적으로 도우고 조절하여 그 발달을 촉진하는 오행기운이라는 면
격국용신은 장차 생존기간에 걸쳐 환경과 직접 또는 간접으로 교류되는 관계성에서 발휘될 수 있는 의식의 뭉치이다.
이러한 성분이 잘 승화될 수 있는 희신을 사주내에 수품하고 있거나 대운에서 만나게 되면 발전적이거나 성취적인 구조가 된다.

이것을 '격국(格局)의 희신'이라 한다.

사람은 누구나 위의 '기신의 희신'이나 '격국의 희신'을 다 성격내에서 품고 있는데 누구라도 이 두가지가 꼭 일치되는 것은 아니다.

만약 사주내에서 이 두가지 성분의 일치가 잘 이루어지지 못할 때 이것을 '원초적 갈등(原初的 葛藤)' 또는 '선천적(先天的) 이율배반성(二律背反性)'이라 할 수 있다. 이부문에 대하여는 실제간명시에 실감나는 중요한 부분이므로 확연하게 이해를 해두어야되는 중요한 대목이다. 이러한 치밀하고도 긴장감이 도는 분석적 탐구의 과정을 두고 저자는 '살얼음판'에다 비유하는 것이다.

위 두 가지에 대한 희신의 적용 원칙을 보면

일간(四柱內에서의 主體)의 희신은 길신격의 경우에는 용신을 도와주는 오행이 되고 흉신격의 경우에는 흉신을 저지하고 간합하는 오행이 된다. 흉신(凶神)을 저지하거나 간합하는 예를 설명하자면 天干의 合. 즉 甲己合하여 土로 변화하는 성분으로 당초의 甲과 己의 성분이 일단 무력화(無力化)되면서 새로운 土성으로 생성됨을 뜻한다.

사주명식에 대한 희신과 기신의 적용에 있어서의 일반적 원칙은 <표 Ⅵ-5>과 같다.

〈표 Ⅵ-5〉 격국용신에 대한 희신표

吉神格	喜神	凶神格	喜神
食神格	比肩 劫財	傷官格	正印 正財 偏財
偏財格	食神 傷官	偏官格	食神 正印 偏印
正財格	食神 傷官	偏印格	偏財 劫財
正官格	正財 偏財	比肩 劫財	他干을 用神으로 한다(官殺이 喜神)
正印格	正官 偏官	比肩, 劫財는 사실상 格局適用이 안됨	

다음으로 격국용신에 대한 희신은 일간과는 관계없이 사주명식내에서 격국을 살려주고 동조(同助)적으로 발전시키는 오행을 희신으로 한다. 다분히 사회성이다. 예로서 正印格이라고 할 때에는 正官이 官印相生으로 희신이 되는 것이다.

희신과 기신부분에서 중시해야 할점은 일간과 희기신, 격국과 희기신이 반드시 일치하지 않을 수도 있다는 것이다. 일간과 격국에 대한 선택적 비중을 어디다 두느냐하는 문제는 오로지 간명자의 직관에 의한다.

저자는 실제 통변상에서 피간명자의 관심이 개인에 중점을 두면 일간의 희신, 기신을 우선 적용하였고 개인보다 조직이나 사회성에 중점을 두면 사주의 격국에 대한 희신, 기신을 우선 적용하였음을 밝혀둔다.

3. 대운의 순행과 역행

지금까지의 격국용신과 희신, 기신까지는 사주 내에서의 인성에 관한 것으로 정태적 개념(stock)이었으나, 대운의 운행은 사람의 마음이 외부의 상황과 부딪쳤을 때 일어나는 마음의 표현(표정, 행동 등)으로서 동태적 개념(flow)이다.

한마디로 운(運) 이란 주변상황, 여건 등을 말하며 그것은 때(시간)에서 온다.

일반적으로 운이 나쁘다고 말하는 것은 그때의 상황이 사주바탕과 역행되는 것으로 마음의 눈이 흐려진 경우이다.

꼭 나쁜 마음을 먹어서가 아니라 주변여건이 나쁘게 되도록 조성되어서 나빠지는 것이다. 남의 돈을 손해 보게 하는 일이 꼭 돈을 떼어먹으려고 해서가 아니고 사업의 실패로 인한 것과 같다.

또한 당초에 돈을 대어준 자기의 돈이 재수 없는 돈이었다는 말도 된다. 모두 내 탓이 아닌가.

여기서 마음수양의 필요성이 제기되며 마음수양의 정도에 따라 대운이 순화 또는 악화 될 수 있는 여지가 있으니 숙명론이 아닌 운명론이라는 것이다. 다시 말하면 사주명리는 필연적인 인간관계(숙명론)를 갖는 결정론이 아니고, 결정의 원인이 사람에게도 약간 주어져 있다(운명론)고 보는 비결정론적 사고(思考)라는 것이다.

대운의 계산은 대운절제법(大運折除法)에 따라 一干支의 운이 지배하는 과정을 一運으로 하고 이것은 10년간을 지배한다. 10년 중에서 5년은 천간이 지배하는 운이고 5년은 지지가 지배하는 운으로 기후의 변동과 깊은 관계성을 갖고 있다.

寅卯辰은 東方木운(春), 巳午未는 南方火운(夏), 申酉戌은 西方金운(秋), 亥子丑은 北方水운(冬)이다.

대운은 기후(氣候)의 회전과 같이 춘하추동이 순환작용을 한다. 이러한 순환작용이 일간을 중심으로 사주바탕과의 관계성에서 바람직한 발전방향으로 가는 것을 순행이라 하고 반대방향으로 가는 것을 역행이라 한다. 봄에서 여름, 가을, 겨울로 가는 것이 일반적 순행이다.

그러나 겨울에 태어난 사람이나 사주가 차가울 때, 즉 火성을 희신으로 하는 경우에는 겨울에서 가을, 여름, 봄으로 가는 것이 또한 순행이 될 수도 있다.

일간이 신약이면 신강운에 길하고 신약운에 흉하다.
일간이 신강이면 신약운에 길하고 신강운에 흉하다.
이것은 사주와 운이 불균형 일때 모순과 갈등으로 퇴보함을 의미한다.

희신으로 운이 향하면 길하고 기신으로 운이 향하면 불길하다.
조후가 맞는 방향으로 운이 향하면 길하고 조후의 역(逆) 방향으로 운이 향하면 불길하다.
일간과 격국을 다같이 균형수준으로 이루는 운에는 길하고
일간과 격국의 거리가 멀어지는 수준으로 가는 운에는 불길하다.

本性內에서의 갈등, 즉 자아와 현실의 괴리가 자꾸 커져 가는 모습으로 볼 수 있다. Jung. C은 이런 현상을 "인간성 상실(人間性 喪失)"로 보았다.

건강면의 관계성으로 보면
일간에 대하여 희신으로 행운되면 길하고
일간에 대하여 기신으로 행운되면 불길하다

격국을 융성하게 하고 발전시키는 방향의 운에는 사회성이 발전되고, 격국을 배격하거나 깨뜨리는 운에는 사회성이 약해지거나 박탈 된다.

사주바탕과 운에서 때와 여건에 맞도록 처신하는 사람은 행운(幸運)이 있고 이를 역행하는 사람은 고통이 있다.

누구나 태어날 때부터 그렇게 되어 있다는 自然觀的 人間論으로 표현된다. 그러므로 미래에 닥쳐올 여건과 마음의 변화를 대운이라는 하나의 궤도 위에서 해석(推命)해 나갈수 있다.

아무리 극심한 비운(悲運)도 지극정성(至極精誠)으로 대처하면 약간은 극복 될 수 있다. 대개 성격이 급하고 자기주관적으로 고집이 쎈 신강형의 사람이 비운을 만나면 사정없이 크게 깨어지는 예를 자주 보아왔다.

사주철학이 개인에게 제시하는 가장 큰 교훈은 인격수양이다.

정심자(正心者)의 직관력(直觀力)으로 사회대중에게 개인의 미래에 닥쳐 올 행운과 비운을 예지함으로써 개인의 심리적 안정이나 사회적 처세에 공헌하는 바 크다 할 수 있다.

특히 현대 사회는 작은 조직에서 거대한 국가적 규모의 조직에 이르기까지 경영의 원리를 적용 받지 않는 곳이 없다. 경영에 있어서의 인사나 조직 분야에서 구성원의 마음과 행동이야말로 기업의 흥망성쇠에 직결되는 핵심적인 문제이다.

　최고 경영자의 개성에 따라 운명적 자문의 정도에 약간의 차이가 있겠지만, 저자의 스승이었던 박제산 선생이 생존시에 실시하였던 운명고문내용을 소개하면 다음과 같다

- 1970년대초 S그룹 L회장의 사설고문으로 임한 내용에 대하여 선생이 생전에 저자에게 들려준 바로는 당시만 해도 수도를 마치고 곧장 하산한 때라 자기의 직관력이 거의 90% 적중이었으며, 인사 채용이나 요직의 적격자 천거에 있어서 L회장은 인간의 도리성을 중심으로 올바른 사람을 기본적으로 하되 사주의 유통구조가 민첩, 원활한 임기응변의 실리형을 더 우선하였다 한다. 아마도 창업자 자신의 사고방식이 합리성 우선주의, 분석과 인과성의 강조, 위험을 기피하는 좌뇌형이 아니었나 생각된다.
아무튼 인간성 바탕과 현실적 처세력을 두루 겸비한 사람을 적격자로 채용한 것이다.
오늘날까지 S그룹이 성장되어온 이면에는 최고 경영자의 인사 조직관리에 있어서의 선견지명을 실감나게 보여주는 부분이다.

- 1970년대 후반 H회사(후일 철강기업으로 성장하다가 도산하였음) J회장의 운명고문으로 상근하였으며, 경영과 인사관리의 의사결정에 깊이 개입하였다. (유급연봉제 대우)
J회장을 처음 만났을 때 선생께서는 사업운에 대하여는 60세까지라고 예언한 바 있었다.
타고난 그릇이 큰 사람도 비운에는 판단력이 흐려지는 것임을 알 수 있다.

대인도 비운을 뛰어넘을 수는 없는 것이구나 하고 생각해 본다.

· 1980년대 P회사 P회장의 운명 고문역으로, 인사와 조직 관리뿐만 아니라 공장부지결정과 연수원 적지를 물색하기 위하여, 헬기로 P회장과 수차례 탐색하였다.
저자는 이때 선생을 직접 수행하면서 견문을 넓힌 것이 한 둘이 아니었다.

· 1987. 5. 전방 육군 모부대 사단장 M소장의 초청에 응하기도 하였다.
당시 "땅굴" 노이로제에 시달리던 부대장의 초조함과 불안정 심리를 선생의 직관력으로 해소하고 부대의 정신력을 공고히 하기 위하여 헬기로 지형을 실제 측정하였다.

이 외에도 유수한 기업 경영자나 중역 등에 대한 운명적 지도, 상담, 심성교육 등 경영자의 의사결정에 직·간접적으로 공헌한 바 컸다.
저자의 심상에 항상 남아 있는 선생의 영상은 수척하면서도 유난히도 빛났던 안광, 준엄하면서도 조용하고, 꼿꼿했던 자세, 단전에서부터 울려나오는 우렁진 울림. 이 모든 것들이 선생의 젊은 시절 수도 생활에서 닦아지고 닦아진 양지의 발현이라 생각된다.
내 마음이 밝아야 남의 마음을 조금이나마 볼 수 있다는 확고한 신념을 항상 저자에게 심어 주었다.
사주 자체가 사람의 것이다. 사주간명을 하는 자도 역시 사람이다. 결국 사람이 사람에게 하는 일이 사주간명의 인위성이다. 사주가 개인적으로 불안을 달래보는 한 방편이면서도 비천하게 외면시 되던 실로 오래 전부터 내려온 우리의 관습과 문화였다. 왕조와 결탁한 관학이외의 사상과 철학은 개화결실하지 못하고 설사 그 싹이 움트더라도 사문난적이다 혹은 이단사학이라 해서 사회적으로 매장하고 혹은 정치권력으로 탄압하여 철저하게 봉쇄되고 말았다. 민족문화의 다양한 발전과 창의력을 저해하였다는 부분도 무시할 수 없다. 우리들에게 있어서 사주야 말로 문화전달의 비전(秘傳)형식이다. 마음을 보는 분석도구인 사주에 대하여 오늘날 현대 생활에서 지난시대와는 달리. 긍정적 자세로 받아들여야 할 가치가 인정되는 당위성이 제기된다.

조직에서 꼭 필요한 인간적 관계는 서로의 마음을 헤아리는 지혜가 선행되어야 하고, 마음의 크기와 내용에 따라 알맞은 역할이 주어져야 하기 때문이다. 실로 조직 행위에 있어서 중요한 관심사가 아닐 수 없다. 개인의 의사결정에 있어서는 개인적 가치관, 퍼스낼리티, 위험에 대한 성향, 불일치의 잠재성 같은 심리적, 행동적 요인에 영향을 받는바 크다는 점을 중시해야 한다.

복지사회를 지향하고 있는 오늘날, 우리들의 주변에서 야기되고 있는 사회문제들에 대한 근본적 해결책은 무엇인가.
사회복지 정책에서 제시되는 온갖 대책들이 많으나 사후적, 일시적 방법론일 뿐 근원적인 면에서 볼 때 만족할만한 수준에는 미흡한 것 같다.
쉬운 예로, 부부갈등으로 인한 이혼문제를 보자.

공표된 통계자료에 의하면 결혼에 대한 이혼율비(離婚率比)가 1985년 10.2%에서 1997년 24%로 증가하여 5쌍중 1쌍이 이혼하는 셈이다.

최근 통계자료에 의하면 이미 이혼율비가 30%를 넘어서서 3쌍중 1쌍이 이혼하는 추세이니 이 얼마나 심각한 사회문제인가.

부부는 가족의 핵심이며 인간만사의 근원지이다. 가족이 뿌리채 흔들린다면 그 사회가 온전치 못하게 되는 것은 뻔한 일이다.

현실적인 문제해결을 위하여 가족복지 세미나, 상담등 다양한 실천기술을 발휘하고 있는데 과연 실천현장에서 노력하는것에 비하여 얼마만큼 실효를 거둘 수 있는 것인지 퍽 관심이 모아지는 부분이다.

저자가 다년간의 사주임상에서 자주 겪어본 사례 중에서 부부갈등이 차지하는 비중이 상당히 높은 수준이었다. 이럴 때마다 갈등해소에 대한 실마리는 서로들 성격차이에서 찾을 수 있었고, 나와 너 할 것 없이 자기 스스로의 발견을 위한 길을 열어주는 것이 필요하였다.

실로 성격에 대한 이해와 설명은 자기의 사주명식풀이로서 거의 가시적으로 뚜렷하게 해석해주는 힘을 발휘하였다.

급증하는 사회 각 분야의 불균형, 갈등문제를 해소하는데 있어서 통쾌한 비방은 과연 무엇이며 어디에 있는가.

이에 대한 해답은 모름지기 사회구성원 각자의 자기발견으로 진정한 자기분수를 찾는 데에서 구해야 한다. 적어도 사회복지 차원의 상담에 있어서, 사주명리가 공헌하는 기여도는 그 어떠한 방법보다 결코 뒤지지 않을 것이다.

사주명리는 자기를 구체적으로 설명해주는 기초설계도면 이다.

성격이 그려내는 공사 진행 과정도 이며 자기의 현재모습을 건축물처럼 보여준다.

또한 미래의 자기모습을 오버랩(over-lap)시켜 주기까지 한다.

변화와 개혁 그리고 열린 시대에 사는 우리들은 사주의 인위성과 당위성, 그리고 사회적 중요성에 비추어 형이상학적 차원과 인식론적 현실세계의 이상적인 조화와 균형을 위해 담론(談論) 되어야 하고 지속적인 접근과 탐구가 필요한 것이다.

4. 서양의 성격이론과 사주명리학과의 관계

(1) 프로이드(Freud. S)의 정신 분석이론과 비교

프로이드는 자아(自我)가 id, ego, super-ego로 구성되어 있으며 세 가지 자아가 상호간에 갈등하거나 협력하는 에너지의 교환 작용을 한다고 보았다.

이에 대하여 사주명식(四柱命式)에서는 명식의 구조전체가 자아이며, 명식 내에서 일간(日干)을 중심으로 타 오행과의 상극(갈등적)과 상생(협력적)의 관계성과 상대적 작용을 설명하는 면에서 자아에 대한 해석이 서양의 분석심리학에서의 자아개념과 거의 일치한다.

또한 프로이드는 libido(生의 본능)의 영향을 받는 id와 양육적인 super-ego(이상적 도덕원리) 그리고 ego(이성과 합리성이 지배하는 영역)가 잘 조화될 경우 건강하고 균형잡힌 성격이 발현될 수 있다고 보았다.

이에 대하여 사주명식에서는 오행구비(木, 火, 土, 金, 水의 균형과 이상적 짜임새)라는 모델로서, 명식 자체 내의 상호관계성, 기운(에너지)의 흐름, 강약 등이 이상적으로 균형을 취해있을 때 가장 좋은 성격의 소유자(흔히 팔자를 잘 타고났다 함)로 보는 것과 역동적 관계성이 서로 거의 일치한다.

다만 서양의 성격이론은 그 초점(focus)이 마음의 본체와 행동면에 있어서 동양의 인성론(本體)보다는 마음의 행동(나타내는바)면을 본체보다 더 우선 한다는 점이 東과 西의 차이점이다.

　이것은 철학적 발단 자체의 차이점에 근거하는 것으로 이해된다. 즉 서양 철학은 희랍을 중심으로 아름다운 자연환경, 밤하늘에 빛나는 무수한 별들, 여유 있는 낭만적 생활 속에서 자연에 대한 경이(驚異)와 호기심을 풀어보려는 데서 철학이 발단되었다.

　우주는 어디서 왔으며 무엇으로 되어 있는가(來源과 實體)라는 형이상학적 본체론을 철학의 주제로 하여 다분히 사변적(思辨的)이고 논리적인 인식론(認識論)이다.

　이와는 달리 동양철학(思想)은 황량한 평원, 대륙의 중국인들이 삶 자체에 골몰하고 우환이나 천재지변 등으로 농경생활에 영향을 주는 자연현상의 질서와 작용을 터득하는데 관심을 두었다.

　우리가 의지하고 생을 영위하는 이 세계는 어떻게 되어 있으며(天道), 우리는 이것에 어떻게 적응하고 이용해서 살아가야 하는가(人道)라는 경험적이고 공리적(功利的)인 윤리관(倫理觀)이 사유(思惟)의 주축을 이루고 있다.

　이러한 맥락에서 보면 동양의 인성론은 곧 본체론(宇宙論)이다.

　그 규명의 대상이 마음이라는 내면 지향적, 즉 보는 눈을 안으로 향하여 접근한다.

　이와는 반대로 서양의 성격이론은 지각과 행동에 대한 것이다. 마음의 외적(外的)문제, 즉 보는 눈을 밖으로 향하여 접근하는 것이다. '어떠한 심리상태에서 저런 행동을 하는가' 라고 묻는 것이 서양철학의 태도라면 '사람다운 마음을 가져야 이런 행동을 하는 것이다.' 라고 답하는 것이 동양철학의 태도이다.

(2) 융(Jung. C. G.)의 분석심리학과 비교

융의 가장 획기적 발견이었던 집단무의식(Das Kollektive Unbewubte)이나 원형(archetype)에 대하여 사주명식에서는 개인의 생년월일시(조상, 부모, 형제, 부부, 자손의 자리)의 육친 관계성이나 오행의 지속적인 분열과 역분열(離合集散의 과정)의 현상으로 설명한다.

융이 말하는 페르조나 등 원형의 구조에 대한 것을 사주와 비교하면 <표 Ⅵ-6>과 같다.

〈표 Ⅵ-6〉 융의 이론과 사주의 비교

Jung. C. G.에서의 성격	사주에서의 인성
페르소나(persona) (상황에 따라 행동을 할 수 있는 요소)	생년월일시의 천간과 지지 (나타나 있는 사주팔자)
그림자(shadow) (상황에 적합하지 못하여 억압된 부분)	생년월일시의 지지에 은장되어 있는 지지장간(지지속에 덮혀 있는 천간의 기운)
아니마(anima) 남성속에 있는 여성적 기질	남자의 사주에서 일간이 신약하거나 내향적 관계성이 강하게 구성되어 있는 경우.
아니무스(animus) 여성속에 있는 남성적 기질	여자의 사주에서 일간이 신강하거나 외향적 관계성이 강하게 구성되어 있는 경우
자아(self) 의식과 무의식의 조정자로서 통일성, 안정성, 전체성으로 통합하여 균형을 취하는 요소(자아실현)	외격(특수격) 외격은 일간과 완전히 동일한 오행으로 구성된 경우로서, 상대성이 없어지고 동일오행 하나로 되어있는 경우이다.
개체화(individuation)가 된 사람은 예수와 석가모니	특수격에 해당되는 사람은 도인, 신선, 여래, 성인

개체화(個體化)란 인격완성의 형태, 즉 자아실현 측면에서 볼 때 완전달성된 상태를 두고 표현한 Jung. C. G.의 전용어 이다. 개인의 인생은 마치 씨앗이 식물로 성장하는 것처럼 미분화된 전체성의 상

태로부터 시작해서 복잡한 분화과정을 거쳐 더 이상 나눌 수 없는 통일된 인격으로 발전한다는 것이다. 이렇게 보면 개체화를 추구하지 않는 사람은 없으나 완전한 개체화를 실현한 사람은 석가모니와 예수를 제외하고는 없다 해도 과언이 아니다. 사주의 관점에서 보면 융이 말한 '더이상 나눌 수 없는 통일된 인격'이란 도통을 하여 자유자재한 상태(純陽을 이룬 상태)로서 상대성이 없이 거의 하나로 절대화된 이상 속의 인간상과 서로 같은 개념으로 이해한다.

(3) 특성이론과의 비교

서양 성격이론에서의 특성이론은 사주의 주체와 거의 일치하며 이를 비교하면 <표 Ⅵ-7>와 같다.

〈표 Ⅵ-7〉 특성이론 등과 사주의 비교

특성이론 등	사주
체형론(Sheldon. W)에서 · 세장형은 외배엽이 발달하여 민감하고 과민 반응을 나타낸다. · 근육형은 중배엽이 발달하여 신체적 운동을 좋아하고 적극적이며 경쟁적 이다. · 비만형은 내배엽이 발달하여 타 인지향적이다. 외부에 대하여 둔한 반응이다.	日干이 水 火에 해당되는 사람으로 · 사주에 水, 火가 많거나 교류가 심할 경우에 신경이 민감하고 정신적 불안성이 있다. · 오행이 구비되어 균형을 이루고 있는 사주. (안정감 있고 활성적이며 적극성 원만성이다.) · 日干이 金, 木, 土로서 아생자(我生者)가 많을 경우 (식성이 좋고 타인을 추종하는 형이며 외부에 둔하고 약한 반응)
Hippocrates의 생리이론:원소론에 근거하여 · 혈액, · 흑담즙, · 황담즙, · 점액 등의 4가지 체액에 따라 성격유형을 분류하였다. 이중에서 어느 것이 과다해지면 그쪽의 기질이 나타난다.	오행의 성질에 따른 색의 분류: · 혈액의 붉은색은 火성이다. · 흑담즙의 검정색은 水성이다. · 황담즙의 노랑색은 土성이다. · 담즙의 본래 오행은 木성이다. · 점액의 흰색은 金성이다. 오운육기법에 따르면 위의 5가지 성분이 고루 형평을 유지하여야 안정되고 건강하다. 오행 중 어느 한 가지가 지나치게 많거나 부족할 경우 사주상의 병리가 발생한다. 이 병리에서 기질이 나타난다.

특성이론 등	사주
융의 행동유형론에서 정신·신체적 에너지의 발산 방향을 크게 두 가지로 분류하여 외부지향형은 인간관계에 적극적이며 내부지향적은 인간관계에 소극적이다.	사주명식에서 신강하고 사주 내에서의 오행 상생유통이 잘되는 사주는 외부지향형의 특성이 있고, 신약하고 오행의 상생유통이 안되거나 미약한 경우는 내부지향형의 특성이 있다.
개인의 기본기능을 사고, 감정, 감각, 직관의 4가지로 분류하고 각각 외향과 내향으로 나누어 8가지 유형으로 설명하고 있다.	사주명식에서 남녀성별(2), 생년월일시(4), 천간지지(8)로 인성을 분류하고, 주역의 원리에서는 음양(2), 사상(4), 팔괘(8)로 생성과 변화를 설명한다.
인본주의 심리학에서(Rogers. C., Maslow. A. H) 모든 사람은 자아실현의 욕구를 갖고 있다. 이상적 자아와 현실적 자아가 일치될 수 있도록 잠재능력을 더욱 개발하여 모든 인간의 인성회복을 강조한다. 자아실현을 인간의 최고가치로 본다.	어느 개인의 사주명식이든 오행자체의 운동은 상생하기를 좋아하고 상극하기를 싫어하는데 외부와의 상황에 따라 상극하는 방향으로 개발될 경우에는 충(상극)함으로써 발전하고 성장할 수도 있다. 비운에 처한 개인도 지극히 수양하면 자성을 회복할 수 있고 또한 자성을 회복하려는 의지를 최고가치로 본다.

이렇게 볼 때 융의 심리유형이론(Psychology Type Theory)을 바탕으로 연구 개발된 MBTI(Myers-Briggs Type Indicator)에서 제시되는 성격선호유형 16가지와 같은 분석을 사주명식에서도 선명하게 분석하고 제시할 수 있을 만큼 융의 행동유형론과 사주와는 깊은 관계가 있다.

또한, 융의 성격이론에서 그가 완전한 성격이론의 요건으로 제시하는 세 가지 문제, 즉 구조적, 역학적, 발달적 문제에 대하여 사주와 비교하면 다음과 같이 실감나게 설명된다.

· 구조적 문제 --- 사주에 있어서의 사주명식의 구조로서 설명된다.
· 역학적 문제 --- 일간중심으로 여타 오행과의 상관관계성으로 설명된다.
· 발달적 문제 --- 대운의 변화에 부응하는 마음의 행동화(象)로서 설명된다.

개인의 성정(性情)에 대한 융의 접근태도나 방법, 그리고 해석에 있어서 사주의 사주명식, 관계성, 대운에서의 상(象)과 비교하여 보면 현재까지의 성격이론 중에서 융이 제시하는 성격유형이 사주명리학에서 중시하는 인성론과 가장 가깝다 할 수 있다.

융의 사상과 사주명리의 본질적 의미를 살펴보면, 융에 있어서의 동양연구는 절실하게 요구되는 전체화라는 관점때문에도 필요했다.
융은 영혼의 과거로 소급되는 이질적인 동양의 의식구조가 서양의 심리적 산물을 해명하는데 도움이 된다는 긍정적 사고를 가졌던 것이다.
이와 같이 건강한 '자아'와 이성은 융에 있어서 뿐만 아니라 모든 정신치료에 있어서의 치유, 또는 모든 종교적 경험을 통한 진정한 삶의 변화를 위하여 기본적으로 매우 중요한 조건들 중 하나임이 틀림없다고 본다.

그는 50세가 넘어서자 발길을 동양으로 돌려서 장기간의 여행을 하면서 요가와 선(禪)을 체득하고자 하였고, 주역을 배우면서 직접 산가지로 역점(易占)을 쳐본 사실들로 미루어 보아 서양인이면서도 동서의 영역을 초월하여 인간 영혼의 밑바닥을 철저히 파헤쳐보기 위한 그의 집념을 짐작할 수 있다. 항시 저자의 마음 속에 큰 바위같이 우뚝한 촌로같은 서양인의 모습이 하나 있다. 아마도 C.G. Jung 인 것 같다.

사주명리에 대한 논문을 쓰는 기간 중에 힘든 저자의 영혼을 채찍과 대화로서 영적 에너지를 실어준 그와의 교감을 잊을 수 없다.

아마도 수천 년 전부터 맺어진 깊은 인연이 있었으리라 싶다.

결국 사람의 인성(자아와 성격)은 孟子가 주장하던 性善도 아니요, 筍子가 주장하던 性惡도 아니다.

개인에 따라 성선도 될 수 있고 성악도 될 수 있다.

인성이 선이냐 악이냐 하는 것 자체에 탐구의 가치나 의미가 있는 것이 아니고, 천성자체야 선이든 악이든 그것이 행동으로 옮겨지는 것이 선용되도록 하는 데에 보다 큰 의미가 있는 것이다.

역시 체(體) 보다는 용(用)을 더 중시하는 사상이며 인간의 인성이 무엇이냐는 물음에 답하기보다는 실제 인간성의 노출된 현상이 이러하니 그것을 어떤 이상적 모델로 정립할 것 인가하는 제안이 필요할 것이다.

性(理)에 대한 고집스러운 성분규명이나 주장은 폐쇄된 구조를 전제하면서 자칫 보수, 권위주의의 맥락인 관념론으로 치우치기 쉽고, 情(氣) 자체에 대한 고집스러운 성분규명이나 주장은 현실적 상황, 진보적 실천중시의 맥락인 인식론으로 치우치기 쉽다. 조직이론적 관점에 볼 때 카오스(chaos) 이론이나 쿤(T. Kuhn)이 제시한 과학지식의 변화적 패러다임과 같이 개인의 성정에 대한 사회학적 이해가 필요한 것이다.

따라서 성이나 정에 치우치지 않고 원만하게 융화되는 상태로 만들어 가는 것이 가장 바람직하다.

이와 같은 바람직한 상태를 계속 유지하고 발전시키기 위한 보다 인간적인 명제를 해결하기 위해서는 가장 먼저 개인의 성격에 대한 심도 있는 분석과 접근태도가 요구된다.

성정의 구성요소, 즉 의식세계와 무의식세계를 다 포용하고 있는 인간영혼의 구조적 틀이 바로 사주명식이다.

쉬어가기

저자의 40대 초반, 사주명리학에 대한 공부 맛에 푹 빠졌을 때 마치 이웃 할아버지 같은 서양 노인을 책을 통하여 만날 수 있었다. 칼 융(Carl Gustav Jung, 1875.7.26.생)이다. 목사의 아들로 태어난 정신과 의사. 무의식의 존재를 인정하고 싶지 않은 당시의 현대인들을 향해 '불가사의한 것도 포용할 때만 현실을 올바르게 파악할 수 있다'는 화두를 던져 준 분이다.

그가 연구한 分析心理學은 프로이드에 가려 처음에는 백안시 되었으나 나중에는 학계에서 대중적 지지를 받게 되었고 보통사람들이 꺼리는 정신병 환자들의 행동을 '우리들 자신의 본질적 밑바닥 베일에 가려져 있는 인간 무의식의 밑바닥이 표출된 것일 뿐이다'라고 주장하였다.

나타나 있는 의식세계(현상계) 보다 무의식의 세계(정신계)가 더 깊고 광활하여 파아란 창공(본서의 표지 사진)을 바라보면서 저자 자신도 모르게 마음을 사로잡는 기폭제이기도 하다.

사실 융의 무의식세계와 사주명리의 구조가 비슷한 모습으로 융합되어 가는 듯한 느낌을 받았을 때부터 사주명리학의 진리체계를 더욱 깊게 탐색해 보고 싶었다.

특히 괄목할 것은 개인적 차원의 무의식뿐만 아니라 인류의 먼 조상, 더 나아가서 인류 이전의 선행 인류에서 습득되는 이메지 즉 '집단 무의식(Das Kollektive Unbewuβte)'의 발표는 온 세상에 새로운 한줄기 빛이었다.

지금 생각하면 융의 먼 조상은 아마도 동양인이었나 싶다.

인간의 내면세계를 불가사의한 현안(賢眼)으로 들여다 볼 수 있었던 그의 사상은 결코 신비주의는 아니면서 이미 신선(神仙)의 세계에서 산 것 같기도 하다.

말년의 행적에서 이를 증명하듯 동양으로 인도와 중국을 여행하면서 주역(周易)을 접했으며 직접 산통(算筒)을 흔들면서 역점(易占)을 치는 모습을 생각하면 먼 고향을 찾아 온 서양 할아버지 모습을 연상케 하였고 자꾸만 그의 학문세계와 사상을 닮고 싶었다.

마침 포은학회(圃隱學會)가 주관한 학술발표대회(2011년, 日本 九州大學)에서 저자의 논문(포은 정선생의 성격 특성을 위한 사주명리학에 관한 연구)을 발표할 기회를 가졌다.

17대조 할아버지의 타고난 바 성격 특성을 분석한 논문의 내용에서 크게 강조된 부분은 바로 융의 '집단무의식'이었다.

오늘의 후손들에게는 누구에게나 포은의 정신과 DNA가 융이 주장하는 '집단무의식'으로 몇 백 만분의 일이라도 함유되어 있다는 점을 강조하였다.

제2편

사주명리학 실제

Ⅰ. 사주명리의 현대적 의미

　지금까지 우리들은 제1편 사주명리의 이론을 공부하면서 오랜 역사를 갖고 면면히 흘러온 맥(脈)과 광활하면서도 선명한 이론체계를 두루 살펴보았다. 사주명리는 현대 생활인들에게 있어서 지식적 알음알이 이상의 그 무언가를 시사하고 있다.
　인간의 정신영역을 중심으로 이에 대한 접근이나 논리정연한 이론전개로 현대인들을 실감케 하는 이와같은 운명적 카운셀링은 과학이 발달하면 할수록 더욱 더 절실하다.
　사주명리의 실체(identity)는 정지된 상태의 인간자체보다 살아서 행동하는 인간을 더욱 중시한다.
　종래의 존재(sein)에 관한 관념론적 범주를 벗어나 당위(sollen)에 관한 인간으로서의 행위규범을 강하게 시도하고 있는 점을 들 수 있다.
　다행히도 근래에는 '행동과학', '감성과학'등 서양의 과학적 접근태도와 특히 젊은 세대의 직관적 사고에 대한 긍정적 자세 등은 시대적 '깨우침'이라는 면에서 괄목할 만 하다.
　자칫 잡다한 이론만으로 파고들다보면 현학적 사고에 묶이거나 물줄기가 분산되어 문자그대로 구류(九流)에 떨어질수도 있다. 그러므로 사주명리의 실제적 활용으로 들어가기에 앞서 사주명리에 대한 현대적 의미를 다시 정립해야 할 필요가 있다. 때에 맞추어 채널을 수정하고 코드를 맞추어야지 않겠는가.

1. 현대에 와서도 사주명리의 실체는 학문적 정통성(legitimacy)에서 찾아야 한다는 것이다.

장구한 역사를 배경으로 비록 정학(正學)으로서의 대우는 받지 못하였으나 그 정통성만은 변함없이 유지해오고 있다.

이를 비천(卑賤)시하거나 불신하는 것은 무지(無知)의 소치이다. 결코 깊은 장롱속에 감추어두거나 도토리 정도로 알고 진주(眞珠)를 깨뭉개는 일은 없어야 겠다.

당년(當年)의 시대적 상황에 따라 일시적으로 그 명맥이 좀 살아나는 듯 하다가 짓밟히는 일은 다소 있었다 하더라도 최소한 인간사회에서만은 배척될 수 없는 철저하고도 빛나는 논리와 이치가 깔려있다는 것이다.

이것이 곧 사주명리의 든든한 권능(empowerment)이다. 사주명리는 인간중심으로 우주와의 관계성을 탐구하는 장르이고 그 범위가 방대하고 너무 어려워서 보통사람들이 수용하기에 힘겨운 점도 있다.

천기로 통하는 고차원의 정신영역을 사주명리의 세계라 한다면 천기(天氣)나 지기(地氣)로 통하는 현실적 과학영역을 기상학(氣象學), 지리학(地理學)이라 할 수 있다.

미래를 보다 정확히 예측하므로써 인간에게 유익함을 가져다 주는 동일한 맥락에서 볼 때 어찌 기상학이나 지리학은 인정받고(사실상 때로는 일기예보가 빗나갈 때도 있지만 그냥 넘어가면서) 명리학은 인정할 수 없는 것인지 묻고 싶다.

현대과학은 모든 사물에 대하여 예측에 관심을 가졌으나 태양계 내에서의 선형계에 한하였고 비선형계를 예측하는 것은 사실상 불가능하였다고 본다.

과학이 다루기가 어렵다는 이유로 비선형계를 무시해서 되겠는가. 우리들에게 무한한 정보(information)를 공급하고 있는 공간(하늘)은 대부분 비선형 상태로 이루어져 있다.

하늘에 떠 있는 구름을 보자. 예측할 수 없는 여러 가지 모양의 변화를 두고 어떻게 선형(線型)적이라 할 수 있는가.

직선적인 것은 창세기때부터 존재하지 않았다고 본다.

이러한 의미에서 보면 사주명리학이야 말로 인간의 마음에 대하여 '예측'에 관한한 기상학보다 훨씬 차원높은 비선형적 패러다임인 것이다.

현대의 물리학 세계 뿐만 아니다. 인간이 생존하고 있는 모든 인문, 사회 각분야에도 미쳐 우리들이 인식하지 못하고 있는 비선형적 요소가 거의 꽉 차있다.

직선적이고 선형적인 것이 마치 우주질서인양 착각하던 시대는 지나갔다. 현대는 특권계층이나 제왕군림의 시대가 아니다. 민주주의 이념위에서 자본주의 경제형태로 각자가 자유롭게 비선형적 '장(場)'에서 삶을 영위하면서 보편주의 사조를 지향하고 있다.

이제는 의사나 판사, 교육자, 경영자등 과학신봉주의자 들일수록 사주명리의 이치를 공부해야 할 것이다.

만약 사주명리를 철저히 규명하여 개인에 대한 실체와 상황변수를 매우 근사치에 가깝게 신속히 직시할 수 있다면

의사는 환자에 대하여 보이지 않는 정신적 차원에서 정확한 진단으로 병인(病因)을 보다 밝게 다스릴 것이며,

판사는 판결의 칼을 쓰기에 앞서 개인의 심리속으로 접근하여 쌍

방이해관계자의 화해, 이해, 중화의 도를 행할 수 있을 것이며

교육자는 학생들을 보는 눈이 밝고 넓어져서 포용되어지며 개인의 마음으로부터 우러나오는 존경을 받게 될 것이다.

특히 경영자는 종업원 개개인의 마음부터 읽기 시작하여 크게는 인적자원의 관리에 유용하게 활용함으로써 양질(良質)의 경영조직을 만들어 갈 것이다.

이 뿐인가, 피의자를 다루는 경찰, 검찰이나 나아가 정치인들까지도 틀에 박힌 선형적 사고에서 깨어나 오묘한 우주공간의 비선형적 세계를 볼 수 있게 될 것이다. 진정한 자유는 비선형적인데에 있다.

○ 사주명리의 정통성에 대한 현대적 의미는
- 기존의 명리이론을 현시대에 맞도록 측정도구의 눈금을 조정해야 한다.
- 근본적인 시간과 공간의 개념이 현격해진 현대에 와서는 역(易)의 논리부터 현대의 코드에 맞추어야 한다.
- 이익사회의 경쟁적, 이기적 속성을 자연적으로 교화시키는 공동사회적(gemeinschaft) 체제로의 전환에 앞장서야 한다.
- 이 학문에 접근하는 자는 기본적인 학문적 체계를 갖추고 보다 과학적 안목으로 사유(思惟)와 관찰(觀察)의 폭을 넓혀가야 한다는데 있다.

2. 현대의 사주명리는 개인의 수양을 통하여 운을 다소 바꿀수 있다는 가능성(possibility)을 제시한다는 것이다.

타고난 본성(생년월일시)이 불변성이라 하더라도 상황(때)과의

관계성에서 주어진것(대운)을 미리 알고 수용한다면 마치 공간(space)이 우리들에게 무한한 가능성을 제시하듯이 사주도 유익한 生의 정보(information)를 제공해 줄 것이다.

우천(雨天)을 예보하는 기상뉴스를 듣고 조그마한 우산이라도 들고 나간다면 비에 젖는 것을 다소라도 줄일 수 있다.

비운이 예측된다 할 경우 자신의 마음을 겸허히 하고 보다 매사에 경거망동하지 않는다면 비운도 다소 순화 되어질 것이다.

사람에게 있어서의 보이지 않는 마음은 우주에 있어서의 보이지 않는 공간과 같다.

이 공간(space)을 천(天), 건(乾), 공(空), 불(佛)로 보는 것이 동양적 관점이며 절대의 세계이다.

마음공부를 할 때에는 무한한 공간을 사색(思索)하자. 공간과의 대화야 말로 우주합일의 경로이다.

그러나 안타깝게도 극락과 천당을 들먹이면서 마음을 닦아라, 비우라, 무조건 기도하라 하지만 어떻게 어떤 코스로 하라는 안내도면은 주지 않는다. 교통신호도 모르고 안내도면도 없이 마구 주행한다면 사고당하기가 일수이고 범칙금 스티커만 받을 것이다.

사주명리는 안내도면을 주면서 안전운행을 하도록 방법과 절차를 철저하게 제시해 준다. 옛날 선생께서 저자에게 이런 말씀을 하신적이 있다.

당신(박제산)은 입산할 때 '사주명리를 공부하기 위하여 간 것이 아니고 금단대도수행법으로 도통(道通)을 목적으로 입산하였다고 말씀하셨다. 한참 하다보니 수행법의 길이 애매해져서 잘못하다가는 큰일 나겠다 싶었는데 다행히도 음양오행론과 사주명리라는 것을 접하고부터는 도법(道法)을 스스로 판독할 수 있었다는 것이다. 이러다보니 자연스럽게 사주명리에 대한 문리(文理)가 터졌다고 하였다. 큰 길을 가다가 우연히 횡재를 한 셈이다.

오늘도 텅 빈 공간은 무한한 가능성을 지닌 채 우리들의 마음을 기다리고 있다. 미래세계의 모든 정보(information)는 공간에서 나온다. 공간이 주는 가능성을 얼마만큼 자기의 것으로 만드느냐가 천지간에 있어서 일인자가 될 것이다. 사주명리의 현대적 의미는 모든 사물관을 '그럴리(理)가 없다'해도 '그럴 수(數)는 있다'라는데서 찾아야 한다. 공간에서의 폭풍 다음에 쾌청한 날이 있듯이 우리들 마음에도 위기를 기회로 바꾸는 저력이 있는 것이다. 이러한 가능성을 사주는 분명히 제시한다는 것이다.

3. 현대 사주명리에 있어서는 태양계내의 모든 구조를 개방체계(open system)로 보아야 한다는 것이다. 사주명리의 대상은 사람의 전생(前生)이라 할 수 있는 태아(胎兒)의 운동상태가 아니다. 또한 사망후의 내세관(來世觀)도 아니다. 출생시 외부공기와 맞물려 독립적으로 호흡하는 때로부터 사망할 때까지의 생존기간에 걸쳐 움직이는 유기체적 인간을 대상으로 한다. 사람은 환경과 더불어 공존(共存)하는 유기체다. 인간은 연속적으로 환경으로부터 여러 가지 에너지를 얻고 엔트로피(entropy)를 방출하는 능력을 가지고 있는 열린구조이다. 그러므로 잠시라도 음과양을 따로 떼어놓고 설명할 수 없다.

남성은 외향적 공격적 존재로 양에 속하며 여성은 내향적, 수비적 존재로 음에 속한다는 사고(思考)를 이제 조금 수정해야 할 때다.

음과 양을 각기 단정(斷定)하는 설명보다는 서로 맞닿아 마치 음과 양이 서로 호흡하는 것 같은 개방적 구조로서의 설명이 되어야 현대인들의 정서에 부합된다는 것이다.

지금은 남존여비(男尊女卑)의 시대가 아니고 이성평등사회(異性平等社會)이다. 남자(陽)가 남자인 것은 여자(陰)가 있기때문이고 여자(陰)가 여자인 것은 남자(陽)가 있기 때문이다. 오행도 마찬가지다.

木이 木인 것은 木 혼자로서는 아무런 의미가 없다. 마치 생명이 없는 폐쇄된 구조의 일부 밖에 안된다.

현대명리에 있어서의 木이 木인 것은 水生木하면서 木生火를 하고 때에 따라 金의 제압도 받으면서 때에따라 土를 공격하며 쟁취하기도 하는 일련의 모든 작용을 거의 동시에 복합적으로 연계하면서 마치 생물이 호흡하듯이 주거니 받거니 하는 木이라는 것이다.

음양과 오행에 대한 현대적 관점은 이와같은 개방체계로 보는 것을 전제로 한다는 점을 인식해야 한다. 사주명리의 이론은 어느 특정조직의 비호나 체제의 존속을 위해 남용되거나 오용되어서는 안된다.

사주명리의 이러한 개방체계로서의 속성은 어쩌면 지역주의나 국수주의 패권주의에 대한 도전이다. 통신과학의 발달로 지구촌(global village)화 되어가는 이른바 국제화 시대에 사는 현대인들은 이제 가시적이거나 비가시적이거나간에 통제나 폐쇄는 수용되지 않는다. 이러한 관점에서 사주명리도 현대감각으로 개방(open) 되어야 할 것이다.

주역의 계사편에 나오는 '일음일양지위도'(一陰一陽之謂道)나 '생생지위역(生生之謂易)의 본래적 의미를 음미하여 보면 사주명리도 역시 애초에는 개방체계적 이치와 논리이었음을 알 수 있다.

4. 현대사주명리에 있어서는 고정개념을 넘어서 변화주도적(transformational)이라는 것이다.

사주명리를 절대적 결정론으로 보지 않고 변화 가능성을 제시하는 상대적 결정론으로 보아야 하며 그것은 스스로 생생하면서 변화를 주도 한다.

사주에서의 오행구비격이 가장 원만하고 좋은 사주라는 종래의 사주 간명상의 견해는 균형, 평형, 안정이라는 면으로 보면 좋게 보일수도 있으나 개방계에서의 적응과 창조라는 패러타임으로 보았을 때는 비능률적 사주모델이 될 수 있다.

사주명리에서의 천간(天干)과 지지(地支)의 배열과 관계성의 설명에서 역(易) 본래의 속성을 재조명해야 한다. 역(易)의 기본사상은 변화개념이다. 그것은 우주질서와 사물의 변화무쌍한 현상을 음양이원(二元)으로 설명한다.

사주명식을 대할 때 부터 마음을 우주차원의 공간에 두고 고정개념의 틀을 깨어야 한다.

사주를 이해하는 가장 빠른길은 '공간'(空間)을 이해하는 것이다. 공간은 사람에게 있어서는 바로 마음이기 때문이다.

이제 공간=마음이라는 등식의 관점으로 보면 평형보다는 비평형 상태를 질서보다는 무질서를 안정보다는 성장을 고정보다는 변화를 중시해야 한다. 하나의 진실이 객관적인 형태로 존재하는 것은 없다. 우주의 공간에는 수많은 비평형, 무질서, 변화성이 꽉차있고, 이들은 다양성을 요구하고 있다. 현대사주명리를 이해하기 위해서는 하나의 상황에 맞는 정확한 해석은 한가지 밖에 없다는 개념적 사고에서 탈피되어야 한다.

그러나 사주에 대한 기존의 시각을 완전히 바꾸기란 결코 쉽지 않을 것이다. 새로운 변화는 작은 동요에서부터 출발하는 것이라는 말을 믿는다. 상대적 대치상태로 규격화하거나 동일한 값의 교환거래적 방법으로 접근한다면 사주명리의 부가가치는 결코 맛볼 수 없다.

오로지 변화주도적 관점에 섰을 때 공간은 비로소 인간에게 마음의 문을 열 것이다. 유명한 현대 물리학자 존아치볼드 휠러(John Archibald Wheeler)의 말을 인용해 본다.

'우리가 한 가지 양상에 대한 실험을 택할 경우 그 밖의 다른것들을 볼 수 있는 능력을 잃게 된다. 그래서 모든 과학적 측정행위는 다른 가능성의 상자를 돌이킬 수 없을 정도로 영원히 닫아버려 정보를 얻는것보다 더 많이 잃어버린다.'

5. 현대 사주명리에 있어서는 유용성(utility)이 강조되어야 한다는 점이다.

아무리 그 이론이 고차원이고 윤리적이라 하더라도 현대인들에게 유익하지 않으면 우선 개인들로부터 수용되지 않는다. 더구나 과학문명의 신봉자들에게 있어서는 합리주의적 설명이 아니고서는 그 어떤 논리도 인정을 받지 못한다.

사주명리의 학문적 정통성이나 가능성 등 그 어떤 의미도 결국 유용성(有用性)이 약하면 유용성을 나타낼 때까지 뒷전에서만 맴돌아야 할 것이다.

사주명리의 실체에 대한 순수성은 높은 철학적 차원에서 찾아야겠지만 이러한 현실적 유용성을 생각하면 사주명리이론의 자존에 약간 손상됨을 감수하더라도 하루속히 과학화가 필요한 것이다. 이러기 위해서는 종래의 방식이나 사주명리 특유의 전통적 모형을 과감하게 탈피하는 결단이 필요하다. 구태의연한 인습에 묶여서 영 젖어버린 사람일수록 그 틀을 깨기가 힘들 것이다.

사주명리의 현대적 의미에서 이 유용성만은 몇 번을 강조해도 다시 강조되어야 할 명제이다.

서양의 이론들은 별 의심도 없이 쉽게 받아들여지면서 동양의 전통이나 의식은 왜 차별적 수용의 태도가 되는지 이에 대한 해답은 거의가 아마도 실용성, 유용성에서 구할 수 있다. 저자가 탐구하는 '성격'분야에서 어느 날 우연히 서양의 자존심이라고 내세우는 '에니어그램'(Enneagram)을 만나게 되었다.

내용의 대강을 살펴보면

아홉 가지로 이루어진 인간의 성격유형과 이들 상호간의 연관성을 표시한 기하학적 도형이다.

자기탐색을 하여 자신의 유형을 찾아 그 유형의 주된 문제를 이해하는데서 시작한다. 사람들은 전통적으로 개인의 약점을 강점으로 전환하는 방법을 윤리학적 가르침을 통해서 찾고자 했다.

'에니어그램'은 이러한 약점을 발견하도록 유용하게 만들어 졌다는 것이다. 여기서 제시되는 '아홉 가지의 성격유형'이라는 대목에서 저자는 동양의 기학(氣學)에 속하는 구성학(九星學)을 연상케 되었고 '왜 모두가 하필이면 아홉 가지일까' 하는 의문에 사로잡히기도 하였다.

알고 보니 '성격'에 대한 탐구방향이나 접근의 차이라는 것뿐이었다. 사주명리가 사주명식을 통하여 구조적으로 접근하여 개인의 성격을 해석하려는 특성과 에니어그램이 고대의 신비에서 얻어진 많은 성격관련 데이터(data)를 아홉 가지 유형으로 분류된 틀에 의하여 동일한 유형의 사람들이 공유하고 있는 특성들을 판독하도록 구조화되어 있는 점이 서로 유사(類似) 하였다.

사주명리가 개인적 데이터에 의하여 직관적 해석이 우선되는 성격예측 방법이라면 에니어그램은 종합적으로 분류된 데이터에 의하여 자기보고식(self-report)으로 성격을 예측하는 방법이라는 차이로 생각된다.

문제는 사람들 개개인의 성격특성을 해석함에 있어서 주관성이 개재된 자기보고식 데이터가 얼마만큼 실체에 가까운 정보가 될 것인지……

그러면서도 현실은 어떠한가. 에니어그램은 미국의 GM사나 AT&T 등의 대기업에서 신입사원 등용등 인사관리의 도구로 쓰이고 있다.

직업상담이나 가족상담, 교육상담은 물론 경영 및 인사분야에 이르기 까지 활용되고 있다.

최근 하버드대학, 스탠퍼드 대학등의 MBA 과정에서도 개인적 성장을 위한 도구로 활용되고 있다.

에니어그램이 2천 년간 검증받은 직관의 인간학이라 자부하지만 사주명리는 5천년의 역사다.

어느 면으로 보아도 결코 뒤질 수 없는 사주명리의 위상이 우리나라에서는 어떻게 수용되고 있는가? 고민해 볼 일이다.

다행히도 하루가 다르게 정학(正學)의 마당으로 진입하고 있는 요즈음 사주명리가 현대인들에게 제공하는 유용성은 적어도 서양의 에니어그램보다는 개인의 성격 예측에 대한 선명도(鮮明度)가 아마도 조금은 더 높을 것이다. 사주명리이론과 에니어그램의 공통점은 오랜 역사 속에서 고덕(古德) 들이 짜아낸 '지혜의 결정체'라는 점이다. '포스트모던(post modern) 사회에서 가장타당한 교훈은 아이러니칼하게도 가장 오래된 것으로 부터온다'라고 한 Diane Dreher의 말이 오늘따라 무척 의미 깊게 받아들여진다.

운명곡선(運命曲線)

'운명곡선(Fateful curve)'이라 함은 저자의 순수한 학구적 결단에서 창안(創案) 해 본 것이다.

'운명곡선'이란 명칭자체를 저자의 뜻에 따라 감히 처음으로 붙여 보았고 현실적으로 개인의 운명상담에서 실용화(實用化) 해 보고 싶은 마음에서이다.

개인의 길흉(吉凶)에 대한 내용을 제시함에 있어서 가장 중요한 것은 자상한 해석과 명쾌한 통변일 것이다. 그러나 상담자와 맞대면한 자리에서 자상함이 지나치면 지리멸렬해지고 명쾌함이 지나치면 경거망발하기 쉽다. 그렇다고 적당히 얼버무릴 수는 더더욱 없는 일이다.

이런 살얼음판 위에서 달구어져 온 저자는 「보다 현대인들의 기호에 맞고 설득력 있는 서술방법이 없을까? 분명 있을 것이다」하고 개인적으로 오랜동안 궁리(窮理)한 끝에 아래와 같은 이미지가 떠올랐다. 부디 현대를 살아가는 생활인들에게 '나의 운명곡선은 어떠한가'를 눈으로 바로보고 가정이나 사회에서 처세에 선용되어 지기만을 바란다. 본서에서는 운명의 종합적 점수를 두루 감안하여 예시용으로 작성된 그래프임을 밝혀둔다.

개인의 전공관(專工觀), 부부관(夫婦觀), 사업관(事業觀) 등에 따라 전공운명곡선, 부부운명곡선, 사업운명곡선 등과 같이 다양한 관점에서 세분화된 곡선이 도출될 수 있다.

다음기회에 더욱 심도 있는 연구와 분석으로 사주명리학의 실용화에 기여할 것을 다짐해 본다.

퍽 흥미로운 사실들이 발굴 될 수도 있을 것이다.

운명곡선 (백암 type)

수준＼나이	1~5세	6~10세	11~15세	16~20세	21~25세	26~30세	31~35세	36~40세	41~45세	46~50세	51~55세	56~60세	61~65세	66~70세	71~75세	76~80세
F^{++}																
F^{+}																
F°																
F^{-}																
F^{--}																

※ 백암형(栢巖型)의 운명곡선에 대한 설명
1. 좌표의 세로축(軸)을 5등분하여 특정개인의 사주바탕과 운을 비교한후 종합한 운명의 길흉수준을 나타내고
2. 좌표의 가로축에는 80세까지의 생애를 5년간씩 나누어 16등분하여 위 길흉수준을 해당 나이에 연결표시한다.
3. 좌표의 세로축에 표시된 부호의 의미는 다음과 같다.
   F°는 중운(中運), 보통수준(현상유지)의 운세를 표시하는 선
   F^{+}는 중상운(中上運), 비교적 좋은 행운(발전, 여유)의 선
   F^{++}는 상상운(上上運), 아주 좋은 행운(전성기, 풍족)의 선
   F^{-}는 중하운(中下運), 비교적 나쁜 비운(퇴보, 부족)의 선
   F^{--}는 하하운(下下運), 아주 나쁜 비운(실패, 고통)의 선

사례A(신강형)의 진채연(가명)에 대한 운명곡선을 표시해 보면 아래와 같이 된다.

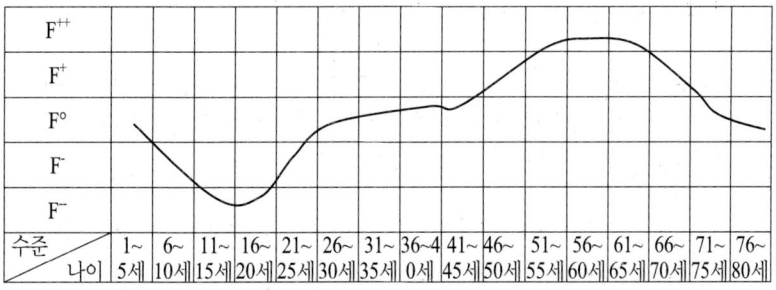

저자 주: 출생시점과 사망시점을 F°로 둔다(空手來 空手去) 초년에 고생하다가 결혼 후 서서히 균형을 취하고 40대 중반(土운)부터 발전하여 말년(火운) 노후가 비교적 행운인 것을 일목요연하게 볼 수 있다.

쉬어가기

도(道)에 관한 선생과의 대화

필자의 스승이었던 박제산 선생께서는 항시 도통(道通)에 뜻이 강열하여 문하인들에게 종종하신 말씀이

"너희들이 안다는 게 무엇이 있느냐. 지금 사람들이 무얼 안다는 것은 거의가 지난 일을 모방하여 흉내나 내는 것이오. 지식인들조차도 그 찌꺼기를 걸러 짜서 풀어먹고 사는 것에 불과 하니 그것은 참 아는 것이 아니다. (선불가진수어록 31쪽 참조 我雖多言하나不過摹古寫 其粗跡.......)

참으로 안다는 것은 글이나 책이 필요 없이 바로 보면 훤히 아는 것 (直觀)이다."

저자 問 : 선생님, 바로 훤히 알려면 어떻게 하면 됩니까?
선생 答 : 道를 通하면 되지.
　　　問 : 어떻게 하면 도를 통합니까?
　　　答 : 지극한 수행(修行) 밖엔 없다네.
　　　問 : 그 수행은 어떻게 하는 것입니까?
　　　答 : 하심인욕(下心忍辱)으로 세상을 불인(不認)하는 것이지.

하시면서 선생의 스승이셨던 청허당(淸虛堂)으로부터 들으신 말씀을 다음과 같이 이야기하기 시작했다.

"옛날, 동해에 살던 8백 살 먹은 거북이 두 마리가 금강산 구경을 나섰다네. 때는 삼복더위에 몸은 철갑으로 쌓여 숨이 막힐 지경인데

산중턱도 못가서 마실 물조차 떨어져 목이 타서 한 마리는 그만 그 자리에서 죽고 말았다네. 홀로 남은 거북이가 극한 상황에서 사경을 헤매는데 때마침 창공을 날아가던 황새 한마리가 있었다네.

거북이가 말하기를

"내가 이 지경에 그냥 죽게 되었으니 동해까지만 데려다 주면 그 은혜를 꼭 갚겠다" 고 애걸하니 황새가 말하기를,

"그러면 네 머리를 꼭 집어서 던져주어도 되겠느냐?' 된다면 목을 내어 보아라."

이 말을 들은 거북이가 자존심이 상하여
"머리를 집혀가기는 싫다. 오히려 내가 너의 발가락을 물고 있을 테니 너는 날아가기만 하면 될 것 아니냐?" 하여 옥신각신하다가
결국 거북이는 황새의 발가락을 물고 둥둥 떠가는 격이 되었다네.
이런 광경을 본 지상의 온갖 잔챙이들, 개구리 미꾸라지 등이 보기에는 기절초풍을 할 지경이었다네.
천하무적 거북이가 황새 발가락에 대롱대롱 매달려가는 꼴이란 너무나 우습고 눈물이 날 지경으로 기 맥힌 광경이라 야유와 비소(鼻笑), 온갖 잡설이 터져 나오는데 자존심 센 천하무적 거북이의 입장은 무엇이 되겠는가.
거북이 쪽에서 사실을 말하자면 '자기가 매달려가는 것이 아니고 그냥 물고 있는 것이다.' 라고 변명해야겠는데 입을 벌리기만 하면 금세 떨어져 죽을 것이 뻔한 일이다. 한마디 변명도 할 수 없는 처지라 개구리 미꾸라지들의 조롱과 비소를 다 받으면서도 오로지 동해까지 당도하기 위해서는 이를 악물고 참는 길 밖에……. 세상의 온갖 수모를 다 당해내면서 말일세."

그러시고는 한참 있다가 "다른 방도라곤 없었다네."

여기까지 이야기를 하신 다음, 선생님께서 말씀하시기를
"온갖 잔챙이들의 야유와 비웃음을 홀로 모두 감수하면서(不認) 한마디의 변명도 하지 못하고 꾹 매달려가는(忍辱) 거북이의 꼴이 바로 수행(修行)하는 모습이지".

필자는 이 이야기를 들은 후 삼일 간을 줄곧 고민한 끝에 수행의 길로 들어설 마음의 결단을 얻었다.
다음날부터 선생과 단둘이서 가족과 세상에 소식을 끊은 채 선생을 따라 지리산, 백운산, 덕유산, 계룡산, 가야산 일대를 무계획적으로 운수행각하였다.
가는 곳마다 선생의 옛 수도시절의 이야기가 현지인들의 말씀과 자취에 의해 입증되어 큰 감명을 받았다.

크게 한 바퀴 돌고나서 집으로 돌아오니 어언 한 달이 되었다.

함양에서 남덕유산 영각사를 거쳐 부산으로 오는 도중에 해인사에 들려 옛날의 수도생활을 회상하시면서 '우리 기념으로 사진 한 장 찍자' 하시었다.

해인사는 법보종찰(法寶宗刹)로 계율이 엄하기로 이름난 대가람이다.

선생의 나이 31세 때 부터 무려 5년여를 이곳에서 낮에는 명리공부, 밤에는 단전(丹田)을 가꾸면서 금단대도(金丹大道) 수행법으로 몸을 갈고 닦은 곳이다.

당시 주지로 있던 도성 스님(현 영도 태종사 조실)을 통하여 가히 신비에 가까울 정도의 예지와 도력. 괴담과 해학스러운 이야기를 전해들을 수 있었다. 先生이 타계하신 후 저자는 이 한 장의 사진을 서재에 모셔두고 조석으로 소리 없는 대화를 하곤 한다. 좋은 선생을 항시 마음속에 모시고 사는 것 보다 더 좋은 평화는 없다.

Ⅱ. 성격유형별 실제 간명 사례(6가지 모델)

1. 사례A (신강형)

1948년 12월 16일 05:40분에 출생한 여자(가명:진채연)의 사주명식은 <표 Ⅶ-1>과 같고, 대운의 흐름은 3 역운이다.

〈표 Ⅶ-1〉 신강형의 사주명식 사례

金부족		時 己卯 土 木	日 乙亥 ⊛ 水	月 甲子 木 水 壬	年 戊子 土 水	
		祿 偏財	死	病 劫材	病 正材	
空亡 申酉	三災 寅卯辰	比肩 六害	正印 亡神	偏印 將星 貴人	偏印 貴人	
丁巳	戊午	己未	庚申	辛酉	壬戌 癸亥	運路
63	53	43	33	23	13 3	

자료를 기본으로 통변 원칙에 따라 위 진채연의 타고난 인성과 내부의 오행 간 상호관계성 기운의 흐름을 분석하면,
· 日干(乙木)의 五行 과 동일한 木이 세 개가 된다.
· 木을 生해주는 水의 세력(3개)이 강하다.
· 日干(乙木)을 극하는 성분(金)이 거의 미미하고, 日干(乙木)이 生하는 성분(火) 또한 약하다
· 다만 12운성의 자리가 병(病)지에 처해 있으니 乙木(己神)이 활성적인면에서 다소 제압되고 움츠리는 기세가 있기는 하다

위 4가지 관점에서 종합하면, 4항(12운성)만 제압당하는 듯 하고 나머지 1, 2, 3항이 모두 강왕하니 신강형(身强型)으로 분류된다.

위의 인성이 외부상황과 접하였을 때 나타내는 기질(象)을 보면,
· 주관이 강하고 고집이 세다.
· 매사에 일방적이고 자립심이 강하다.
· 추진력이 강하고 남의 간섭을 싫어한다.
· 항시 자신감이 넘치고 때로는 만용도 하며 운(때)에 따라 성공과 실패의 폭이 크게 된다.
· 과감한 성격이며 일의 과정보다 결과에 더 치중한다.
· 자기 실속을 챙기기에는 약하고 권위나 외부적 명분에 관심이 크다.
· 남편보다 자기주장이 더 강하고 오히려 (주인격) 보스형이다.
· 사회에서는 잠시도 쉬지 않고 도전적 처세로 나가다가 집에 혼자 있게 될 때는 애정결핍을 느끼며 심하면 고독에 빠진다.
· 추운 겨울에 태어나 사주에 火성이 약하니 정신 신경적 문제성을 갖고 있다.
· 가끔 마음에 없던 행동을 우발적, 충동적으로 하는 경우도 있다.
· 양극성 천성으로 비운(水운)에는 정신건강에 큰 문제가 생길 수 있다. (진채연의 경우는 14세~18세가 水운으로 사춘기 장애로 학업이 현격히 흔들려서 고등학교 졸업을 근근히 하였다.)

◇ 실제 통변(임상)에 있어서의 내용을 요약하면 아래와 같다

(1) 인성과 기질에 대한 해석

　몸(己神)이 추운 11월에 乙木(화초)이다. 木의 인성은 곧고 외유내강한 것이라 외모는 여성다워 보이나 속으로는 강인함과 무한정의 성장욕구가 있다. 목소리가 거칠어서 흡사 남성 같다. 사주에 木이 많고 木의 세력이 강하며, 己神(木)의 힘을 극하거나 설기(기운을 소실시킴)하는 金과 火성이 약하니 신강자의 기질 그대로다. (본인을 대면하여 기질에 대한 해석을 전달함에 있어서 앞서 분석된것과 같이 내용을 통변하였을 때 본인이 거의 만족수준으로 수긍하였음) 세상에서 아무도 본인의 기질을 꺾을 만한 사람이 없고, 냉철하며 매사를 본인 주관으로 주도하는 형이다. 일의 성공과 실패는 오로지 자기의 책임으로 여기는 내재론자다. 남편이나 주변 사람의 충고나 간섭을 배제하며 목표설정이나 역할 수행에 있어서 단독 의사결정으로 끝난다. 이와 같이 신강한 木이라 사회적 행동은 흡사 남성적 기질 같으나 역시 乙木은 자체가 강한 木이 못되니 (화초木) 때에 따라 정에 약하고 결국에는 여성으로서 마음의 고독을 느낀다. 그러나, 자기의 마음을 포용하고 받아들여 줄 사람은 세상에 없는 것이다.

(2) 대운의 흐름에 대한 해석

　사주상 남편(金)과 자식(火)을 부지하기 힘든 바탕인데 운에서 다행히도 24세 이후 金운(남편)이 계속하여, 44세 이후 土운과 火운으로 발전하여 사주바탕의 비천함을 운에서 상당히 보충하고 있다. 노력에 비하여 주변복(돈, 남편, 자식 등)이 불만족성이었다. 그러나 남이 볼 때에는 본인 생각보다 만족성으로 보인다. 사회적 생활수준은 물질적인 면에서 보통 수준보다는 높은 편이다.

(3) 운명적 비전의 제시와 충고

54세부터 戊土대운으로 正財운이다. 이는 곧 재산(土)에 뿌리가 안정해지는 운으로 좋으나 그 폭(길)이 좁으므로 거액의 투자나 급격한 프로젝트의 변화는 삼가 해야한다. 안정적 처세로 나가다가 59세부터는 조후희신인 午火운이 시작되니 이때를 겨냥하며 힘을 축적해 두었다가 59세에 전력 투구하는 것이 현명할 것이다. 59세 이후 20년간이 따뜻한 火성으로 발전운이 계속 연결되니 말년이 화려하고 건강면에서도 새로 젊어지며 주변관계성이 마치 겨울나무 (본인)에 꽃이 피듯이 좋은 계절이 된다. 대기만성의 형에 속한다.

심성을 부드럽고 온화하게(中庸之道) 갖기를 스스로 익히면 그만큼 덕이 된다. 남을 위한 배려와 남의 충언을 경청, 수용하는 자세로 임하면 현실적으로 도움이 된다. 자기를 내세우지 않고 겸허하면 주위의 친화적 존경이 같이 한다. 심장에 충격받는 일을 삼가고 잠을 푹 자 주어야 한다. 밝은색 계통의 색깔이 맞으며 남향집에 거주함이 좋다. 위의 모든 것이 오행상 본인에게 제일 필요한 희신 火성을 보충하는 방법이다. 자기의 사주를 보고 이해하게 되면 자신에게 좋은 마음과 행동을 스스로 구사하는 것이 인지상정이다.

2. 사례B(신약형)

1943년 9월 13일 03:45분 (음력 61세.8.14)에 출생한 남자 (가명: 김정현)에 대한 四柱命式은 <표 Ⅶ-2>과 같고 대운의 흐름은 2 역운으로 산출된다.

〈표 Ⅶ-2〉 신약형의 사주명식 사례

	時	日	月	年	
	丙	甲	辛	癸	
	寅	午	酉	未	
	火	木	金	水	
	木	土	金	土	
	祿	養	胎	葬	
	食神		正官	正印	
空亡 申酉	三災 巳午未	比肩 亡神	偏財 天煞	正官 空亡	正財 貴人
	甲寅 62	乙卯 52	丙辰 42	丁巳 32	戊午 22	己未 12	庚申 2	運路

따라서 원편의 자료에 의하여 통변원칙에 따라 위 김정현의 타고난바 인성과 인성 내부의 오행간 상호 관계성을 보면,
· 日干(甲木)의 五行과 동일한 木이 두개이다.
· 木(日干)을 生 해주는 水의 세력(1개)이 약하다.
· 日干(甲木)을 극하는 성분(金)이 강하고 火를 생하고 土를 극하는 설기가 많아서 木(日干)의 기세가 극히 미약하다.(사주명식에 水가 있으나 土위에서 氣가 약하고 水를 생해주는 金의 기운도 강한 듯하나 실은 공망(무력)되어서 木에서 볼 때 水의 부조는 지극히 미약함)
· 다만 12운성의 자리가 태(胎)지에 있다.

12운성으로는 기운을 얻는 듯하나 그것마저 공망(무력함)이 되어 위 1, 2, 3, 4항 모두가 약세하니 신약(身弱)으로 분류되어야 함이 마땅하다.

위의 인성이 외부상황과 접하였을 때 나타내는 기질을 보면,
· 주관을 내세우지 않고 고집보다는 주변의 말을 경청하는 편이다.
· 매사에 피동적이면서 가급적 관용, 추종하는 자세다.
· 밀고 가는 힘이 약하며 의타적이면서 자중성이 높다.
· 만용을 하지 않으니 실수가 적은 편이다.
· 실지 자본과 경영을 다 겸하여 있으면서도 보스형이 아니고 참모형이다.
· 행동으로 옮기기 이전에 생각을 더하고 약게 처신하는 형이다.
· 관청이나 권력에 대하여 항시 두려워하고 사안이 벌어지면 타협적이다.
· 충고나 간섭에 대하여 호의적이며 특히 처의 의견을 잘 받아들인다.
· 자기 또는 자기의 이름을 나타내기를 꺼린다.
· 남이 볼 때는 공처가처럼 보인다.

◇ 실제 통변에 있어서의 내용을 요약하면 다음과 같다.

(1) 인성과 기질에 대한 해석

몸(己神)이 8月 가을계절에 甲木(큰나무)이다. 木(몸)의 인성은 곧고 외강내유하며 특히 사업그릇(戌土)에 뿌리가 깊어서 생각의 구조가 차운水(공부의 길) 보다는 따뜻한 火(生財능력)에 있으니 정신

계열의 자아(自我)가 아니고 물성 계열의 自我로 되어있다. 사업성의 自我구조로 되어있는데 己神(木)과 타오행의 상관관계성으로 보면 木의 주변 오행은 土, 金, 火로서 모두가 본인의 기운을 삭감하는 기운이요 木을 도우는 神은 오직 水인데 이 또한 土위에서 근기(根氣)가 약한 水라 적용하는 바가 되지 못하니 신약 사주의 대표적 예이다. 위 김정현이 저자를 찾아와 상담을 청했을 때가 52세 때로 당시에 표현한 자기의 성격이나 생각, 포부 등이 신약자의 상(象)을 그대로 표출하였다. 대기업을 자기자본으로 경영하던 김정현이 자기의 자존심을 버리고 겸허한 자세로 운명감정에 스스로 임하게 된 것은 신약사주이기에 그러하다고 본다. 어쩌면 미래에 닥쳐올 불안과 운명적 행로를 예감하였는지도 모른다. 말수가 조용했고 생각을 꼼꼼히 하는 편이었다.

(2) 대운의 흐름에 대한 해석

지나온 대운의 흐름을 보면 위 운로와 같이 초년부터(23세이후) 상업 또는 사업성을 길(偏財土운)로 시작하여 午, 丁, 巳, 丙의 火운으로 전개되니 마치 가을밭(戌土)에 따뜻한 태양이 풍부하여 오곡백과가 풍성하게 무르익는 풍년과 같은 대발전의 기세였다. 52세까지는 사업일선에서 몸담지 않을 수 없었으나 마음에는 사업에서 손을 떼고 싶은 마음이 자꾸 솟아나기 시작하였다.

(3) 운명적 비전의 제시와 충고

　53세 이후를 어떻게 볼 것인가? 신약, 신강의 논리대로만 본다면 木(본인)이 木을 만나 기운이 증가되니 사업을 그대로 계속해도 무방하다고 보아진다. 그러나 본 사주에서는 자아의 목표가 오로지 돈, 사업(財星)에 있는 고로 무엇보다 생재기운인 火운(조후희신)에 가장 큰 비중을 두어야 한다. 더 깊이 통찰하면 53세 이후는 휴운으로 쉬는 것이 합당하다고 판단된다. 만약 그대로 계속하였다면 실패, 도산 될 수 있었을 것인데 (IMF 사태등) 주변의 충고나 주변상황에 겸허하게 경청, 처신하는 신약자의 마음자세가 말년을 무탈하게 보내도록 하고 있다.

　본 사주의 짜임새는 일간 木이 큰 토지(戊土)에 뿌리박고 있으니 타고난 부동산 재산 복이 큰 편이다. 다음으로 火성이 일간에 가까우니 발전적 에너지의 원천을 갖고 있다. 지키는 수비운(金)도 강하니 후대에까지 재산을 물려줄 수 있다. 이러한 사주의 구조적 면으로 보면 호텔이나 예식장, 학원(火성업종)등 업종을 권하고 싶다. 木을 건물로 보면 땅(土)위에서 불(火성업종)을 켜니 많은 돈이 되더라는 설명이 된다.

　건강으로는 항상 몸을 따뜻하게 하고 차가운 음식은 피해야 한다. 차가운 것에서 병의 원인이 발생할 수 있기 때문이다.

3. 사례C(외향형)

다음은 1934년 1월 10일 06:00시 (음력 71세.11.25)에 출생한 남자(가명:진병준)에 대한 사주간명 사례는 <표 Ⅶ-3>와 같다.

〈표 Ⅶ-3〉 외향형의 사주간명 사례

	時	日	月	年	
	辛卯	辛辰	乙巳酉	癸丑	癸酉
	金木	㉛火	木土	水金	
			癸		
	絶	死	養	祿	
空亡 申酉	三災 亥子丑	比肩	偏財	食神	
		偏財	正官	偏印	比肩
		災煞	地煞	華蓋	空亡
丁巳	戊午	己未	庚申	辛酉	壬戌	癸亥	甲子	運路
71	61	51	41	31	21	11	1	

- 日干 辛金의 五行과 동일한 金이 세 개이고 金을 부조해 주는 土성이 養地에 있으므로 일단 身强에 속한다.
- 본 사주의 가장 큰 장점은 엄동설한의 추운 계절에 조후희신인 火성을 生日의 地支에 타고났다는 것이다. 이것은 一生이 유족하고 덕이 풍부하며 건강이나 처복이 좋다는 것이다.
- 이와 같은 장점이 발하는 심처, 즉 巳火의 相生유통을 보면 매우 원활하며 (木生火, 火生土)
- 신강한 성격바탕에 외향적 성향이라 사회 처세성이 높은 유능한 인격 자의 자아구조 이다.

위의 인성이 외부 상황과 접하여 자기도 모르게 나타나는 상(象)을 보면,

- 주관 고집은 센 편이지만 인간관계가 매우 친교적이다.
- 대화를 잘하는데 비교적 말소리가 높은 편이다.
- 마음속의 뜻을 외부로 거의 다 표출한다.
- 스트레스를 잘 받기도 하지만 술이나 노래, 푸념 등으로 금세 해소한다.
- 사소한 것을 따지지 않고 비교적 대범하다.
- 남의 일도 내일처럼 나서서 일하고 봉사적이다
- 진취적 성격에 때로는 도전적이기도 하다.
- 예의, 의리, 명분을 중시하다 보니 때로는 자기 손해도 많다.
- 융통성이 좋은 자아구조이므로 개방적 처세에 능하다.

◇ 위 진병준에 대한 실제 간명은 본인 50세 중반이후 간헐적으로 수 차례 실시하였는 바 그 내용을 요약하면 아래와 같다.

(1) 인성과 기질에 대한 해석

몸이 12월 추운 계절에 辛金(주옥)이다. 체(己神)가 金성으로되어 외강내유한 성품에 의리와 정의심이 근본이다. 타오행과의 관계성이 두루 원만성으로 잘 유통되고 있으며 신강에 속하니 전형적인 남성적 기질에 인간관계성과 사회처세에서 퍽 친교적인 지도자의 심성 바탕이다. 태어난 생일의 巳火는 절대희신으로 본인은 잘 의식하지 못하나 일생동안 건강(체온정상), 처복(처자리), 명분, 명예(正官)의 복을 사주의 구조에서 거의 구비하였다. 실제로 천석군 부잣집의 손자로 태어났었다고 한다.

(2) 대운의 흐름에 대한 해석

· 전 생애가 거의 도전적, 외향성의 표본으로 되어 있다.
· 7세~26세 (子, 癸, 亥, 壬의 水운) : 12월의 金(본인)에는 가장 차가운 비운으로 주변환경이 동요, 실패, 고통의 연속으로 가산이 풍파를 만나 중·고등학교는 인척의 도움으로 마치고 대학은 거의 고학을 하다시피 하여 졸업하였다.
· 27~31세 (戌土운) : 印星(교직)운으로 교직에 입문, 중학교 교편생활.
· 32~51세 (辛酉, 庚申金운 20년) ; 신강의 운으로 기운을 얻어서 입신출세가 되나 동요와 손재살이 병행하여 겉으로는 화려하고 내로는 실속이 약한, 마치 소모전을 치루는 형상이다. 실제로 이때는 대학교수로 임용되어 그 행보가 창창 발전되었으나 잦은 유학생활, 개척적인 업무 등으로 동분서주하였으며 재정적으로는 돈의 소비가 수입보다 훨씬 많아서 처의 내조가 아니었으면 수행해 내기가 불가능했을 것으로 짐작됨.
· 52~66세 (己, 未, 戊, 土운) : 교수로서는 가장 명예가 높아지는 土운(印星운)으로 명예(지역사회에서 문화상수상)와 보직이 높아짐.
· 67~86세 (午, 丁, 巳, 丙의 火운) : 정년퇴임 후에도 외국에서 명예교수로 초청, 활약하고있으며 마음과 살아가는 모습이 포근함 (행운)

(3) 운명적 비전의 제시와 충고

　말년의 운세는 절대 희신인 火운의 연속이라 마치 겨울나무에 꽃이 피는 것 같은 행운이다. 모든 사람과 사물에 감사하는 마음을 잃지 않아야 하며 특히, 처의 내조에 진심으로 고마움을 가져야 한다. 이 점에 대하여는 본인도 수긍하고 있다.

　건강으로는 지나치게 뜨겁거나 차가운 것을 삼가야 한다. 혈압이나 당뇨성분에 대비하는 자세가 필요하다. 기본적 인체 에너지를 소실하지 않는 범위 내에서 체중을 줄여야 한다. 비대해지면 관절 계통에 무리가 올 수 있다. 火운이 86세까지로 되어 있으니 운의 덕으로 건강은 잘 유지할 것으로 예측된다.

4. 사례D(내향형)

1978년 7월 24일 04:30분 (음 26세.6.20)에 출생한 여자(가명:김지연)의 사주명식에 의하여 본인도 인식하지 못하는 자아의 구조를 살펴보면 <표 Ⅶ-4>과 같다.

〈표 Ⅶ-4〉 내향형의 사주간명 사례

金부족		時	日	月	年	
		壬寅	丁亥	己未	戊午	
		水木	㊋水	土土己	土火	
		死	胎	帶	祿	
	三災 午未	正官		食神	傷官	
空亡	申酉戌	正印 地煞	正官 劫煞	食神 空亡	比肩 空亡 貴人	
	壬子 66	癸丑 56	甲寅 46	乙卯 36	丙辰 26	丁巳 16	戊午 6	運路

· 日干 丁火의 五行과 동일한 火가 하나 있으나 공망(무기력, 공허한 성분) 되어 있다.
· 日支 亥水위에서 丁火가 극함을 받고 있다
· 日干을 도우는 木은 하나있고 극하는 水와 소모하는 土는 두개나 된다.
· 12운성의 자리가 관대(冠帶)로 되어 있으나 알고 보면 이 또한 공망이 되어 힘을 부조하지 못하고 있다.
　이상으로 보면 사례B와 같은 신약자의 명조인데 만약 사회격(生月의 地支)이 조후희신의 오행인 水성이면 신약형이지만, 외향형이 된다. 그러나 본 사주는 사회격이 뜨거운 土성으로 되어 꺼려하고 속으로 숨는 움추림의 형상이라 매사에 소극적이요 내향성 구조로 되어 있는 자아로 판단된다.

위와 같은 인성구조가 외부환경에 접하였을 때 나타나는 상을 보면
- 내성적 상이며 인간관계가 퍽 미온적이고 좁다.
- 남에게 본의 아닌 오해를 사는 수가 있다.
- 속사정을 잘 표출하지 않으며 말수가 적다.
- 자기만의 세계나 고요함을 즐긴다.
- 스트레스를 잘 해소하지 못하여 속으로 쌓이고, 이것이 심하면 우울하여 마음 병을 유발시킬 수도 있다.
- 자기주장을 먼저 내세우지 않고 남의 말을 다 들은 후에 고개만 끄덕 이는 형이다.
- 생활의 처세방법이 진취, 변화적이 아니고 보수, 안정적이다.
- 타산적인 면이 강하여 때로는 얌체소리를 듣는다.

이상에서 살펴본 사례 A, B, C, D 네가지 유형의 경우에 대체적으로 신강(사례A)하면 다분히 외향형(사례C)의 자아구조와 가깝고 신약(사례B)하면 다분히 내향형(사례D) 자아구조와 가깝다고 보아진다. 그러나, 간혹 신강하면서도 내향형이 있고, 신약하면서도 외향형인 사람도 있다. 좀체 다루기가 난해한 성격구조라고 생각된다(저자의 임상경험에 의함).

◇ 위 김주연의 실제 통변(임상)에 있어서의 내용을 요약하면 아래와 같다.

(1) 인성과 기질에 대한 해석

· 몸이 더운 6월에 丁火(등불)다.
· 丁火(몸)의 성질은 본래 밝고 투명하여 지혜적 체로 되어 공부나 재주로 향한 성분이요 처세성은 아니다.
· 앞서 살펴본 자아구조와 같이 전형적인 신약성이다.
· 매사에 미온적이며 자신감이 적고 타에 의존하는 형이다. 보수 전통적 한국의 여성상으로 볼 수 있는 심성바탕이다.

(2) 대운의 흐름에 대한 해석

이와 같은 신약성, 내향성의 명조에 대한 간명은 日干오행의 부조나 설기의 기운으로 삼는 것이 간명의 기본이다. 그러므로 초년의 火운(12세~31세)과 중년의 木운(37세~56세)은 기발, 득기의 운이라 스스로 헤쳐 나가는 자생적, 발전적인 운이다. 실제로 본인의 주특기인 木성(디자인계통)의 길로 진출하여 서울의 유명대학을 졸업하여 직장에 취업도 용이하였다. 취업하여 업무에 종사하고 있던 중에도 내향성의 소치로 직장만족도가 높지 못하였다. 문제는 32세~36세 辰土운 5년간이다. 이때는 몸도 피곤하겠지만 사회성이 봉사, 희생적으로 수고만 하고 대우는 낮으니 직장 명분을 지탱하기가 실로 난해할 것이고 또한 가정적으로도 남편을 공격하는 土운이라 부부 불화가 심하여 이혼 투쟁을 전개하는 일생 중에서 가장 마음고통이 심한 때로 예측된다.

(3) 운명적 비전의 제시와 충고

운명상의 조언을 한다면, 대기만성이라는 말을 좌우명으로 삼고, 자성의 개발에 노력할 것이고, 37세부터는 인생이 거듭나듯이 좋은 계절을 맞이할 것이니 자탄하지 말고 용기를 가지고 의연히 대처하면 아름다운 자기를 만들어 갈 수 있다. 다른 어떤 사람보다 운명적 충고를 잘 수용하는 사람이다. 사주명식의 구조상 약한 火성(본인)이 木(지도자, 윗사람)에 의존성이 높으니 외재론자에 해당되기 때문이다.

이와 같은 사람에게 운명적 좋은 충고나 상담을 하게 되면 종교적 신앙심 이상의 효과를 거둘 수 있다고 보아진다.

5. 사례E(도리형)

1948년 7월 24일 05:30분 (음력56세, 6.18)에 출생한 남자(가명: 전규봉)의 대한 사주명식은 <표 Ⅶ-5>과 같다.(대운은 5 순운이다)

〈표 Ⅶ-5〉 도리형의 사주간명 사례

		時	日	月	年	
	火은장	己卯合土木丁胎正印	庚戌㊎土土己衰正財	己未土土乙帶正印偏印正天	戊子土水死偏印傷官	
空亡寅卯	三災寅卯辰		正財空亡	偏印月煞	正印天煞貴人	
		丙寅	乙丑	甲子	癸亥	壬戌 辛酉 庚申 運路
		65	55	45	35	25　15　5

・正印(土)성분이 3개, 偏印(土)성분이 2개로 도합 5土가 金(己神)의 기세를 도우고 있으니 신강에 속한다.(신강자의 기준은 체(日干)와 동일한 五行의 기세로 보는 것이 일반적 판단기준이나 여기서는 같은 신강이라도 그 상이 약간 다르다는 점을 고려해야한다. 즉, 日干을 생해 주는 印星(土)이 많아서 신강으로 판단되는 것이니 천기를 본래 강하게 품수된 것이 아니고 주변 여건이나 상황으로 인하여 부득이 신강화 된 것으로 보아야한다.)

・財星(재물, 물질적 욕구의 범위) 이 있으나 공망 되어 사업이나 부자는 내심으로 그려볼 뿐 관심을 두지 않으며 안정된 직장의 길(未土속에 乙木)로 지향하는 자아 구조이다.

- 官星(火)기운은 약해 보이나 이것은 생월의 조후 자체가 6월 더위의 火로 깔려 있으니 사회적으로 충만하다. 그러나 관료적, 벼슬, 감투는 꺼려한다. 권위와 통제에는 저항하는 비판성(水)이 높다.
- 질서를 따르면서 (土의 세력에 추종) 인간에의 희생, 봉사가 더욱 큰 가치성으로 현실보다는 이상적 세계를 추구하는 도리파에 속한다.

이와 같은 사주명식이 외부상황과 접하였을 때 나타나는 상(象)을 보면

- 신강자의 기질이 잠재되어 평소에는 고요 잠잠하다가 도리에 어긋남을 접하게 되면 강하게 반발한다.
- 사물에 대하여 비판, 분석(水)하는 재주가 높다.
- 학교 또는 공부에 대한 것은 높은 수준이다.
- 처세에 있어서 맨 먼저 인간의 가치, 도리를 최우선한다.
- 약간 외골수이면서 명분 없는 일에는 나서지 않는다.
- 자신의 도리성이 높기 때문에 자칫 주변으로부터 따돌림을 받을 수도 있다.
- 매사에 질서와 체통을 지키는 것을 주로 하면서 때로는 기발한 융통력을 발휘하기도 한다.
- 권위주의를 싫어하며 진실성과 변화성을 추구한다.
- 높은 학식과 교양으로 지도자적 기질이며 자아실현의 목표를 인간적 명예(정신적 가치)에다 둔다

◇ 실제통변상의 내용을 요약하면 아래와 같다.

(1) 인성과 기질에 대한 해석

심성면을 간명컨대 체(日干)가 더운 여름철에 庚金(강인한金)으로 되어서 의리와 정의심이 강하고 질서를 존중하되 강한 것(上位者)에는 강하고 약한 것(下位者)에 약하다.

사주에 水가 잔재주, 임기응변성 상술과 같은 성분인데 많은 土에 힘을 쓰지 못하니 돈이나 물질은 귀하게 생각하되 취재에 뜻이 별로 없는 선비형이다.

그러나 운에서 水운이 되면 재정적 대우도 따르게 된다. 주관이나 고집은 강한 편이고 밀고 가는 끈질긴 힘이 있으며 자기 주도적, 자활자립의 형이다. 자아실현의 뜻이 재물 부자보다는 명예와 정신적 차원에 있는 이상적 도리형의 인성 구조이다.

(2) 대운의 흐름에 대한 해석

25세 전은 金운(庚, 申, 辛, 酉의 金운)으로 극신강의 운세이니 기질은 높고 사나워지면서 상대성은 모두가 낮아지는 갈등과 마음고통 저항의 역사다. 26세부터 水운이 되어 마른 대지에 단비가 내리듯이 세력과 조화를 이루게 되니 일약 발전의 운이다.(만약 水운이 아니었으면 종교인으로 갈 수도 있었다고 추측된다.)

실제로 이때부터 위 전규봉은 학업(석, 박사)도 이루고 교수로 성장하였으며 처복(결혼)도 겸비하여 현재까지 살고 있다. 본 사주에서 가장 희신은 시원한 水인데 이것을 따라가는 전공이 외국, 외국어, 경영학이다.

  금후의 운세를 보면 65세까지는 월급운으로 안정하며 66세~70세는 더운 火운으로 신장과 심장(신경성)건강 잘 조절해야 하며 71세 이후 다시 건강 재산 등 주변운이 다 고루 발전이 되는 운세로 되어 있다.

(3) 운명적 비전의 제시와 충고

- 재물에 대한 탐욕은 인격과 재산 모두를 잃는다.
- 지식을 이용한 저술의 수입은 많을수록 좋다.(水성 역할이 되기 때문이다.)
- 오행에 의한 종교성으로 보면 뜨거운 火성(기독교)보다는 水성(도교)의 종교가 오행상으로 몸에 맞는다. 참고로 유교는 木, 불교는 金성으로 본다(저자 주).
- 水氣(샤워, 음료, 다도, 채식, 바다공기) 섭취가 가장 좋은 보약이다.
- 학자, 선비로서의 길에는 행운이요 그냥 자연히 가도 71세 이후는 태평하다.

6. 사례 F(실리형)

1942년 9월 18일 12:00시 (음력62세. 8. 8)에 출생한 남자(가명:장병민)의 사주명식은 <표 Ⅶ-6>와 같고, 대운의 흐름은 7 순운 이다.

<표 Ⅶ-6> 실리형의 사주간명 사례

	時	日	月	年
	庚	甲	己	壬
	午	戌	酉	午
	金	㊍	土	水
	火	土	金	火
			庚	
	死	養	胎	死
	偏官		正財	偏印
	傷官	偏財	正官	傷官
	將星	華蓋	空亡	

三災: 申酉戌
空亡: 申酉

	丙辰	乙卯	甲寅	癸丑	壬子	辛亥	庚戌	運路
	67	57	47	37	27	17	7	

· 日干 木(體)이 土(大財그릇)에 뿌리 박고 있으며 여타 五行이 두루 구비하여 균형을 취하고 있으니 원만성이라 가장 이상적인 높은 점수의 사주에 속한다.

· 학문이나 정신적 차원(水)으로 향한 자성보다도 따뜻한 火성(生財기운)으로 향한 자성의 힘이 강하니 명예보다는 재산치부로 재벌에 뜻이 더 높은 구조이다.

· 처세에 있어서도 자기 위신과 체면보다는 상대방을 더욱 존중하면서 스스로 겸허하니 겉으로 화려함이나, 형식을 배격하고 실속과 실리에 치중하는 현실주의자의 자아 구조 이다.

이와 같은 인성구조가 외부상황과 접하였을 때 나타나는 象을 보면,

- 사물에 대한 판단기준을 이론이나 형식에 두지 않고 실리와 내용 즉, 현실적 업무 성과 면에 둔다.
- 원칙보다는 편법주의요 때에 따라 임기응변적, 기발한 용병술을 쓰는 재주가 있다.
- 학업이나 공부에 대한 의욕보다는 사회 처세성이 높다.
- 재산관리나 치부에 대한 욕구는 거의 무한정이다.
- 비교적 타협적이며 다소 명예가 저하되어도 물질적 이득이 큰 쪽으로 의사결정을 한다.
- 상황에 능수능란 하여 어떠한 난관도 현실적으로 타개해 나간다.
- 자아실현의 목표를 금력이나 권력에 둔다.

위와 같은 象으로 표출이 되면서 표출의 심도에 있어서 다른 사람보다 균형과 원만성을 항시 유지하려는 자아의 의지가 있음을 간과해서는 안된다.

◇ 실제통변에 있어서의 내용을 요약하면 아래와 같다.

(1) 인성과 기질에 대한 해석

몸(己神)이 8월 가을계절에 甲木(큰 나무)이다. 木(몸)의 인성은 仁하여 어질고 곧아서 외유내강한 기질이다. 인성바탕에 부모덕, 공부덕(水)이 빈약하며 관록과 명분(正官)또한 공망되어서 부족한 반면, 몸(己神)이 앉아있는 자리를 보면 土星, 偏財(大器)로서 大財에 깊이 품수 되어 있고 가을 계절의 가장 좋은 희신이 들어오는 午시(火)에 출생하여 生財기운을 타고났으니 선천적 大器에 속한다.

마음으로는 은연중에 공부(水)나 명예(金)를 바라면서도 현실적으로 의사결정을 함에 있어서는 돈이 되는 쪽으로(따뜻한 火와 土) 치우치는 경향이 높다. 그러면서도 항시 전체를 생각하고 매사에 차근차근 서둘지 않고 신중하며 자기를 겸허하게 낮추어 접근하는 자세가 되어 있다. 신약자의 심성론과 거의 맞는 형이다.

(2) 대운의 흐름에 대한 해석

30대 중반까지는 차운 水 운(亥, 壬, 子, 癸)으로 되어서 가을의 木(본인)이 피어나지 못하고 인덕, 공부덕, 부모덕 보다는 갈등과 고통의 연속이었다. 이러한 비운 속에서도 자신을 지탱해온 것은 오로지 신약자의 처세관이었기 때문으로 보인다.

30대 중반을 지나면서부터는 주변의 여건과 덕이 본인에게로 동참, 인정하여 사업에 안정을 찾으면서 기반을 굳건히 조성하는 때로 되어 있다.

48세부터 20년간이 木운(甲, 寅, 乙, 卯)으로 되어 약한 木(본인)에는 백만 대군을 얻는 형상이라 발전의 폭이 더 큰 것이니 대발전이요.

72세까지는 따뜻한 태양(火운)이 비쳐서 본인(가을의 약한 木)에게는 인생의 총 결실을 수확하는 행운이다.

(3) 운명적 비전의 제시와 충고

　대운의 흐름을 살펴보면 72세까지는 천기가 본인의 편에서 손을 들어주는 때라 어떠한 난관이 있어도 그 뜻이 다 이루어질 것이라고 예측된다. 문제는 72세 이후 土운을 헤쳐나가기에는 본인의 힘이 역부족이라 미리 70세 이내에 차세대로 권한을 이양하는 처세가 현명할 것이다. 68세부터는 일선에서 물러나 후견자의 자세로 해야 마땅할 것으로 직관된다. 72세부터는 재산, 명예 등 모든 세상사를 다 접어두고 안심수명의 길로 가야한다. 학교사업(火업)은 67세까지가 힘겨운 때가 되나 68세 이후 일약 대 발전되는 때로 직관된다. 건강으로는 肝木(간장계통)을 보강함이 필요하다.(경신년과 신유년)

　가을 木(본인)에는 차가운 水(수산업)는 꺼리는 성분이니 건설업(木,土), 학교사업(火)은 사주에 맞는 업종이나, 수산업계통(水)은 사주명리상 기신(忌神)에 속하는 업으로 덕이 약하다고 본다.

쉬어가기

　도통(道統)만을 거론하시던 선생께서도 회갑을 지나고 나서야 마음이 좀 달라지는 면을 보였다.
　당신께서 직접 쓰신 개인의 명조를 수시로 저자에게 주시면서 "연구해 보게, 차근차근 모아두었다가 후일에 한번 써 보자."고 하시었다.

　연륜이 더해 갈수록 자기보다는 세인(世人)을 위하여 무언가 남겨야 되겠다는 영감이 왔던 걸로 생각된다.
　여기서 웃지 못할 이야기 하나 해보면,
　그러니까 90년대 초반쯤으로 기억된다.
　이 간명지에 관계되는 에피소드 한토막이다.

　당시 선생 밑에 있던 N씨, 체구가 비대하여 선생과는 지극히 대조적이고 좀 아둔해 보이는 편이었다. 이 N씨가 무슨 속셈이었는지는 모르나 선생의 친필 간명지를 빼돌려 임의로 없애버린 사건이었다.
　후일 이 사실을 알게 된 선생께서 크게 노하시어 간명지를 남용한 죄(?)로 N씨가 혼쭐이 나도록 심하게 닦달을 당한 적이 있었다.

　그에 훨씬 앞서 선생의 고명함을 알게 된 모 여성월간지 'F'에서 선생과 인터뷰한 내용을 크게 기사화시켜 제산정사(霽山精舍)가 소개된 적이 있었는데 그때 제자라는 분이 기자의 질문에 답하기를 '불원간에 선생이 자기에게 열쇠(?)를 줄 것이다.'라고 하여 마치 제2인자가 될 것처럼 소개되었다.

　뒤에 알려진 일이지만 앞서 이야기한 간명지 사건의 주인공 N씨가 바로 위의 월간지 'F'에서 소개된 N씨라는 것을 알고 저자는 깜짝 놀랐다.
　선생이 작성한 간명지가 어떤 것인가!
　이것을 마음대로 처분 해버린 사람을 제2인자 나 된 것처럼 인터뷰까지 하고……,
　세상이 아무리 자기 P·R시대라 해도 이건 너무 심했지 않나 싶다.
　어쩐지 그냥 웃어넘기기 에는 마음이 석연치 않다.

사주명리를 공부하는 분들의 이해를 돕기 위하여 선생의 사주간명 내용에 대한 저자의 견해를 덧 붙히면서 하나하나 소개할까 한다.

저자가 제산정사에서 수행하던 시절에 선생의 왼편에 나란히 앉아서 선생의 통변에 따라 서취를 하였는데 저자가 쓴 간명지는 피간명인에게 교부하였고 다음에 소개되는 친필 간명지는 선생이 통변을 하면서 직접 쓰신 것으로 저자에게 연구해 보라 하시면서 주신 것 중의 일부이다.

평상시에 선생과 저자와의 사이에 오고간 대화나 교감, 이심전심이랄까, 눈에 보이지 않는 선생 특유의 분위기와 실제 임상시의 모습을 마음에 간직한 채 저자 스스로 해석상의 요체로 삼았음을 아울러 밝힌다.

선생께서 무오년(1978년)에 은거하면서 집필하셨던 계룡산에 후일 저자와 함께 들렀을 때다. 산수지기(山水地氣)에 관한 일설(一說)을 하시면서 명당에 관한 설명을 현장감 있게 토질(土質) 경사도, 방향, 좌우의 세력 등을 살아있는 산사람들이 사는 주택에 비유하시면서 자상하게도 논하였다.

'풍수'라 하면 꿈에도 진절머리가 날 선생이 아닌가 '선대가 풍수 모시다가 고방에 곡식이 동이 났다' 하시면서도 활짝 웃으셨다.

풍수지리에 관한한 선생의 시각은 긍정적인 면보다 부정적인 면이 더 많았다.

Ⅲ. 박 제산의 친필 간명지와 저자의 견해

◆ 친필 간명지(1)

<時上 偏財格에 대한用 調甲>　　㉠ 丁 癸 壬 壬
　　　　　　　　　　　　　　　　　巳ᵪ亥 子 子
◇ 본인의 품이 (제일과 개성) 11月 계절의 水라　　　 辛
 (1) 水의 본질의 淸 (맑고) 하고 柔 (적응성) 하고 환경따라 적응성 戌
  이 강한데 水가 많아서 탁도가 되었으니 土에서 유흠 삼고 하는 과감
  성이 내포되어 있다
◇ 부부운 → 火가 처복이라
  火 (처)에 貴人복이 붙어서 처의 내조가 있고 개리 여자가 들어 오면서
  본처 되여야 재혼 불화살을 제거하고 재산과 사람을 수비하는 운이라
<별론>(1) 丙戌生 (개리 : 47세)이 배필이라 ☆三合 (財 : 情 : 意를 合하다)이라
  (2) 水가 <본인> 많아서 처의 건강 (티은살)을 약 하게 하는 살이 있으니
  水年과 申酉戌 년이 오면 처의 건강을 조심 하여서 各家 저처가 안정 하다
<자손운> 戊土가 아들의 씨라
  그러므로 본인의 2男세대에 생남 (아들)운이 온다
<재산운> 正財 (직장성분)복은 <예> 30 % 있고 偏財 (사업재산)성분이 70%
  있으니 사업가로 진출하는 운이라
 (1) 재산 그릇은 구조 그릇 (100억대 기본)이 되라
 (2) 재산지키는 방법 → 土 (재산지키는운)가 없으니 재산복이 들어 와도 결국은
  실래 <재산이 흩어진다>한다 그러므로 土재산 (땅 : 전물 : 林野)에 투자
  하여야 지켜지고 구조창고를 채우게 된다
◇ 창고 → 水가 많으면 火 (재산복)는 꺼지는 법이니 土가 있어야 지낸다
✱ 소운 火운은 발전 하나 水운 金운이 오면 손재 고통이 오고 (10% 정도 소모운)
  대운에서 金水운이 오면 손재 흉화 (50% 정도 소모)가 오는것이라
<사업성분론> 水 火가 많으면 화학제품 : 생산업 : 생활필수품이 운에 맞고
  인연이 있는데
 (1) 생산업 발래는 화학제품 (비유 : 치솔 치약 화장품)이 운에 맞고
 (2) 부업 (직물류)이 맞고 명건사업도 맞는다
◇ 재산지키는 방법으로는 부동산투자 (땅재산 : 전물재산)가 ㉡가장
  안정하고 ◇ HOTEL업 (여관상 : 보림장)이 운에 맞는것이다
㉢ 운의 흐름 으로 보면 42세 ~ 61세 까지는 中운 (60% 발전)이면 62세
  부터 ~ 61세 까지는 70% 발전 운이라 대운이 61세 까지라

◆ 저자가 작성한 간명지(1)

庚子金水	16丁丑火土	甲寅木木
辛丑金土	17戊寅土木	乙卯木木
壬寅水木	18己卯土木	丙辰火土
癸卯水木	19庚辰金土	丁巳火火
甲辰木土	60辛巳金火	戊午土火
乙巳木火	61壬午水火	己未土土
丙午火火	62癸未水土	庚申金金
丁未火土	63甲申木金	辛酉金金
戊申土金	64乙酉木金	壬戌水土
己酉土金	65丙戌火土	癸亥水水
庚戌金土	66丁亥火水	甲子木水
辛亥金水	67戊子土水	乙丑木土
壬子水水	68己丑土土	丙寅火木
癸丑水土	69庚寅金木	丁卯火木
甲寅木木	70辛卯金木	戊辰土土
乙卯木木	71壬辰水土	19己巳土火
丙辰火土	72癸巳水火	80庚午金火
丁巳火火	73甲午木火	81辛未金土
戊午土火	74乙未木土	82壬申水金
己未土土	丙申火金	83癸酉水金
庚申金金	丁酉火金	84甲戌木土
辛酉金金	戊戌土土	85乙亥木水
壬戌水土	己亥土水	86丙子火水

命理硏究篇

姓名 金

◆ 저자의 견해(1)

1. 사주의 격국과 용신의 취용에 있어서
<時上 偏財格에 戊土用調甲>으로 설정하였다.

견해 : 본명의 격국은 본래 건록격으로 볼 수 있으나 인수(巳中庚金)가 약한데다 월지가 공망되어 부득이 時上으로 가서 편재 격(사업 부자 격)으로 확정, 戊土를 용하는 것은 사주에 水성이 태과하여 균형을 취하는 억부용신으로 土를 씀. 조후(기후의 조절)로는 역시 甲木(傷官성)을 써서 水와 火의 유통신으로 삼았음.

어느 사람의 사주이건 이렇게 格과用과 調候를 확정하고 나면 사주를 거의 다 본 것과 같다. 그러나 격국과 용신, 그리고 조후를 명백히 정하기란 그리 쉬운 법이 아니다.

광대무변한 우연성 속에서 하나의 필연성을 도출하기란 모래사막에서 물 한 방울을 얻는 것과 같다고 할 수 있다. 이런 이유 때문에 선생께서는 누구의 명조이건 체용변의 원리에 따라 무언중에 나름대로 자기의 체계를 꼿꼿이 세우고 시작하였다. 또한 체를 끝까지 흔들리지 말아야 한다고 강조하였다. 사람의 운명을 간명함에 있어서 주변의 말이나 분위기에 끌려가면 천벌을 면하지 못할 오판을 한다는 것이다.

한 치의 발자국도 섯불리 옮기지 못할 일이 아닌가 싶다.

2. 체질과 개성에 대하여 맑고 부드러운 水의 본성을 설명하면서 (이 日干자리의 癸水가 융(C. G Jung)이나 프로이드(S. Freud)가 말하는 무의식 세계 속에서 최초의 원초아(Id)라고 본다)

많은 水(파도)를 무에서 유를 창조 하는 과감성으로 보았다.

견해 : 이럴 때 운에서 水운이 되었더라면 실패와 비운이 되는 것인데 다행히도 본 명조에서 는 평생토록 水운이 없다. 운을 타고 난 사람이다.

사주(생년월일시)를 잘 타고난 사람보다 운을 잘 만나는 사람이 훨씬 다행스럽고 살아가는 모습이 편안하더라는 것이 저자의 임상체험 결과이다.

그러나 처의 건강을 해치는 겁재살이 심하게 잠재되어 있으니 평생 유념해야 할 일이다.

발전운(土운,火운)과 손재 고통운(金운水운)대한 해석에는 이견 없다.

저자가 보는 성격 유형에 의하면 본성이 투명하고 강하며 활성적이라 '신강형으로 분류된다.

잔재주나 기회주의와는 거리가 먼 도리형에 속한다.

임기응변력(木)은 좀 약하나 火(財)가 조후희신이라 '외향형'으로 분류된다.

3. 사업성분론 에 대한 견해

사주에 水, 火가 많으면 화학제품생산업, 생활필수품이 운에 맞는다 하였는데 이는 본성 내에서 수화 기제가 잘되니 소모성제품이 맞는 것은 이해되나 예식장이나 화학제품은 아마도 재고(財庫)가 火성으로 되어 있기 때문인 것으로 이해된다.

직물류(木업)는 木이 유통신(통관신)으로 되어 있기 때문으로 이해된다.

부동산(土업)땅은 많은 水의 세력을 균형되게 하는 억부용신의 작용으로 이해된다.

운의 흐름에 있어서 61세까지 (午火 편재대운)를 가장 전성기로 보았다.

저자의 견해로는 71세까지는 무난하나(己未 官星운) 62세부터는 이해관계나 인간 관계에서 다소 파격적 기운이 작용하니 구설과 시비를 조심해야하고 72세부터 庚. 申 金운은 건강이나 재산 면에서 위축되는 운으로 보인다.

◆ 친필 간명지(2)

```
時上食神格 月支偏印格      ②庚戌己亥
                            申申巳亥
```

◇부부운 → 水(본처)가 하나있다
(1) 亥水(본처)中에 甲木이 있거래문에 별리는
    전생인연이로 도리혀는 合生인연(뿌리)인제 본인의 운에
    甲木이 뿌리가 되여서 별리가 배월이 뵌라

(2) 부부생활 → 접재살(土)은 손재 : 바람 : 불화일으키는 살인제
    접재살(劫財殺 : 己 : 己)이 두개가 처방앞에 있으니 시집
    살이가 곤하고 소문이 오래마다 손재불화살이 일어난다

◇ 소운(접재살)에 불화살 시집살이 액운살이 심하게 오니 이래가-
    고비라 43세 부터 — 47세 까지다

<자손운> 아들씨는 두개(=子)가 있으나 아들 하나 생산하면
    더 생산하지 않는것이 접살(아들은격살)을 피한다
    부자간의 의견이 不目하다
    왜냐? 돼지띠는 뱀띠 불리해에 생산하면 父子相剋살이다

<재산운> 부자복 2곳이 있라
    食神(재주)이 生財(돈복 받는다)하는 운이라 재주로써 부자복은
    만드는 운이다

<주의> 舌禍(입으로 남의 자존심을 공격하는살)가 있으니 평소에
    下心(겸손)처세를 하고 고성과 자존심을 나타내지 마시오 친화력
    으로 처세하시오 그러면 덕망과 복이 커지는 운이니라

<관록운> 초년에 偏印운은 만나서 과거에 합격하고 면허사 박사
    도 합격하는 운은 있는데 木(관록)이 바탕에 없으니 장차관
    관록은 없구나
    서기관 까지는 임지가 되는데 42세에 木운(관록)이 지나간다
    재산복은 48세 부터 — 72세 까지 대운이온다
    후일 부자가 되여서 호화롭은 쓰고 호화롭이 남는 화려한 운명이다.
    亥水(바다 : 외국 땅)에 역마가 沖冲 하여 외국 유학운이 있고
    37세 까지 자격 준비하는 운이 왔다

◆ 저자가 작성한 간명지(2)

庚子金水	⁹丁丑火土	甲寅木木
辛丑金土	¹⁰戊寅土木	乙卯木木
壬寅水木	¹¹己卯土木	丙辰火土
癸卯水木	¹²庚辰金土	丁巳火火
甲辰木土	¹³辛巳金火	戊午土火
乙巳木土	¹⁴壬午水火	己未土土
丙午火火	¹⁵癸未水土	庚申金金
丁未火土	¹⁶甲申木金	辛酉金金
戊申土金	¹⁷乙酉木金	壬戌水土
己酉土金	¹⁸丙戌火土	癸亥水水
庚戌金土	¹⁹丁亥火水	甲子木水
辛亥金水	²⁰戊子土水	乙丑木土
壬子水水	¹己丑土土	丙寅火木
癸丑水土	²庚寅金木	丁卯火木
甲寅木木	³辛卯金木	戊辰土木
乙卯木木	⁴壬辰水土	己巳土火
丙辰火土	⁵癸巳水火	庚午金火
丁巳火火	⁶甲午木火	辛未金土
戊午土火	⁷乙未木土	壬申水金
己未土土	⁸丙申火金	癸酉水金
庚申金金	⁹丁酉火金	甲戌木土
辛酉金金	¹⁰戊戌土土	乙亥木水
壬戌水土	己亥土水	丙子火水

命理硏究篇

姓名 崔

III. 박 제산의 친필 간명지와 저자의 견해

◆ 저자의 견해(2)

1. 사주의 격국 취용에 있어서 월지를 잡는 것이 상례인데 본명에 대하여는 편인격보다 먼저 時上食神格으로 잡은 이유가 무엇일까?

견해 : 월지(格자리) 巳火를 보면 더운 4월에 火는 기신(忌神)이라 日干戊土가 따르기를 꺼려하니 그냥 지나쳐 버리고 시상 식신(金)을 취한 것.
이는 사주명리의 보편적 원리에 합당한 것이라 생각한다.
여름에 더운 사람이 뜨거운 난로(火:공부)를 좋아 하겠는가.
당연히 시원한 水(사회적 출세욕구)를 생해주는 金(처세 재주)을 격으로 쓴 다음 이차적으로 偏印格(공부하여 출세. 관록)을 쓰는 것은 대운(木운)과 비교하면 이해가 된다.

2. <부부 운>에 대한 간명내용은 너무나 실감나고 그 회통하는 비유나 내용이 논리 정연하여 모든 사람을 감복케 하고 있다.

견해 : 남자사주인데 시집살이를 말하신 것은 남편(본인)의 운세가 심히 살벌한때 (겁재살 丑土대운 43세~47세)가 있으니 처가 고통을 많이 받아서 심하면 이혼, 사별까지도 걱정된다는 뜻으로 보인다.

3. <자손 운>에서 부자간의 의견이 화목하지 못하다 (不睦)는 것은 난시의 간지(庚金, 辰金)가 金성이 너무 강하여 木(官성: 아들)이 상할까 두려운 형상이라 이해가 되는데,

견해:「아들 씨가 두개(二子)가 있다.」는 것과「아들이 둘되면 아들 공격 살(金)이 된다.」는 통변내용은 저자 자신 이해가 잘 안 되는 부분이다. 더 연구 해 보아야 할 문제다.

4. <재산 운> 식신생재의 재주에 대한 것과 부자복은 선생의 통변이 마땅하며 부자복그릇(偏財)도 있다.

견해: 부자. 사업복에 대하여는 사주의 희신인 亥水(偏財)가 己土의 위협과 저지를 받고 있으니 그릇만 클 뿐 사업가의 사주는 되지 못한다.

설화(입으로 남의 자존심을 공격하는 살)에 대한 것은 사주의 食神(金)이 태과하여 상관성(비판 살)으로 변화 한 것을 해석한 것으로 본다.

사주의 巳亥상충 살에 대한 통변과 巳火역마성에 대한 기운의 흐름을 충주(沖走)하는 현상으로 표현하면서 외국에서의 유학 운을 제시하는 국면은 선생 특유의 비유법(metaphor)이다.

5.「千石부자가 되어서 五百石은 쓰고 五百石이 남는 화려한 운명이다」라는 부분에 대하여는 저자도 동감이 되나 (사주에 官성이 약하여 다 못지킴)

견해 : 미래의 비전제시에 있어서 官성(木:재산지키는 수비운)을 보충하는 길, 즉 관록, 록명을 잘 유지 할 것과 건물재산(木)에 투자를 권하는 충고를 하여야 될 것으로 본다.

말년에 재산 지키는 길은 건물재산(木)밖에 없고 같은 부동산이라도 넓은 땅, 나대지는 자칫 손재 당한다는 점을 제시해야 할 것으로 본다.

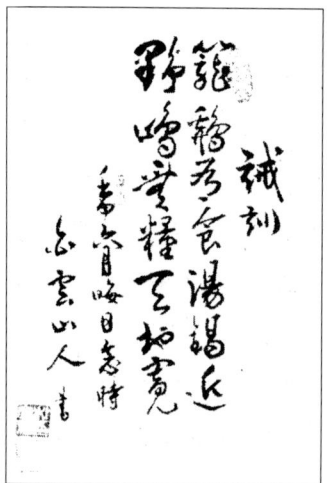

'誠訓'
1992. 7. 29. 한더위에 평생의 좌우명으로 삼을 것을 당부하시면서 박제산 선생께서 저자에게 휘호하신 '경계의 말씀'이다.

籠鷄有食 湯火近
野鶴無糧 天地寬

해석하여 보면
'닭은 아무리 많이 쪼아 먹고 배가 불러도 결국은 삼계탕감으로 가고 학은 먹은 게 없어 속이 비어도 천지를 관(寬) 한다.'
乙酉년 닭의 해에 다시 한번 경계가 된다.
인생살이 80세를 넘게 살아온 지금도 이 계훈(誡訓)만은 아직도 저자의 마음에 녹아 있다.

◆ 친필 간명지(3)

偏財格 四庫格

　　　　　　　　　　　　　　　　　　　　丙 乙 丁 壬
　　　　　　　　　　　　　　　　　　　　戌 丑 未 辰
◇ 부부관계 → 본인(이춘순)의 운명에는 金이 남편복인데
　　　金(남편)이 土속에 묻혀서 나타나지 못하는격이라. 　坤
　(1) 그러므로 남편 인연줄이 약하다.　　　　　　　　　　命
　(2) 42세때 金운(남자운)이 올때에 결혼운이(뜻을 가지면)
　　　있는데 이때에 못하게 되면 49세때 인연이 오나 독신주의가
　　　되는 운으로 된다
◇ 운명 바탕(선천운)대로 보면 독신주의가 순리다
◇ 그러나 인식속에 (마음) 완전히 결혼포기하는 독신주의 사고가
　아니고 때가 오면 결혼을 하고 싶은 인식이 들어 있다

<결과> 가상의 주 → 만약에 42세때도 개띠: 양띠: 돼지띠 남자면
　　　　　　　　인연을 맺지 말고 · 쥐띠: 잘 내 버려 : 닭띠: 범띠중에서 대상이
　　　　　　　　나타날때는 결혼추진을 하여 보시오
　(1) 결혼 하였을 경우에는 총각은 이별이 되고 만나기도 어렵고
　　재취자리가 덕이 있고 金이 없으니 돈재산 있는곳으로 인연맺어
　　보는것이 안정하리라'
　(2) 아들 생남운은 없다
◇ 직업운→ 상업을 하면 돈복이 발전하는 운이 오는데 언제
　　돈복이 많이 오느냐? 44세 부터 — 50세 까지 재산복이 들어
　　온다 이때는 본인의 노력 하고 기술 또는 상업으로 진출을 하시오
　　6月의 木(본인)은 水운이 오면 무성한 운이 되면서 재산복
　　이 일어난다. 44세 부터 7년간 水운이 들어오는 운이다
◇ 독신주의를 하여도 사찰에 가서 승녀생활에 인연은 없다
　　土속에 木(본인)은 세상에 돈 : 살림살 : 집속에서 독신주의는
　　되여도 山寺(절)나 수녀의 집에는 인연이 들어 있지 아니한
　　운이라
◇ 57세 부터 — 64세 까지는 부자복으로 성공하는 운이 들어온다.
◇ 42세 결혼운에 인연이 맺어지지 않으면 49세에 인연인데 이러나
　　이양 본인이 결혼에 뜻이 없어지는 운이라

◆ 저자가 작성한 간명지(3)

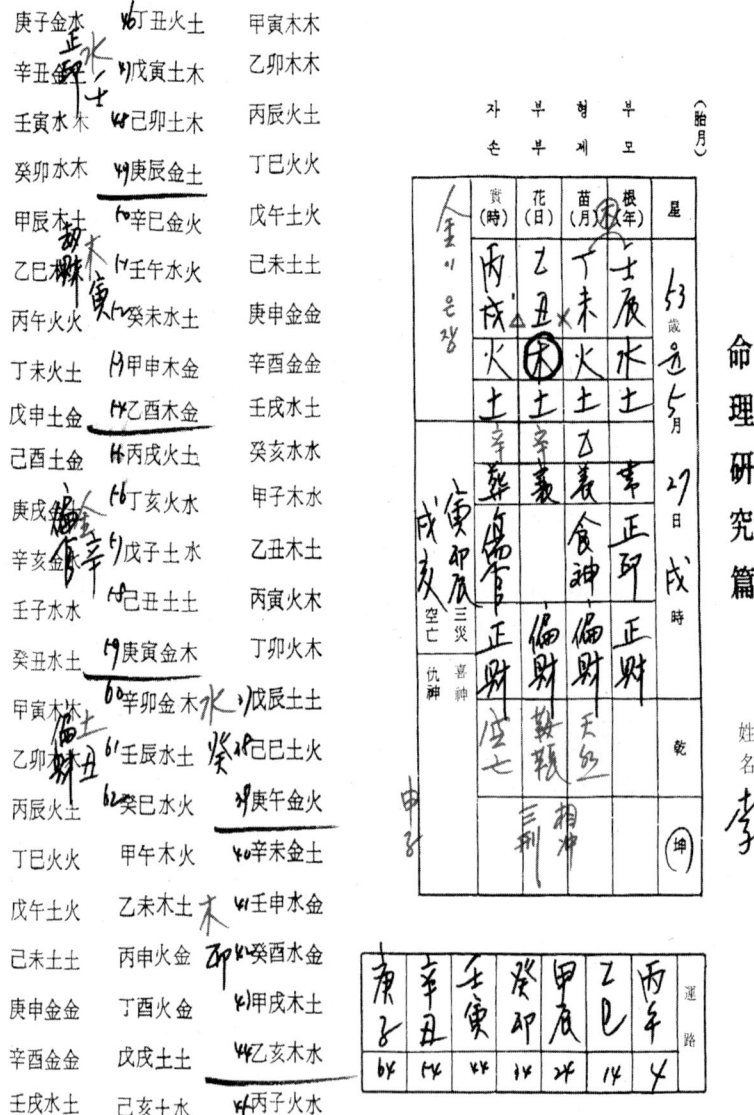

236 사주명리학 이론과 실제

◆ 저자의 견해(3)

1. 본명조의 사주 격을 四庫格(辰. 未. 丑. 戌)으로 취용한 것에 대하여

견해 : 時支의 戌土가 공망 인데도 四庫를 형성하게 되는지 의문이며 아마도 四庫에 준한 格으로 참고 한 것 같다.

2. 남편 인연줄이 약하다.

견해 : 金(남편 궁)이 은장되어 약하고 時支(자손자리) 공망이라 夫德, 자식 덕이 빈약하여 오히려 독신주의를 권할 만도 하다. (結婚 而不如獨身)
또한 "인식 속에(마음) 완전히 결혼 포기하는 독신주의 사고가 아니고 때가오면 결혼을 하고 싶은 인식이 들어있다"는 것은 丑, 戌土 속에 들어 있는 것이 아니고 무의식(사주 명식 전체)속에 저장되어 있다가 가끔 현재 의식으로 왔다 갔다 하는 역동적 관계 (프로이드의 정신 역동이론도 이와 같은 맥락에서 해석 되어 지는 것으로 본다.)로 설명되어 질 수 있다.

3. "결혼 하였을 경우에는 총각은 이별이 되고 만나기도 어렵고 재취자리가 덕이 있다"는 부분은

견해 : 地支에 은장된 신금(辛金)이 偏官 (후남편성분)으로 되어 있기 때문인 것으로 보인다.

4. "金이 없으니 돈 재산 있는 곳으로 인연 맺어보는 것이 안정하리라"는 부분은

견해 : 五行上의 金을 형상적金 즉, 오행의 실체를 구성하는 形과 質에 있어서 형이하학적 개념인 형(形)을 완전 배제하지 않고 때에 따라 알맞게 쓰는 용의주도함을 보이고 있다. (정국용. 박사학위 논문 22쪽. 2004. 참조)

5. "직업 운→44세~50세까지 재산 복이 들어온다." 하였는데

견해 : 이때는 正印水운으로 공부는 되어도 돈이 안 되는 운으로 보는 것이 상례인데 본명은 신약 재다(身弱財多)의 사주로 특히 여름木(본인)이 水운(단비)을 맞이하여 일약 무성해짐(신강 운)을 보고 일반적 통변성 차원을 넘어 신강, 신약의 차원에서 통변되어진 것으로 본다.
재미를 보는 업종은 음식계통, 수산물, 수입품으로 보여 진다.

본 명조를 선생께서 간명한 때가 지금으로부터 약 12년 전으로 추정되는데, 그동안 실재인물(당시 李양 나이 41세)이 지금 어디에 사는지, 또한 어떻게 진전 되어 왔는지 퍽 궁금하다. 저자와 인연이 있으면 한번 만날 수도 있겠건만.......
저자는 사주명리가 성격특성예측 뿐만 아니라, 과학적 도구로서 가치와 인간의 삶에 유용성을 입증하고 싶다.
길흉화복에 대한 인간의 미래예측을 과학화하고 싶은 충정에서 볼 때 본 명조의 경우는 지금 바로 쓰여 질 수 있는 유용한 자료가 될 수 있기 때문이다.

◆ 친필 간명지(4)

< 正官雜格에 辛金用 >   ⊙ 癸 壬 庚 戊
                                          亥 辰 申 戌
                                                    坤
                                                    命

◇ 부부운 → 뱀띠 남편이 火(사랑복 : 재복운)를 보충 하겠고
  배여자는 남편에게 戊土와 一木을 보충 하였다.
  서로의 궁합(운명의 합)으로는 서로 도우는 궁합이니라

◇ 사손운 ◇ 딸(庚木)밭이 두개 있고 (=女가 생산이 된다)
  아들밭(卯木)은 하나 있으나 死地에 있다 (빈 땅에 木(아들씨)이로다)

< 재산운 >
  戌土창고(부자복창고)가 시부모자리에는 있고 (부자집 사부는 되는 운이라)
  남편자리에는 부자창고가 없고 (부자만드는 남편은 아니로다)
  딸 자리에는 부자복창고 (庚中丙火)가 있다 (딸은 부자가 된다)
  배여자의 행운(안정운)은 32세 까지 지나가고
  33세 부터 -42세 까지 富貴食人格에는 外華內困은 外豊內殘의
  운이라
  행운(안정)이 언제 오느냐 43세 부터 -57세 까지 15년간 안선운이
  온다
  운명의 결점 → 官(土)이 많아서 水(본인)의 유통발전운은 戊土가 막는
  격이라 마음속에 근심살이 따라다니고 부자집 시집가는 남편이 실패하고
  또 남편이 돈벌면 도화살(첩)은 보게 되는 살이 있구나
  土剋則水獨殺인데 고독산을 손재손으로써 교환한 것과 같다

◇ 관살(土가 많은살)이 많은 배여자는
  (1) 누구의 탓을 하지 마시오
  (2) 自身이 노력 하며 살고 개척 하시오
  (3) 고통을 감수 하고 각오하고 살아가야 개척이 되고 돈복이 본다
  (4) 金(인덕 : 부모덕)이 없고 火(재산창고)도 숨고 없는데
      무엇을 믿고 부자 행운의 격이 높은 생활을 하겠느냐

  ◇ 상업을 독단적으로 시작 해요
    36세 부터 시작한 점신은 아니오
  (1) 食神업 (밑천이 적을 때는 먹는장사 하면 돈 : 사산이 따라온다)
  (2) 金업 (밑천이 있으면 금은 보석을 배워서 경영하는 것이 좋다)
  (3) 부자가 되면 火(등불)가 없으니 HOTEL업은 아시오

◆ 저자가 작성한 간명지(4)

命理硏究篇

姓名 裵

	(胎月)			
자손	부	형제	부모	星
	부			
(時)寅	(日)花	(月)苗	(年)根	
壬寅	壬辰	己未	戊戌	ㅅ歲
水木	水土	土土	土土	5月
		乙	辛	28日
丙	葬	養		寅時
病	比肩	正官	偏官	
申酉戌		偏官	偏官	
午未	食神	偏官	空亡	
空亡		月經		乾
三災				坤
伏神 喜神			豊	

運路								
壬子	癸丑	甲寅	乙卯	丙辰	丁巳	戊午		
82	72	62	52	42	32	22	12	2

庚子金土　丁丑火土　甲寅木木
辛丑金土　戊寅土木　乙卯木木
壬寅水木　己卯土木　丙辰火土
癸卯水木　庚辰金土　丁巳火火
甲辰木土　辛巳金火　戊午土火
乙巳木火　壬午水火　己未土土
丙午火火　癸未水土　庚申金金
丁未土土　甲申木金　辛酉金金
戊申土金　乙酉木金　壬戌水土
己酉土金　丙戌火土　癸亥水水
庚戌土金　丁亥火水　甲子木水
辛亥金水　戊子土水　乙丑木土
壬子水水　己丑土土　丙寅火木
癸丑土土　庚寅金木　丁卯火木
甲寅木木　辛卯金木　戊辰土土
乙卯木木　壬辰水土　己巳土火
丙辰火土　癸巳水火　庚午金土
丁巳火火　甲午木火　辛未金土
戊午土火　乙未木土　壬申水金
己未土土　丙申火金　癸酉水金
庚申金金　丁酉火金　甲戌木土
辛酉金金　戊戌土土　乙亥木水
壬戌水土　己亥土水　丙子火水

◆ 저자의 견해(4)

1. 부부 운→남편의 사주는 알 수 없지만 본인 사주상의 오행인 五土와 一木을 남편에게 보충하였다는 것에 대하여

견해 : 궁합론에서 오행의 균형을 강조한 것으로 보인다.
그러나, 사주주체의 일간의 오행에 따라 상대성이 모두 달라지는 것인데 오행의 특성을 부부간에 다 같이 평가하여 단순한 균형논리로 궁합을 논하는 것은 인간 성격의 본질적 구조에 비추어 볼 때 약간의 의문이 가는 부분이다.
선생이 평소에 궁합에 대하여「서로 다른 인격체의 장기적 합을 보는 것이 궁합이니 먼저 성격을 보고 다음에는 운(이별 살 등)을 보아 균형이 맞고 비슷해야 되는 것이다.」라고 강조하신 내용과는 다소 거리가 있기 때문이다.
연구해야 할 문제로 보인다.

2. 보통 여명(女命)에서 식신(食神)은 아들 밭, 상관(傷官)은 딸 밭으로 통변된다. 그러나, 여기서는 딸(寅木)밭 두개가 식신(寅木)으로, 卯木을 아들 밭(12운성 死地에 해당)으로 해석에 있어서 정반대로 하고 있다.

견해 : 통변성보다 일간의 음양에서 오는 차이로 보아진다.
여자 음 일주 일 때....... 식신은 아들, 상관은 딸
여자 양 일주 일 때....... 상관은 아들, 식신은 딸

따라서, 남명(男命)에서의 官성도 正과 偏은 일간의 음양에 따라 위와 같은 원리로 통변 되어야 함이 당연하다.

3. '운명에 결점'을 논함에 있어서
관살(官煞)이 많은 사주에 대한 기본적이면서 엄중한 교시를 하고 있다.

견해 : 사주를 일람해 볼 때 우선 마음(火)이 연약한 여자임이 분명하고 게다가 多土(土가 다섯 개나 있다)하여 본인 壬水와 불균형이라 무의식세계의 내부적 역동관계가 생(生)의 기운이 약함은 가히 원초적이다.
과유불급(過猶不及)이라, 土(남편 복)가 지나치게 많아서 남편 복을 지극히 삭감 시킨 형상이다.

4. 선생께서 지장간의 기운을 강조하신 분야를 살펴보면,

견해 : 본명에서 시부모자리 부자 창고(戌土)라 함은 戌土속의 丁火(正財)를 말함이요, 남편자리 부자 창고 없다 함은 辰土속에는 乙. 癸. 戊라 火(財星)가 없음이요, 딸 자리 부자 창고가 있다함은 寅木속에 丙火(偏財)를 말함이다.

5. 33세~42세까지의 고통 운에 대하여

견해 : 乙木, 卯木의 상관 살로서 희생당하는 기간이다.
신약사주에 상관 운이 겹쳐서 그 고초가 얼마나 심할까 가히 짐작

된다.

　사람이면 누구라도 사주에 결국 '잘난 사람'이란 '잘 타고 난 사람'(난생난시)을 말하고, '잘 사는 사람'이란 '좋은대운를 만난 사람'이라는 것으로 해석된다.

　결코 뽐내거나 한탄하지 말고 자기를 찾아 꾸준히 성찰하는 삶의 태도가 필요한 것이다.
　오행의 균형과 내부의 역동관계가 잘 유통되거나 상생할 때는 잘 나가게 되고, 좋은 때(상황, 즉 대운)를 만나면 더욱 눈부신 발전이 되는 보편적 이치를 실감나게 강조하는 부분이다.

　실제 간명사례에서 우리 모두가 상기해야 할 점 (저자 주)

　사주 자체 내에서 주어진 정보자료(생년월일시)에 의한 기신(일간)과 격국(월지)등 오행의 상관관계를 살피고 통변하는 것은 역사적으로 보아 학자들 간에도 거의 형식화(formalization)되어 있으므로 개개인의 간명에 있어서 비록 간명자의 눈은 달라도 해석내용은 대동소이 하다 할 수 있다. 거의 이론화 되어 있는 이와같은 포멀(formal)한 부분은 실제적으로 중요하지만 큰 문제는 아니다.

　그러나 일간에서 보아 타 오행과의 상관관계에서 일어날 수 있는 무수한 역동적 관계 변수의 다양한 해석은 깊이 들어갈수록 전혀 예기치 못했던 극단적 모순의 결론에 빠질 수도 있다는 점을 명심해야 한다.

비공식화 되어있는 인포멀 한 부분으로서 저자가 지적하는 이 부분이 사주에 있어서의 블랙홀이다.

대개 초심자들이 한창 신나게 공부하다가 이 과정에서 거의 회의와 좌절에 빠지게 된다. 이때 옳은 선생을 만나야 된다. 도경(道經)에서 나오는 진사(眞師)를 만나야 한다는 것이다.

우리 사람들의 눈에 보이지 않는 무의식의 세계가 의식 세계보다 훨씬 더 크고 위대하다는 것을 깨닫게 되듯이 사주의 간명법에서도 기존의 형식화 되어있는 부분보다 인포멀한 부분, 즉 학문적 차원 이상의 직관의 세계가 더욱 넓고 또한 이러한 광대 무변속에서의 한 빛을 잡아나아가는 것이 중요하다.

마음에 조급함이나 검은 티를 그대로 갖고 사주에 입문한다면 처음부터 블랙홀에 빠져 버린 것과 같다.

이와 같이 볼 때

1. 서양의 기계문명이 극에 달하여 무소불위(無所不爲)의 힘을 가진다해도 한 개인의 운명을 컴퓨터로 조작하여 전산처리하는 방법이 용납될 수 없는 이유가 여기에 있으며,
   (컴퓨터 기계 자체에 직관력이 있는가?)

2. 불특정 다수인을 대상으로 상담할 때 개인마다 한 가지도 꼭 같을 수 없는 천태만상(千態萬象)한 변수를 전혀 감안하지 않고 천편일률적으로 아직도 당사주 풀이하듯 해서는 안 된다. 일간,

주간지 등에 떳떳이 게재하는 운세풀이나 운명해석은 심심풀이 정도로 받아들여야 할 뿐 사주명리가 될 수 없다. 또한 사주는 흥미꺼리나 요행의 대상이 될 수 없는 것이다.

물론 사주가 사회의 대다수 사람들이 거의 동의하는 일정 수준 이상의 사회적 공감대선에 도달하면 문제는 달라진다.
그 길은 오직 사주명리학 전부가 과학적 검증을 거쳐 백일하에 그 위상이 우뚝 서게 되는 길 뿐이다.

비록 정규학부 개설은 아니라 할지라도 사주명리학이 경기대학교, 원광대학교, 공주대학교 등 대학원에서 석사 학위과정으로 실현되고 있는 지금, 명리학에 몸 담아온 저자로서는 흔쾌함과 기대가 자못 큰 바이다.
최근에 들은바 로는 사주명리학 전공 석사는 물론 박사학위 소지자들이 많이 배출한다 하니 우선 듣기에는 반가우나 과연 당사자들의 노력과 땀 흘린 것에 비하여 현실적으로 얼마만큼 사회적 공감대를 형성하고 있으며 과학적 검증결과를 제도권에서 인정받고 있는지 궁금하기만 하다. 지나친 노욕(老慾)인가.

쉬어가기

합(合)과 충(沖)으로 풀어보는 위인의 사주

'실패가 성공의 어머니' '위기를 기회로' '난세에 영웅난다'라는 속언(俗言)들이 있듯이 지금까지 살펴본 오운과 육기의 합(合)과 충(沖)의 작용은 때와 장소, 사람에 따라 경이로울 정도로 우리를 실감케 하는 바 있다. 여기서는 역사적 큰 인물의 사주명조와 사건이 괄목케 하는바.

명리를 공부하는 학인의 입장에서 한 시대를 풍미한 역사적 인물에 대하여 예시적 모델로 정하여 명리학적 접근으로 추명해 보는 것도 흥미로운 일이다.

1961년 5월 16일 군사혁명을 주도하여 성공하였으며 제3공화국대통령으로 많은 업적을 남기다가 유신체제의 말기현상에서 부하의 총탄에 의해 서거한 고 박정희 대통령의 사주명식(命)과 역사적인 때(運)에 관하여 살펴보면

출생일시 : 1917년 11월 14일(음력 9월 30일) 새벽 동트기 전.

戊 庚 辛 丁　四位純全格(四生格)으로 되어 있다.
寅 申 亥 巳　신강자(身强者)의 성격특성 소유자로서 강인함. 강력한
土 ㉖ 金 火　주도력, 밀어붙이는 데는 마치 탱크와 같다. 겉으로
木 金 水 火　한냉, 냉엄하나 마음속에는 훈훈함(火)이 있다.

재물에 탐욕은 없고 명분(火)을 중시하였다. 처자리(日支)에 申金이 寅木(집에서는 처, 밖에서는 돈)과 상충되어 탐욕 치부하는 사람을 싫어하고, 추운 초겨울 庚金(본인)은 따뜻한 火(명분官성)를 따르는 의리파에 속한다. 또한 처(木)궁이 약한 편이며 충돌형이다. 한눈에 보아도 時支寅木(처방)이 申金 앞에서 견디기 어려운 위험수이라 평소에 잘 지내다가도(比肩) 의리에 반한다 생각되면 서로 다투는 천성구조이다. 세상에서 한때 육박전(陸朴戰)이라는 우스갯말이 떠돌기도 했다. 누가 뭐라 해도 미국(金이 겁재살)을 싫어했으며 일본국(火)에 대한 향수는 숨길 수 없다(조후희신으로) 원형적으로 사주내에 상출

살을 두 개나 갖고 있다.(寅申相沖, 巳亥相沖) 큰 일을 낼 상(象)으로 된 전형적 모델이다.

위 주인공의 역사적 순간을 合沖의 원리로 접근해 보면
- 1961. 5. 16 서늘한 새벽공기를 마시며 한강철교를 건늘때가 辛㊉年 癸㊋月 己㊉日 乙㊉時이다.
  辛丑年은 극신강해지는 기운으로 힘이 넘치며 丑土는 正印(大權)에 貴人의 해로서 천우신조(天佑神助)하여 귀명과 수장(首長)의 권(權)이 주어지고 음력4월은 年운(丑)과 合이되며 혁명거사일과 행동시작의 때는 각각 巳酉丑三合으로 귀인의 도움이 오는 丑時를 잡은 것으로 보인다. 이러한 논리로 만약 검증이 될 수 있다면 혁명거사는 아무리 거역하여도, 또한 실수가 있어도 성공할 수밖에 없는 운명적 결론이 아닌가 한다. 여기서 주목할 것은 주인공의 대운이 丙火로서 日干庚金을 극하는 偏官살이 동하는 때라는 것이다. 沖하여 發하는 것이다.
- 1974. 8. 15 광복절 경축식전에서 영부인 陸여사 사망순간은 甲㊉年 壬㊉月 戊子日 巳時이다.
  사주명식의 생일 地支(처자리)와 상충이 되는 甲寅년에 寅木(처궁)을 공격하는 상충月이 壬申月로 되어있다. 참으로 묘하다.
- 1979. 10. 26 궁정동 안가에서 서거한 순간은
  己未年 甲戌月 丙㊉日 己亥時이다.
  위 천간지지 팔자중에서 土성(己土未土 己土)이 태과한점은 주인공의 일간(日干) 庚金이 마치 흙에 파묻히는 埋金현상으로 나타나며 역시 당일의 日支寅과 沖하고 時는 巳亥相沖으로 되어 있다. 일간 庚金에서 보면 寅(사망한 날)이 절지(絶地)가 되니 아무튼 10.26은 어느 모로 보아도 흉한상으로 현현되는 분위기로 볼 수 있다.
  當年 63세를 일기로 위대한 一生을 마감하였다.

Ⅳ. 사주간명상(四柱看命上)의 요체(要諦)

사주간명이란 개인의 미래에 닥쳐올 일을 '사주'라는 측정도구를 통하여 살펴서 해석하고 미래의 비전을 제시하는 일련의 서비스 행위를 말한다.

흔히들 '사주감정' '운명감정' '철학본다' '책본다' '신수본다' 심지어는 '점 본다' 등 여러 가지로 말들 하는데 '운명상담' 또는 '명리상담'이라 해야 적절한 표현이다. 사주명리이론은 사주간명에서 비로소 그 진가가 발휘된다. 아무리 이론면에 밝다 하더라도 실제 개인의 미래예측을 바로하지 못하거나 설득력 있는 비전을 제시하지 못한다면 그 이론은 무용지물(無用之物)이다.

반대로 이론은 무시한 채 현실과 영합하는 분위기 위주의 간명을 한다면 자칫 사회에 해악을 끼칠 소지가 다분하다. 성인(聖人)이 아닌 이상 예측의 적중도가 완벽을 기할 수는 없다.

애매할 때는 공부의 부족함을 솔직히 시인하는 자세가 필요하다. 학문하는 사람의 자존심은 있을 수 있으나 학문 그 자체와 개인의 자존심과는 전혀 무관한 것 아닌가.

정녕 힘이 들때는 주변 학문 등 사회적 상식이나 지혜 등을 동원하여 선도적, 보완적 상담으로라도 대신하는 성의를 보일 때 조금 면책(?) 되는 길이 아닐까 한다.

사주간명의 중요성을 논하기에 앞서서 한 가지 다짐해 둘 일이 있다.

간명자는 적어도 말씀을 신중히 하고 아껴야 한다는 것이다. 가히 성인의 경지가 아닌 이상 상담자의 아픈 곳만을 찌르는 역기능적 행위도 삼가야 할 것이다.

주역의 계사상전(繫辭上傳)에 보면 성인(聖人)은 천하의 깊은 도리를 볼 수 있어(有以見天下之賾)… 천하의 움직임을 볼 수 있어(見天下之動) 그 모이고 통하는 것을 보고(而觀其會通)…… 그 길흉을 판단함이라(以斷其吉凶) 하였다.

이는 공자님의 말씀으로 여기서 주목되는 것은 '회통(會通)'과 '단(斷)'이다.

감히 천하를 회통함은 성인의 경지가 아니면 언감생심 인데 하물며 단(斷)까지야 얼마만한 경지에 도달해야 하는가를 무척 경계삼아 하신 말씀으로 생각된다. 상담에 있어서는 이치에 합당하고 논리정연한 회통(會通)이 있어야 설득력을 얻게 되고 그 설득력에 기초하여 양심적 판단을 해야 한다.

이렇게 최선을 다하면 비록 성인의 경지는 아니라 하더라도 인간에 유익한 한 가닥 일을 하는 셈이 된다.

요즈음 시중에 많이 쏟아져 나오는 사주명리에 관한 문헌들을 살펴보면 대개가 고서(古書)를 기본으로 하여 그 표현에 차이가 있을 뿐 대동소이(大同小異) 하다.

사주명리에 입문하는 자에게 추천할만한 문헌은 딱 이거다 하고 말할 수는 없으나 당부할 것은 이것저것 아무 책이나 마구잡이로 많이 읽으려고 하지 말고 비교적 정설로 된 책 하나면 족(足)하고 대신 그 책의 모서리가 닳도록 숙독해 보라는 것이다.

미래예측을 위한 동양적 접근법에 관한 책들은 여러 가지가 있는데 마구 다독(多讀)하다보면 자칫 혼선이 와서 뱃멀미를 하거나 배자체가 좌초될 수 있는 위험성이 있다는 점을 상기하기 바란다.

저자의 초학시절에는 선생의 추천문헌 '천고비전(千古秘傳) 사주감정법비결'(申六泉 著)을 기본서로 하였고 궁통보감, 연해자평, 명리정종 등은 일독 후에 접어두었다. 반드시 숙독해야 할 참고서 두 개를 소개하자면 子平眞詮評註(淸代 沈孝瞻 原書 중화민국 초기 徐樂吾 評註 格局 用神론에 있어서 正格, 즉 五行의 常軌를 論한 책)를 먼저 필독하고 다음에 읽어보아야 할 참고서로서는 滴天髓闡微(劉伯溫 原著 任鐵樵 增注)이다. 變格, 즉 오행의 變化를 論하였다. 위 두개의 문헌은 사주명리 공부에 필독서로 양대 산맥이라 할 수 있다.

사주간명에 있어서도 문헌에 의한 이론면 보다 실천적인 면이나 자신의 개안(開眼)에 더 중점을 두다보니 실제 명리상담에 있어서도 저자만의 독특한 편견(偏見)이 때로는 개재되어 있음을 시인한다. 이런 점은 사주명리자체가 갖고 있는 변화주도적 속성 때문이기도 하고 사주간명상의 요체를 제시함에 있어서 종래의 규격화된 이론에서 보다 탈피하고 싶은 심정에서라고 너그러이 이해해 주기를 바란다.

50년에 가까운 임상체험 현장에서 매번 저자의 뇌리에 크게 부각된 순서대로 기탄 없이 사주간명법을 피력하기로 한다.

1. 성격관(性格觀)

운명의 주인공은 '성격(性格)' 이다.

어떠한 상담자라도 당사자의 본성(성격)에 대한 구조적 파악이 가장 기본이고 우선되어야 한다.

　흔히들 '저 사람이 어떠하냐', '그 사람 어떤 사람이냐' 할 때는 신체, 용모, 재산, 명예 등 여러 가지 변수들보다 주로 '성격'을 묻는 것이다.

　원만한 성격의 소유자에 대한 답은 '그 사람 괜찮아' 이다.

　운명의 주체인 당사자의 사람됨(성격)을 모르고서는 개인의 사주를 살펴서 해석할 수 없는 것이다.

　사주를 간명함에 있어서 가장 선행되어야 하는 첫관문이 '성격'이다. 성격을 펼쳐보는 도구가 '사주'이다.

　본성(상담자 자신도 인식치 못하는 변하지 않는 마음)을 읽어 나가는 데는 외관상의 용모나 값비싼 치장등은 하나의 허상(虛像) 밖에 되지 않는다.

　그러므로 겉으로만 보고 판단하는 일이 있어서는 안 된다. 사주명식을 통하여 구체적으로 설명하자면 가장 중요한 것이 태어난 생일의 천간오행이다. 일간(日干)을 기준으로 사람의 성격을 논하게 되므로 일간(己神)의 오행 자체에 대한 성분상의 특성을 설명하는 일이 중요하다.

　이에는 오행자체의 기본특성이 있고 음양의 차이에 따른 특성도 있다. 같은 木성이라도 甲木과 乙木은 특성상의 차이가 있다.

　또한 사주명식내에서의 타오행과의 역동적 관계성이다.

　이에 대하여 저자는 일간과 동일오행의 양적(量的)기세 그리고 계절적 기온의 한서 조습(寒暑燥濕) 등 수많은 변수들로 구성된 성격의 특성을 크게 양대별하여 몇 가지 유형으로 분류하였다. 이것을 서양의 성격이론과 접목하여 과학적 검증을 거친 바 있다. 저자의 박사학위논문(성격특성 예측을 위한 사주명리학에 관한 연구, 2002) 참고.

사주명식은 개인의 성격자체라는 것은 새삼 말할 것도 없고 예로서 남녀가 교제할 때에 나타나는 것은 거의 90%이상이 성질(행동면)로 나타나고 근본성격의 표현은 거의 나타나지 않는다. 결혼 전 이성간의 표현에서 성격을 단 10%도 해독할 수 없기 때문에 결혼 후 부부간의 성격차이가 나타나고 이것이 조금 심해지면 소리가 나고 자칫 이혼운운하게 된다.

성격을 환히 읽을 수 있는 방법을 제시하는 것이 궁합론이다. 궁합은 잘살겠느냐 못 살겠느냐 라는 문제보다도 두 사람의 성격이 맞느냐 맞지 않느냐의 문제다. 성질은 살아가다가 때에 따라 변화해 가는 것이기 때문에 조화적으로 적당히 보완해나가는 상대적 성질변수(性質變數)가 있다.

남편의 '성격' 자체를 이해하는 아내일 경우 '성질' 고약한 남편과 평생을 다투거나 구박 받아도 끝까지 해로하는 예를 볼 수 있다.

이처럼 성격이 중요한 것이라 운명감정의 가장 큰 요체인 것이다.

그러면 가장 좋은 성격구조는 어떤 것인가.

사주명식내의 천간지지 팔자(八字)가 고르게 배합되어 있으면서 치우치거나 빠짐이 없이 서로 간에 상생 상극의 교류가 원만히 이루어지는 구조가 가장 이상적 이다.

이러한 사주의 주인공은 성격상 퍽 원만하다.

비교적 문제성이 거의 없으며 가령 비운에 봉착되어도 조화를 꾀하여 원만하게 해소하는 힘이 강하다.

현대사회에서도 편벽되지 않는 화합성, 대중성, 균형성 이다. 이런 스타일의 사주를 저자는 '오행구비격'(五行具備格)이라 한다. 특히 여성의 사주가 이럴 때에는 용모에 관계없이 '참 예쁜 사주'라 하였다.

저자의 일상경험으로 보아

1. 오행구비격의 사주가 비교적 원만하고 성격도 좋은 편이며 큰 액이나 고통이 없이 가정적 사회적으로도 기본점수 이상을 갖추고 있었다.
2. 신강형이라도 운이 좋은 때는 화통하고 적극적, 선도적이며 관용과 이해의 도가 높은데 비운에 처했을 때는 성격 그대로 과격하거나 극단적 사고로 충고를 듣지도 않고 억지를 부렸다. 몇 년후가 지나서 사업등 실패를 자인하였지만 물은 이미 흘러가 버린 뒤라 안타까운 일 일뿐이다. 사실 저자 자신도 청년시대에 선생의 말씀을 부정하고 몇 차례 억지를 부리다가 생생한 고통을 맛본 경험이 있다.

- 실제 임상에서 다루어 본 오행구비격 사주의 예 : 2004. 8월말에 부부가 정답게 찾아와서 상담하였다.

```
       남편(당시 51세. 4. 27생)              아내(당시 50세. 4. 14생)
              乙 庚 戊 癸                           辛 壬 己 甲
   午 亥       酉 寅 午 巳      戌 申            亥 申 巳 午
   未 子                        亥 酉            金 ㊌ 土 木
   空 丑       木 ㊎ 土 水          戌
   亡 三       金 木 火 火      空 三            水 金 火 火
       災                       亡 災
```

공통 : 부부가 다 같이 空亡살이 있으나 오히려 분산을 막고 官살을 제하는(남편) 좋은 경향이고 사주전체의 바란스를 더 형평 되게 하는(아내) 좋은 경향이다.

이런 때의 공망살은 흉신(허망살)이 길신(실속)으로 변화하는 좋은 본보기가 된다.

남편 : 성격이 차분하면서 원만성이 있다
슬하에 딸하나 아들하나를 두고 있다.
재고(財庫)인 木을따라 신발(고무제품) 제조기업 대표다.
조후회신인 癸水대운 이후 해외수출로 성공
미래 대운에서 약간의 부담스러운 고통운이 보이나 사주바탕이 오행구비라 비교적 잘 풀려 나갈것으로 본다.

아내 : 우리나라 굴지의 재벌집안과 가까운 명문가의 딸로 성격이 역시 원만하였다.
현재 중국廣東省 東莞市에서 대형 한국요리점을 운영하고 있다. 사업운은 오히려 남편보다 더 기대된다.

2. 희신(喜神)과 기신(忌神)

사주에서의 '오아시스'는 희신(喜神)의 발견이다.
사주명식에서 성격파악 다음으로 중요한 요체는 희신(喜神)과 기신(忌神)이다.
앞에서 다루어본 본성의 파악이 사주의 구조적 분석이라면 희신과 기신은 사주내에서의 발달적 관계성을 파악하는 것이다. 곧 日干(己神)이 자아실현 하려는 방향 즉 좋아하는 방향이 희신이고 이를 저지하거나 욕되게 하는 방향 즉 꺼리는 방향이 기신이다.
사주의 구성이 균형과 조화를 이루고 있다면 이보다 더 좋을 수 있을 까마는 그리 흔한 일은 아니다.
그러나 비록 오행구비성분에 약간 미흡함이 있더라도 희신을 강하게 안고 있거나 기신을 제압하는 구신(救神)의 힘이 강하면 성격상 별 문제가 없다. 이와는 반대로 사주명식에 기신의 세력이 왕성하든지 희신을 읽고 있는 경우에는 특별한 수호천사가 도우지 않는 한 성격에 문제성이 있거나 평생 해뜰날이 없는 것이다.

성격상의 원만성을 잃고 사회성과는 무관하게 평생을 독자적인 고독한 인생행로를 걸어가는 부류라고 할까?

그러나 한편으로는 이성보다는 감성면으로 더 발달되어 예민성. 신경성을 나타내는데 일반 학문보다 예능적 소질개발이나 특수한 전공을 제시해 볼 수 있다. 사실 예술인이나 철학자 등에서 흔히 볼 수 있는 사주다.

<희신(喜神)의 매력을 보여주는 간명사례>

지난해 10월에 서울 수서동에서 산다는 부부가 찾아와서 조명(照命)하건대

   남편(당시 40세 음 10.5생)   아내(당시 36세. 음2. 12생)

    戊 乙 丙 乙   戊 癸 丁 己
    <u>寅 卯 戌 巳</u>   <u>午 卯 卯 酉</u>
    土 ㊍ 火 木   土 ㊌ 火 土
    木 木 土 火   火 木 木 金

부부가 서로 상대방을 배척하는 성분으로 구성된 사주라 자칫 이혼의 위험성이 있는데도 희신(丙火, 丁火) 덕분에 겨우 지탱하고 있다. 상담핵심은 부부관계성이었다.

- 남편 : 日支(처자리)木은 己神乙木과 1 : 1 대립관계 財星(처궁) 戌土가 굳건하나 戊土와 分力되었고 너무 마른땅과 같

다. 財宮士(처방)가 水氣 부족으로 바싹 말라 있으니 之本(본인)이 어찌 깊히 뿌리를 내리겠는가.

간명요약 : 처의 마음을 이해하는 능력이 부족성 (水氣부족) 이다.

- 아내 : 남편궁 戊土가 근접하고 있으나 己土와 分力되었고 남편자리(日支)에 卯木(아들)이 강하여 두 아들 생산 후에 남편과 대치구도로 되어있다.(木剋土)
- 간명요약 : 주관이 자꾸 강해져서 남편이 미워지고 배척되는 운이다. 사실 부부가 서로 합의하여 별거중에 있다 한다.
- 저자의 통변 : 솔직히 말해서 사주상의 문제성은 남편에게 더 있다. 그러나 아내 역시도 오행구비이기는 하나 卯木食神이 왕성하여 夫星(土)을 제압하는 역기능으로 되어 있다.

  서로 이해하면서 별거중이기는 하나 때가 오면 다시 합해질 것으로 본다. 부부사주에 다같이 희신 火성을 안고 있기 때문이다.

3. 조후론(調候論)

사주간명을 해보면 구조적으로 성격의 짜임새를 파악하고 동태적으로 희신에 대한 역동성을 포착한 다음에는 천기(天氣)를 살펴야 生生하는 사주의 리듬을 읽을 수 있다.

보통 사주명리에서 음양의 조화를 조후(調候)라 한다.

우주본체론적으로 보면 천지간의 모든 사물(事物)은 음양으로 이루어지지 않은 것이 없다. 음양은 따로 만들어진 성분이면서도 분리시켜 설명할 수 없고 그렇다고 같은 것도 아니다.

그러면서 서로 밀고 당기면서 자생력을 갖고 스스로의 조화를 꾀하면서 쉬지 않고 변화를 한다.

결코 독립적으로 혼자서 변화하는 것이 아니고 서로 맞물려서 회전한다. 음양은 양면성이면서 하나가 될 수 있고 하나이면서 둘로 나누어지기도 한다. 이러한 1과 2의 번복운동을 계속하면서 개체가 발전하는 것이다.

우주공간에 가득 차있는 것은 음양의 조화 외에는 아무것도 없다 음양의 분리와 통합의 운동에 따라 때로는 60만 볼트 이상의 전기에너지가 순간적으로 발생하기도 한다.

또한 수억만 톤의 물이 쏟아지기도 하고 천지를 진동하는 뇌성(雷聲)이 터져 나오기도 한다.

이러한 것들이 본래적인 자연적 조화이다.

자연적 조화는 곧 음양의 조화인 것이다.

동양철학이 인간을 천명관(天命觀)으로 보아 소우주로 보는 것은 인간에게도 꼭 같은 음양의 조화가 있다는 전제다. 그래서 자생적이면서 스스로 신기(神機)를 운용하는 이른바 정신(精神)을 갖고있는 事物은 우주와 인간밖에 없는 것이다.

이렇게 철저한 사고(思考)로 사주명리에서 접근된 부분이 '조후(調候)'라는 것이다.

해가 있으면 달이 있고 낮이 있으면 밤도 있다. 더운 여름이 있으면 추운겨울도 있다. 자연계의 이와 같은 엄격한 법칙성을 인간에게도 접목시켜서 음양의 순리적 조화를 꾀하는 것이 조후론 이다.

　대 자연의 극히 미미한 일부에서 삶을 영위하는 100년도 못되는 시한부의 인간이 감히 이와 같은 법칙성을 뛰어넘을 수 있는가.

　오로지 주어진 제원 내에서 조화를 모색할 수밖에 없는 것이다.

　남성이나 여성만으로 사회가 유지될 수 없으며 영원한 적과 동지가 없듯이 영원한 지배와 종속도 없는 것이다. 알고 보면 민주주의의 원리는 이러한 자연적 음양관에서 도출된 동양철학상의 속성을 갖고 있다.

　그러면서 사계절이 변화하듯이 역사는 순환하고 있다.

　이러한 天道와 天氣의 법칙성을 바탕으로 사주명리에서 접근된 '조후'의 조작적 정의를 하면 아래와 같다.

	天氣		四柱命理	
사계	月令	기온	天干	地支
春	1월 2월 3월	濕 暖	甲木 乙木 　　　戊土, 己土	寅木 卯木 辰土 변화(土化)
夏	4월 5월 6월	燥 暑	丙火 丁火	巳火 午火 未土 변화(土化)
秋	7월 8월 9월	燥 凉	庚金 辛金	申金 酉金 戌土 변화(土化)
冬	10월 11월 12월	濕 寒	壬水 癸水 　　　戊土, 己土	亥水 子水 丑土 변화(土化)

註 : 천간의 庚辛壬癸는 가을, 겨울로 기온이 차다.
　　천간의 甲乙丙丁은 봄, 여름으로 기온이 덥다.
　　천간의 戊己는 겨울과 봄의 중간으로 한난의 변환시점이다.

조후가 잘 맞으면 사이가 좋아서 마치 이성간에 교제 하듯이 서로 상대적이면서 서로 당기는 (음양의 對待的 관계) 것으로 남녀 궁합이나 부부관계성 업종의 선택 학교, 직장의 선택등 실제간명에서 그 활용도가 높다는 것을 알아야 한다.
　보통 궁합이라 하면 젊은 이성간의 결혼을 전제로 한 것으로만 아는데 사실은 모든 인간관계성에 궁합의 논리가 적용되지 않는곳이 없다. 음식에도 궁합이 있는 것이다.
　위의 조작적 정의에 의하여 사주명식에서 조후를 구해 내기란 그리 어렵지 않다.
　다만 실제 임상에서 적용할 '조후'의 정도를 어느 수준으로 택할 것인가. 어느정도의 조후가 가장 이상적인가 하는 문제다.
　사주 전체를 간명할 때 서늘하거나 한기(寒氣)를 느끼게 될 때는 따뜻한 火성이나 火를 생하는 木성이 보충되느냐 아니면 역방향으로 점점 멀어지느냐에 따라 상대적 기온 또는 사주의 체온을 조절해야 할 것이다.
　조절목표를 중화되는 점으로 보아야 한다.
　이때에 가급적 극처방(剋處方)은 피해야 하는 것이 저자의 소견이다. 다음에서 논하는 통관(通關) 작용과 같이 유연한 상생의 원리를 쓰는 것이 바람직하다.
　참고로 알아두어야 할 극처방에 관한 예를 소개하면, '조후'에 있어서 음이 극에 달하면 양이 발생하고(陰極則陽生) 양이 극에 달하면 음이 발생하는(陰極則陽生) 이치에 따라 어중간하게 있는 것 보다 깨끗하게 없는 것이 바람직한 조후라는 것이다.
　즉 비견, 겁재가 많은 신강자의 사주에는 財星이나 官星이 노출된 것보다 은장된 것이 좋다.

또한 사주전체가 火성이 치열할 때는 한점의 水보다 은장되고 있는 것이 좋다.

과열된 후라이 팬에 물을 한방울 떨어뜨리면 튀면서 중화는 고사하고 금세 더 달구어지는 것과 같은 이치이다.

목마른 사람에게 물을 한방울씩 떨어뜨리면 체감하는 갈증지수(渴症指數)가 더 높아지는 것을 가정해 보면 이해가 갈 것이다.

차라리 물을 생각지도 않는 것이 갈증을 없애는 길인지도 모른다.

4. 통관작용(通關作用)

사주자체의 역동성을 살피는 부분이다.

어떤 사주라도 희신을 안고 있으면서 통관이 원활하면 대단히 유능(有能)한 자아의 구조를 갖고 있는 것이다.

'통관(通關)에 대한 설명으로 보편화되어 있는 내용을 살펴보면 사주내에서 왕성한 두 가지 오행이 서로 맞서서 어느 하나를 취하거나 억제하기가 곤란한 경우에 이를 서로 유통되게 하는 오행을 취용하게 되는데 이것을 통관용신이라 한다.

꽉 막혀서 유통이 안 되는 조직에 물꼬를 뚫어 주는 것과 같다.

그러면 회전하면서 생산적, 창조적 힘이 생겨나기 때문이다. 용신(用神)의 작용이란 사주의 격국(格局)을 보좌하고 좋은 방향으로 도우고 필요할 때 언제라도 손쉽게 쓸 수 있는 도구와 같은 것이다. 이러한 용신 중에서도 통관용신만은 역동적으로 사주에 활력을 불어

넣는 것이다. 기온의 조절을 꾀하는 조후용신, 세력의 강약 균형을 꾀하는 전왕용신, 병약용신에 비하여 통관용신만은 수화기제(水火旣濟)의 원리를 철저히 따르는 것이다.

水(물)와 火(불)는 본래 상극인데 물을 불에서 끓여보면 아래의 차가운 물(水)은 뜨거워지면서(火) 위로 올라가고 위의 차가운 물(水)은 뜨거운 물에 밀려서(火) 아래로 내려가 반복되면서 회전되는 것이다.

요즈음 유행하는 반신욕(半身浴)도 이러한 수화기제의 원리를 인체의 신장(水)과 심장(火)의 균형적 회전을 꾀하는데 접목시킨 이유있는 방법이라 생각된다.

이러한 수화기제의 원리에 의하여 일어나는 현상을 수승화강(水昇火降)이라 한다.

사주에 서로 상극되는 오행이 맞서서 아무런 밀고 당김이 없이 팽팽하게 대립될 때 수승화강의 역할을 맡아하는 오행의 기가 통관신(通關神)이 되는 것이다.

여기서 덧붙여 이해해야 할 것은 두 가지의 상극되는 오행이 꼭 맞서지 않는 경우에라도 원활한 유통에 필요한 것이면 통관신으로 쓸 수 있다는 점이다.

아무튼 두 개의 육신이 서로 상극일 때 직간접으로 상생의 관계를 투입시켜 서로 소통시키는 작용이 통관인 것이다. 예를 들자면

金과 木이 대립한때

金과 木사이에 水로서 金生水 水生木으로 당초의 대립관계를 상생관계로 만들게 된다.

水와 火가 대립한때

水와 火사이에 木으로서 水生木 木生火하여 당초의 상극관계를

화해시키게 된다.

독자의 이해를 돕기 위하여 저자의 사주를 소개하면

丙癸戊壬
<u>辰亥申午</u>   己神이 가을의 癸水라 智体다. 조후상으로 보아 火星이 살아나야
火㊌土水   사회성이 발전할 수 있는 준비를 갖추게 되겠는데(火에 대한
土水金火   매력)

대운에서 申酉戌亥子丑으로 흐르니 己神水와 火의 통관은 寅卯辰 이라야 이루어 질 수 있는 것이다. 초년의 관직(戊土)도 한때뿐 비운(水운)을 거쳐 겨우 61세부터 때 (통관신 木)를 만나게 되어 교수와 박사(正印格)가 되어진 것을 저자의 사주가 말하고 있다. 통관의 작용이 얼마나 큰 것인가를 보여주는 사례이다. 이 글을 읽는 독자들에게 한 마디 꼭 전하고 싶은 말은 어떠한 교과서 보다 본인 자신의 사주가 가장 큰 교본이라는 것이다. 매일 한 번씩 본인의 사주를 걸어두고 해독하고 명상하는 시간이 많아질수록 자기도 모르게 어느덧 개안(開眼)이 될 것이다.

5. 정기신(精氣神)이 바로 서 있는가

우주에서 정신(精神)이 있는 것은 우주와 인간뿐이라 하였다. 사주에 '정기신'이 바로 서 있는가 하는 것은 비록 개인의 무의식세계라 하지만 정신이 살아있는가 또는 정신을 잃고 있는가를 물어보는

대목이다.

정기신을 이해하기 위해서 아래와 같이 촛불에다 비유하여 설명코자 한다.

촛불이 활활 오래도록 타려면 촛대가 크고 실하여야 심지를 통하여 광채를 내는 것이다.

이때의 촛불은 신(神), 심지는 기(氣), 촛대는 정(精)이다. 인체에 비유하면 촛불은 심장(心火), 심지는 간장(肝木), 촛대는 신장(腎水)이다. 정력(水)이 떨어지면 볼짱 다 본거나 같고 마음(火)마저 약해지면 水火, 즉 정신(精神)이 없는 것이다.

- 신장의 水氣가 온전하면 精을 이루고 …… 日干을 생하는 육신(印星)
- 간장의 木氣가 온전하면 氣를 이루고 …… 통관신(水生木 木生火)
- 심장의 火氣가 온전하면 神이 발한다. …… 日干을 극하는 육신(官星)

사주에 정기신(精氣神) 세 개가 두루 갖추어지면 일단 정신을 바로 하고 있는 구조가 된다.

만약 精만 왕성하면 사주가 비대해져서 치우치고 氣만 왕성하면 오히려 유통이 되지 않아 답답하고 神만 왕성하면 위축을 받아 유약해진다.

반면에 精이 부족하면 신약이 되고 부덕해지며, 氣가 부족하면 정신(精神)은 충만하더라도 활용을 못하게 되고 神이 부족하면 자제력을 잃고 명분이 약해지는 상을 띠게 된다.

정기신의 충족·균형은 곧 중화된 사주의 형태와 거의 같이 된다.

註 : 저자가 설명하는 정기신론(精氣神論)은 선생의 말씀에 따른 것이며 근거문헌으로는 '선불가진수어록(仙佛家眞修語錄) 첫 페이지에서 인용하였다.

정신(精神)은 원천야(原天也)라 선천원정지기원신(先天元精之氣元神)이 위인지삼보고(爲人之三寶故)로 도법(道法)이 이의(以意)로 운용정기신어현빈지내(運用精氣神於玄牝之內) 하여 연정화기(煉精化氣)하며 연기화신(煉氣化神)하며 신화성진이 합천자(神化成眞而合天者)는 차시대도지 진전아(此是大道之眞傳也)니라

<풀이> 정신은 본래우주라 선천의 정기신은 인간의 삼보(三寶)이다. 도법은 이런뜻으로 정기신을 운용하는 것은 숨골(정수리에 있는)을 통하여 정을 달구어서 기로 화하고 기를 달구어서 신을 화하며 신이 참(眞)을 이루면 곧 우주와 합일된다. 이것이 바로 금단대도(金丹大道)의 진리를 말함이다.

6. 청탁(淸濁)과 귀천(貴賤)

　실제임상에서 사주를 대할 때 己神다음으로 가장 먼저 어필되는 부분이다. 쉬운 듯 하면서도 사실 청탁의 구분이나 귀천을 가늠하기란 난해하다.
　간혹 사주가 청하면서도 고귀한 사주모델이, 탁하고 비천한 사주모델보다 실제 생활해 가는 정도나 품격이 예상외로 반대되는 사례를 간과 할 수 없기 때문이다.
　사주간명상의 요체로 볼 수는 있으나 관건을 쥐고 있는 대목은 아니고 그림에다 비유하면 여백의 처리나 원경(遠景)에 해당하는 정도로 이해하면 되겠다.

　사주가 水. 火 등 오행으로 정기신이 올곧으며 육신통변에서도 財生官, 官生印, 印生神하는 구조이면 좋은 것이다.
　정신이 부족하면 자생력을 잃고 사기(邪氣)의 침범을 막을 수 없어 빈천한 모델을 갖게 된다.
　사주의 청탁, 귀천에 대한 일반적인 관점에서 보다 구체적인 설명을 하자면 육신 상호간의 상생, 상극과 그 위치에 의한다 할 수 있다.
　대개 일주가 약하고 인성이 있으면 조화로우나 재성(財星)이 많으면 사주는 탁해지기 마련인데 그렇다고 탁한 사주로 단정하면 안 된다. 이때 육신의 위치와 역동성을 보아야 한다.
　즉 財星이 있더라도 官星과 접해 있으면서 財生官의 상생을 잘하고 있고, 官星은 印星과 접근하여 官生印하고 있으며, 印星이 일간 己神과 접근해 있으면 이를 도우면서 사주내의 맑은 유통성을 이루게 되고 여기에다 대운에서도 印星이나 己神과 격국의 희신이 들어오면 자연히 명쾌하고 건강한 활기띤 사주로 보아야 한다.

또한 용신(用神)과 희신(喜神)이 선명하면서 기신(己神)과 격국(格局)의 관계성이 우호적 친근관계에 있으면 사주는 맑아지고 귀해진다.

주역 계사상전(繫辭上傳) 첫머리에 천존지비(天尊地卑)하니 건곤정의(乾坤定矣)요. 비고이진(卑高以陳)하니 귀천위의(貴賤位矣)라 하였다.

하늘은 높고 존귀하여 맑고, 정신이다. 땅은 낮고 온갖 것이 모두 포용되므로 탁하고, 육신이다. 실제임상에서 개인사주의 천간을 보면서 우주공간과 상담자의 마음을 읽어보고 지지를 살피면서 지구와 상담자의 인욕(人欲)을 간파하는 저자 나름대로의 버릇이 있다.

日干이 싫어서 꺼리는 기신(忌神)이 맥을 못 추거나 日干과 멀리 떨어져 있으면 사주 또한 맑아짐은 말할 것도 없다.

사주에 '근접한다' '떨어져 있다'는 개념을 한마디로 단 할수는 없으나 '근접한다'는 것은 주체와 객체사이에 다른 이물질이 개입되어 있지 않은 상태를 말하며 '떨어져 있다'라는 것은 이 중간에 무언가 다른 오행이 끼어 있다는 정도로 이해하기 바란다.

저자의 임상경험에서 자주 느끼는 것은 사주가 너무 맑아도 예민성, 치밀성으로 치우칠 위험성이 있고 너무 탁해도 우둔, 미련하여 주저앉을 위험성이 있다는 것이다. 너무 맑은 물에는 고기가 살지 못하는 원리와 통하는것 같다.

◇ 신살(神煞)에 대하여

　자고(自古)로 사주를 간명함에 있어서 '신살로서만 쓰지말라' 또는 '신살에 치우쳐 오류를 범하지 말라'는 경계의 말씀이 누누히 있다. 저자도 신살은 지극히 쓰지 않는 편이다.

　그런데 길살(吉煞) 중에서의 귀인살(貴人煞)만은 쓰면 쓸수록 좋았고 또한 '貴人'살을 한 두 개 갖고있는 사주치고 사람이 비천한 것을 볼 수 없었다. 특히 여성사주의 육신통변성에서 '官귀인', '財귀인'이 나란히 구비된 경우 현대사회에서 생활수준이나 사회적 활동영역과 신분상의 위상이 대단하더라는 것이다. 흔히들 도화살(桃花煞), 연살(年煞)을 성적(性的) 끼로 치부하면서 색안시하는 경우가 있는데 저자의 경험으로는 여성일 경우 官성에 근접하지 않는 한 근거가 희박하였고 대개 도화살이 사주에 있으면 용모가 출중하였다. 역마(驛馬) 살은 비교적 부지런하면서 활동력이 좋았고 망신(亡身)살은 '망한다', '망신당한다'의 개념을 전면 부정할 수는 없으나 이러한 패망정도의 사항은 사주 바탕자체로서 판가름 할 일이라 생각한다.

　그저 현대사회에서는 연예인, 예술가 또는 기술성의 원형이 아닌가 쉽다. 사실 요즈음 한류열풍을 몰고 온 인기 연예인 B씨(욘사마로 통함)도 만약 옛날에 태어났다면 한갓 '광대'에 지나지 않았을 것이다. 현대의 사주명리에서는 결코 망신살을 비하하지 말아야겠다.

　사주명리학이 꽃피워지면서 서양의 과학문명과 소통되던 清朝시대에는 神煞 자체를 거의 무시해버렸다(滴天髓闡微 참조).

쉬어가기

선생의 이름 (朴宰顯)을 예찬한 七言絶句와 친필

평소 선생과 교분이 깊었던 초대 제헌 국회의원 (이승만 대통령 비서실장 역임)을 지낸 원제(元齊) 정해준(鄭海駿)선생께서 찬(撰)하였다.

生涯如水 眞素朴 생애가 물과 같이 참으로 소박하고
생 애 여 수 진 소 박

志高淸心 不羨宰 뜻은 높고 마음이 맑으니 재상을 부러워하랴.
지 고 청 심 불 선 재

智異十載 隱逸士 지리산 입산 10년 된 한 숨은 선비 있으니
지 리 십 재 은 일 사

風塵世上 豈名顯 바람과 티끌이 모인 세상에 어찌 그 이름을
풍 진 세 상 기 명 현   나타내랴.

◇ 선생의 아호 제산(霽 山)의 뜻 풀이

中宮獨坐 風雨霽 중궁에 홀로 앉으니 바람과 비가 개이고
중 궁 독 좌 풍 우 제

下觀丹田 無有山 아래로 관하니 단전이요 있는 산도 없더라.
하 관 단 전 무 유 산

저자의 해석:
선생의 평소 말씀이나 뜻이 항시 금단대도 (金丹大道)에 있어
뜻으로 풀어보면,

「단전을 가꾸기 위한 좌선의 자세에서 우주의 정기가 모이고 계속 단전을
달구니 있고 없음이 하나가 되더라.」

즉, 유무상통의 경지로 도통(절대세계)에 비유함.

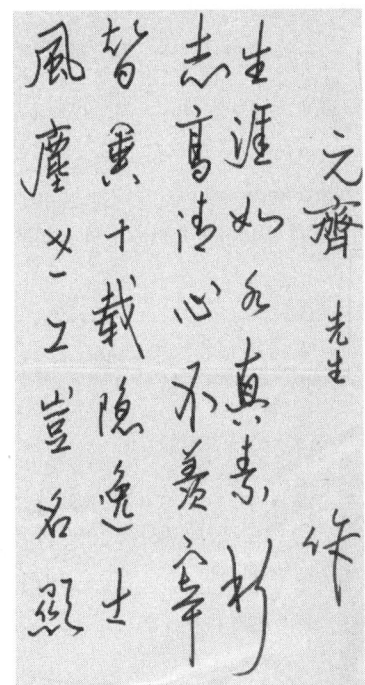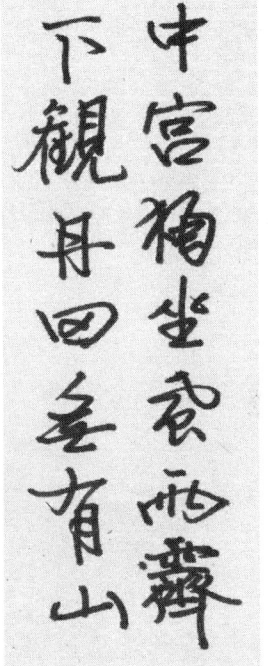

덕 운 정 사 (德 雲 精 舍)를 중건하고 예찬한 詩

선생이 직접 찬하시고 휘호하여
부산 수영에 있던 제산정사 벽에 걸어두고
오가며 읊기를 즐겨 하시었다.

花 林 小 客   等 精 舍   화림정 젊은 객이 정사에 오르니
화 림 소 객   등 정 사

碧 山 奇 峰   畵 中 收   푸른 산 기이한 봉이 그림같이 모였
벽 상 기 봉   화 중 수   도다.

極 樂 天 辺　　雲 萬 里　　극락의 하늘가에 구름은 만리인데
극 락 천 변　　운 만 리

德 雲 臺 上　　月 千 秋　　덕운정사 축대위에 달빛은 영원하리.
덕 운 대 상　　월 천 추

필자는 이 싯귀를 대할 때마다 희색이 만면하였던 당시의 선생 모습이 역연하며 끝내 준공을 보시지 못한 채 세상을 떠나신 안타까움에 항시 마음이 답답하기만 하다.

덕운정사(德雲精舍)

경남 함양군 서상면 옥산리 소재 1987년에 착공하여 2000년에 거의 완공단계였으나 준공을 거의 앞두고 타계(他界) 하였다.

V. 四柱看命의 절차와 방법

본장에서는 '사주를 어떻게 보는 것인가'
'사주가 나타내는 메시지는 무엇이며 어떻게 해석할 것인가'
'개인의 미래예측에 대한 비전을 어떻게 제시할 것인가'에 대한 질문에 답하고자 한다.

비교컨대 사주명리에 있어서의 이론부분이 마치 판사의 법전이나 의사의 수술기구에 해당한다면 사주명리의 실제편은 판사의 판결이나 의사의 수술행위와 같다.

사주를 상담할 때에 이론에 관한 서적을 펴놓고 읽어가면서 임상할 수는 없는 것이다.

오로지 자기만의 정립된 직관력으로 명쾌해야 한다. 마치 의사가 수술할 때 인체해부도를 펼쳐가면서 하지 않고 자신의 임상체험과 순수직관에 의하여 판단하면서 수술을 진행하는 것과 같다.

아무리 좋은 이론으로 많은 지식을 암기하고 있다 해도 그것은 한갓 지식일 뿐 실전(實戰)에서의 전과(戰果)는 단(斷)이 관건이 된다.

옛부터 '사주간명의 묘용(妙用)은 통변(通辯)에 있다' 하였다.

여기서 '통변'이란 '변통'이라는 말과는 다르다. 일반적 상식수준에서 살아가는 보통사람들에게는 '변통'이라는 말이 맞는다.

그러나 사주명리를 많이 공부한 사람은 '변통'수준으로가 아니고 '통변'수준이 되어야 한다. 변통의 이치에 통달한 후에 다시 변화를 주도하는 것, 즉 미래가 어떠할지를 미리 예측하고 현재의 시점에서 미래의 바람직한 방향제시를 하는 것이 '통변'이기 때문이다.

사회가 변화할 때 슬며시 그 기회를 타서 변화해가는 피동적 적응은 '변통지기기' 밖에 안 된다.

이처럼 사주간명에서는 '통변'과 '회통(會通)'과 '단(斷)'이 필수적 요소가 된다.

여기서 저자의 기억에 남아있는 한 토막 이야기

박제산 선생의 문전에는 많은 기인·과객들이 자주 찾아들었다. 나름대로 평생을 사주공부 했다는 사람, 계룡산에서 도를 통했다는 사람, 꿈이 영통하다는 사람 등 별에 별사람들, 수많은 사람들이 자기들 나름대로 내놓는 칼들은 많은데 막상 선생의 면전에서는 한마디도 논(論)을 펴지 못하는 것을 보고 저자가 느낀 것은

「아, 四柱란 아무리 이론을 많이 알아도 자기 스스로 운행할 수 있는 자기 특유의 기량(體)과 임기응변성(用)이 없으면 아무소용이 없구나」였다.

평소 선생께서도 체용변(體用變)을 항상 강조하였다.

이래저래 거의 평생을 사주공부에 몸 담아오다가 한때 선생의 문하에 입문한 연세가 많은 L씨, 타고난 천성이 온유하고 인상도 부드러워서 성격특성으로 보면 중화형이고 상학(相學)적으로 보면 土형에 속하는 '누에' 象이다.

거의 일생을 혼자서 때로는 이름깨나 있다하는 방사(方士)나 술객(術客)을 찾아 많은 세월을 몸 바쳐 공부하였다 한다.

저자와 실제 대좌하여 담론을 해보면 이론적 면은 물론 많은 경험적 이야기를 잘도 하였다.

그런데 꼭 상담자와 마주 앉으면 말문이 막힌다는 것이다.

아마도 온갖 수많은 이론들이 백만대군마냥 서로 앞 다투어 아우성이 되는지 눈만 껌벅껌벅하는 것이다.

한참 후에야 한다는 말이 '이리 보면 이렇고, 저리 보면 저런 것 같기도 하고'하는 식으로 장시간 씨름을 하고 있으니 누가 이런 상담에 응하겠는가.

마치 수술대위의 환자에게 필요한 시술처를 찾지도 못한채 주물럭거리다가 오버타임 되는 것과 같다.

이때 저자의 느낌으로는

「회통(會通)력이 부족하구나, 그러니깐 단(斷)을 못하지」하고 생각했다.

아마도 이 책 저 책, 이 선생, 저선생 등 추종만 하다가 막상 자기의 노트에는 그림도 아닌 황칠만 해둔 격이 되어버린 것 같았다.

물론 사주이론에 대한 해박한 지식이 중요하다. 그러나 사주명리를 공부하는 목적이 어디에 있는가. 내 혼자만 통하고 혼자서만 다 안다 해도 그것은 자기의 수양지도는 될지언정 사회에 유용하게 공헌하는 의미가 없다.

어디까지나 사주명리는 실천학문이요 웰빙철학이지 결코 관념론은 아닌 것이다.

본장에서의 사주간명절차와 방법은 기존의 많은 설(設)들을 최소한 참고는 하되 거의 감안하지 않고 오로지 저자의 임상경험에 의한 생생한 사주간명법을 소개코저하니 이점 독자 여러분의 양해를 구하는 바이다.

〈제1단계〉 종합적 관찰의 단계 — 사주를 어떻게 보는 것인가?

1. 사주명식의 작성을 빈틈없이 완료하고 나서 간명자의 눈길(이하 '간명촛점'이라 한다)이 가장 먼저 가는 곳은 日干 즉 기신(己神) 이다. 본성 중에서도 핵(씨앗중의 씨앗)이기 때문이다. 사주이론편에서 나오는 육신(六神)중에서 가장 핵의 역할이면서 중심자리 이기 때문에 기신(己神)이라고 한다. 己神에 대한 오행과 음양의 속성을 해독하고 나면 곧장 조후를 감지해야 하기 때문에 '간명촛점'은 생월의 지지로 간다.

하나의 핵이 제때에 생겨나서 발아를 할 수 있는 철을 맞고 있는가 아닌가 하는 원초적인 분석 판단의 장이다.

다음은 아무리 철을 맞고 있다해도 싹틀 수 있는 기능적인 면을 구비하고 있느냐 하는 부분이 '희신(喜神)'이다.

특히 조후희신이야 말로 발아에 절대적 조건이다. 이때 '간명촛점'은 사주명식내의 노출된 오행은 물론 지지에 은장(隱藏)되어 있는 부분까지 다 훑어보고 그래도 없으면 부득이 구신(救神)으로 대체할 수 밖에 없다. 이쯤 되면 뚜렷한 기신(己神)도 별로 힘을 쓰지 못하는 기미가 감지되는 것이다.

2. 다음은 활성을 갖고 있는 사주냐? 막혀있는 사주냐?

즉 통관신의 확인이다. '간명촛점'은 사주명식내의 己神이 원활한 自生(食神·傷官성)을 하고 있는지 아니면 타오행간에도 유통구조가 제대로 되어있는지 아닌지, 면밀히 살펴나가야 한다.

이쯤 되면 벌써 초학자는 머리가 띵하고 '간명촛점'이 중심을 잃을 수도 있다. 지금까지 말한 것까지를 단계별로 보면 己神·조후·희신·통관으로 비록 4단계에 불과하지만 '간명촛점'의 수는 무려 82개나 되는 셈이다.

　헤아려보면 己神과 음양오행 3개

　조후(초기, 중기, 정기) 3개

　희신(기신에 대한 희신과 격국에 대한 희신 19×2=38개)

　통관(노출통관 7개, 투간 12개)

　다시 말하면 상담자와 마주앉아 채 10초도 안 되는 시간 내에 간명자의 '간명촛점'은 82회전을 한다는 것이다. 대강 사주의 체(기본)를 파악하는데 기본적으로 소요되는 시간은 불과 10초 이내이지만(초심자는 몇 분도 더 소요될 수 있다) 己神과의 역동적 관계성을 해독하는 데는 무려 82회전이니까 '간명촛점'의 작동이 왕복 164회가 이루어진다는 뜻이다.

　표현에 지나침이 있기는 하나 이만큼 개인의 운명을 판독함에는 실제로 난해함을 강조하는 것으로 이해하기 바란다.

3. 이후 간명자는 사주의 구조적 파악, 사주내에서의 역동성, 己神이 욕구하는 바 천성적인 면 등을 하나의 성격이라는 바운다리 안에서 일정하게 지속적으로 마치 논밭을 일구어 가듯이 파악해 나가야 한다.

　이에 소요되는 시간은 고사하고 '간명촛점'의 회전도수가 얼마나 되겠는가 가히 짐작되리라 본다.

　상담자가 슬쩍 한번 질문하는 것에 해답을 주기 위해서는 최소한

'간명촛점'이 수십회전 한다할 수 있다.

흔히들 저자에게 주변으로부터 그저 쉬운 말로 '사주한번 봐주어' '금년 신수가 어떠하냐'하고 묻는 친구들이 있다. 쉬운 말이지만 몸소 겪어내어야 하는 저자로서는 처음에는 거절도 못하고 있는 힘 다 짜내어 보아 주기도 하였다.

위와 같은 헤아릴 수 없이 수많은 회전 끝에 짜낸 고심의 결정체인 것을 알고는 있는 것인지. 아마도 몰라서 이겠지 하며 초심자 시절에는 잘도 응해주었다.

참 수지도 안 맞고 게다가 딴소리까지 들으면 심히 거북스럽기도 하였다. 공부한다는 기분으로 수용하면서도 마치 시험당하는 것 같아 한편 억울하기도 하였다. 개인의 사주에 대한 임상체험을 몇 만 번도 넘게 해온 지금은 어떠한 사람도 사주에 관한 한 한마디 묻고 싶을 때 저자의 면전에서 예를 갖추는 것을 보면 마음은 더욱 겸허해지고 감사할 뿐이다.

한편 己神의 强弱(신강형, 신약형, 중도형)이나 己神의 운동방향(외향형, 내향형, 중도형), 己神의 가치관(도리형, 실리형, 중도형)에 대한 해석은 본서 '성격유형의 분류'를 참고하여 개인의 성격특성을 파악한다.

이를 요약해보면
- 오행의 구성과 일간의 기세가 어떠하냐, 신강형이냐, 신약형이냐 아니면 중용형이냐 - 이는 일간에 보아 비견, 겁재 또는 印星의 多少 그리고 12운성의 기운등을 감안하여 살핀다.
- 오행 중에서 일간(己神)이 지향하는 바가 어떤 방향이냐, 외부

적이냐, 내부적이냐 아니면 중간형이냐 - 이는 사주오행의 음양 성분, 수화기제(水火旣濟) 유통구조(通關神) 등에 포인트를 설정한다.
- 오행중에서 가치관을 어디에다 두느냐, 재물취향적 실리형이냐 (현실주의적), 명예추종적 도리형이냐(이상주의적) 아니면 적당히 더불어 살아가기를 좋아하는 형이냐 - 이는 일간己神이 지향하는 바 用神, 喜神의 작용에 주안점을 두어야 한다.

이와 같은 성격특성은 운(때)을 만났을때 해당되는 특성이 반드시 나타남(행동)으로 성격을 판독할 때는 반드시 상담하는 당시의 운과 비교하면서 접근해야 한다.

또한 오행의 힘(실제간명시에는 기세로 감지된다)이나 지향하는 바의 가치관 등을 파악할 때는 사주명식에 나타나는 육갑의 부호에만 국한하지 말고 지지장간이라든지 한신(閑神), 천간지지의 습이나 형충파해, 공망 등 변수를 종합적으로 적용하여야 한다.

- 저자의 임상체험에서 터득된 간명법을 몇가지 소개하면 -
- 사주 네기둥(年柱, 月柱, 日柱, 時柱)에 배분되는 기(氣)의 강도는 비교컨대 日柱가 사주의 主기둥으로 가장 강하고(100%기준) 다음은 月柱가 80%정도, 다음은 時柱가 60%정도, 年柱는 가장 영향력이 적은 30%정도에 달하였다. 다시말하면 사주내에서 年柱(나이 또는 띠)의 활용도가 비교적 낮다는 뜻이다.
- 노출되지 않고 겉보기에는 약하거나 부족한 듯한 육신이 지지 장간에 숨어있어서 오히려 좋은 경우가 있다.

즉, 傷官살(고독성, 옛부터 과부살이라 하는 것)이 사주내에서 기세가 강할 때 正官(남편궁)이 노출되거나 근접하여 있으면 매우 위험지경인데 다행히도 지지장간에 숨어있거나 干合, 地合, 空亡 등으로 그 위험성을 해소시키는 예를 들 수 있다.

또한 많은 겁재살(손재, 처약살)이 있을 때 財星(재산창고, 처궁)이 지지장간에 숨어있거나 合, 地合, 공망 등으로 큰 손재나 처와 이별할수를 모면하는 예를 들 수 있다.

사주간명에 있어서 오행의 일반적인 상생, 상극관계에 따른 이치만 정론으로 재치있게 활용하고 탐구하여도 실제 상담에 활력을 배이상 증가시킬 수 있다.

이러한 근본적인 면이 부족한 사람들일수록 겁살, 고과살, 파괴살 등 온갖 잡살을 줏어 섬기면서 야단법석이다. 좋은 공부하여 사람들에게 겁박, 스트레스를 퍼부어서야 되겠는가.

4. 이런 단계를 거의 거친후 마음을 다시 가다듬고 침잠(沈潛)하다보면 하늘의 비밀통로가 어슴프레 보일 수 있는 것이다. 무언가 메시지가 메아리쳐 올 때 이것을 직관의 경지라고나 할까.

이상과 같은 절차와 '간명촛점'으로 개인의 무의식세계에 대한 경치를 두루 관상하면서 사주속으로 잠입하여 상담자 자신도 의식하지 못하는 그와 그녀의 무의식세계에서 오로지 사주명식과 간명자 간에 형체도 소리도 없는 대화가 교감되는 것이다.

지극히 영적인 이야기 같으나 술수(術數)나 '이보통령(耳報通靈)'과 같은 타력이 아니고 간명자의 철저한 정기신(情氣神)을 가다듬는 정신공부와 수행에서 나오는 것이다. 비록 만족할만한 수준은 안된다 하더라도 정신공부의 기반은 자신의 良心에 있고 이것을 良知로 양생시키는 것만도 대단한 것으로 알고 있다.

잠시라도 양심과 멀어진다면 사주명리를 대하지 말아야 한다. 古德이 말씀하시기를 非己人而 傳之하면 必受其殃이라 하였다.

사주바탕의 파악을 거의 하고나면 타고난 성격특성이 어떠한 형에 해당하며 어떠한 부류라는 해답이 나온다. 이때 비로소 상담자에게 커뮤니케이션을 해보면 거의가 긍정한다. 그러나 때로는 부정이 나올 수 있다.

만약 상담자가 수긍이 가지 않는다 할 경우에는 억지주장하지 말고 다시 己神의 신강·신약면 등 '간명촛점'에다 더 깊게 재차 회전해야 한다.

그래도 부정할 경우 극처방으로 '간명촛점'이 대운으로 옮겨가야 한다. 대운에서의 운은 상담자의 현재 마음이기 때문이다.

비운에 처해서 기분이 상할 때는 이성보다는 감정개입이 앞설 수 있기 때문에 자기부정을 임의로 할 수도 있다는 점을 고려해야 한다. 우리들이 흔히 말하는 '본마음'이 아니라는 것이다. 이와같은 경우를 저자의 임상경험에서 몇 차례 겪은바가 있었다.

한때 경남 창원에서 하산 후 초라하게 홀로 사주 상담할 때이다. 소문 듣고 찾아 온 여자 손님 사주를 보니 부부관계성에서 저자의 직관에 비치는 이성관계성이 혼란하여 보이는 대로 통변하였더니 즉석에서 모두 부인하면서 나중에는 사주 볼 줄도 모른다는 면박을 주고 자기 성질에 못 이겨 박차고 나가버렸다. 같이 왔던 남은 손님이 말하기를 "선생님 말씀이 다 맞다"는 것이다. 이런 사항을 어떻게 받아들여야 할 지 허! 참.

〈제2단계〉 구체적 접근단계

사주가 나타내는 메시지는 무엇이며 어떻게 해석할것인가!

상담자가 정신계열의 사람이냐, 물질계열의 사람이냐, 무슨 전공자이냐(문과성이냐 자연계성이냐 아니면 예능성이냐) 결국 무엇을 하는 사람이냐(소위 職業觀)에 관한 사항들을 사주와의 은밀한 교감으로 대화하여 그 해답을 상담자에게 전달해주는 단계이다.

1. 상담자의 사주구조가 맑으냐 탁하냐에 대한 청탁(淸濁) 구분이다.

사주의 구조에서 청한기운이 많은 사람은 예민하나 총명성이 높아서 비교적 종교인, 학자, 연구자, 예술인, 공직자 등 정신계열에 총명재주를 발휘하는 경향이 많다. 또한 사주구조내에 탁한 기운이 많은 사람은 공부와는 거리가 멀어도 사회성이 오히려 높아서 둔한 듯 하면서도 처세에 지혜적이라 상업, 사업, 벤처, 투기 등 물질계열에서 재주를 발휘하는 경향이 높다.

사주의 청탁구분을 감지하기 위한 '간명촛점'은 지지(地支)쪽보다 천간(天干)쪽에 베이스캠프를 설치해야 한다. 저자는 주역본의(周易本義)에 나오는 건곤지리(乾坤之理)를 공부하면서 어느때부터인가 '정신'과 '물질'에 대한 개념을 上下, 경중(輕重), 청탁(淸濁), 천지(天地)와 결부시켜서 사고(思考)하는 버릇이 배어져 있다.

청탁구분에 대한 조작적 정의를 하자면 다음과 같다.

淸(정신계열)	濁(물질계열)
1. 사주의 일간오행이 水 또는 火일 경우 木은 청탁에 혼용	1. 사주의 일간 오행이 金 또는 土 일 경우 木은 청탁에 혼용
2. 일간이 아니라도 사주내에 水, 火(木)가 많을 경우(적어도 3개이상으로)	2. 일간이 아니라도 사주내에 金. 土(木)가 많을 경우(적어도 3개이상으로)
3. 육신 통변성으로 보아 生我者(正印, 偏印)가 많은 경우(3개이상)	3. 육신통변성으로 보아 我剋者(正財, 偏財)가 많은 경우(3개이상)
4. 사주내에서 오행끼리의 관계성이 비교적 선명한 경우(合, 형, 충, 파, 해, 공망, 협공 등이 거의 없는 상태)	4. 사주내에서 오행끼리의 관계성이 복합성을 띨 경우(合, 형, 충, 파, 해공망, 협공, 투간작용 등이 상당히 많은 경우)
5. 음양의 관계성이 비교적 순수한 경우, 즉 육신통변성으로 보아 正, 偏이 한가지 색깔로 이루어진 경우.	5. 음양의 관계성이 비교적 많이 얽혀서 혼잡할 경우 즉 육신 통변성으로 보아 正.偏이 뒤섞이어 혼잡하거나 쌍립할 경우

아직 검증된 바는 아니나 비교적 이러한 경향이 높더라는 저자의 견해임을 밝혀둔다.

2. 재주가 붙은곳이 어디에 있으며 무엇이냐에 따라 전공여부를 파악하는 대목이다.

개인의 전공구분에 대한 조작적 정의를 하자면 다음과 같다.

문과성(이성주도적)	자연계와 예능성(감성주도적)
1. 사주의 통변성에서 食神·正印·正官(比劫이 많고)으로 구성된 경우 ※ 財星은 전공에 관련없음.	1. 사주 통변성에서 傷官·偏印·偏官(比劫이 적고)으로 구성된 경우 ※ 財星은 전공에 관련없음.
2. 己神(日干)이 신강하면서 財局이 클때(大器型)	2. 己神(日干)이 보통수준 이하 이면서 財局이 약할때
3. 오행간의 교류가 다소 둔한듯하면서 나타나는 진폭이 비교적 클때	3. 오행간의 水·火旣濟가 잘되면서 비교적 예민성을 띌때

♣ 진로수정 등 전공개발에 참고해야 할점

1. 위에서 食神, 正印, 正官이 지나치게 많을 경우(적어도 3개이상) 문과성에서 자연계 또는 예능성으로 변한다.
2. 위의 통변성이 만약 기신(忌神)에 해당하면 불용(不用) 한다.
3. 대운에서 보아 학업운이 저조하거나 학마살일 경우에는 학과 공부외의 소질개발, 자기취향에 맞도록 선처해야 한다.
4. 위의 경우 자연계는 난해하여 문과로 함이 효과적이다.
5. 위 육신이 공망살에 해당하면 전공진로를 수정함이 마땅하다.

註 : 1. 자연계와 예능성은 같은 기예(技藝) 성분으로 통합하였다.
　　　이점은 우리나라 현 고등학교에서 구분하는 것과 차이가 있음을 밝힌다.
　　2. 사주에 망신살(己神)은 현대에서는 예능성, 스타기질로 통한다.

3. 무엇을 하는 사람이냐 하는 직업관이다.

흔히들 이 직업관을 해독하고 나면 사주를 다 본것과 같다는 말들을 한다. 그 만큼 직업관이 바로 정곡(正鵠)이라는 뜻이다.

종래 통설에 따르면 사주의 格局(月支자리)을 사회적 명분의 위치로 보아 육신통변에 따라 財격인가 印격인가 등을 해독하는 것으로 되어있다.

개연성이 높게 보이기는 하나 실제임상에서 통감하기로는 그 적중도가 채 半도 미흡한 것 같았다.

비록 正格이라 하더라도 육신통변에 의해서 일변도적으로 단(斷)하는 것은 오류를 범할 위험성이 많다고 본다.

저자의 직업관 도출과 판독의 비법(秘法)을 다 공개하기는 무리이고 여기서는 그 대강만 소개하기로 한다.

첫째 상담자의 본성(성격유형)을 판독하기 위하여 己神(日干)의 신강, 신약 등 기세를 중심으로 청탁구분을 겸행하여 정신계열이냐, 물질계열이냐를 확정한다.

둘째, 己神(日干)이 가장 매력을 느끼는 곳(희신내지 용신처)을 간파한다. 따라서 주변 상황을 희신과 기신의 관점에서 격국과 결부시켜 본다.

셋째, 위의 전공분석에 대한 것을 아울러 대조시켜 본다. 끝으로 사주내에서의 전체적인 분위기(그림)을 종합하고 大小구분 한다.

이러한 주도면밀한 접근이 아니고서는 어느 특정개인의 직업관을 어떻게 해독할 수 있겠는가 더구나 본인이 아닐경우를 생각해 보자. 그래도 간명자는 알아야 한다.

<예> 1952년 음 12.20 卯시 출생한 남자의 경우

지난해 3월에 경기도 고양 땅에 사는 황씨라는 분이 찾아와 저자가 실제상담하면서 뜻깊은 운명적 비젼을 제시한적 있었다.

```
火        戊 乙 癸 壬
가        寅 酉 丑 辰      1번대운으로
은        土 ㊌ 水 水      寅卯辰巳午未로 흘러가니
장        木 金 土 土      중년이 직장발전, 말년에 자중을 요한다.
```

위의 경우 육신통변성의 偏財가 丑土이니 月支격국 자리에 사업 大財창고가 있는 셈이다.

글자로 보면 부동산 大財인 것 같은데 조후(火)를 잃고 있으니 엄동설한에 꽁꽁얼어 붙은 창고가 아닌가.

己神의 힘, 희신火와의 근접성 등으로 규찰컨대 본성 자체가 정신계열 쪽의 사람이다. 학벌도 좋았다.

이런 사람을 두고 火를 용신으로 삼아 사업을 하는 사업가로 보아서 되겠는가? 큰 오류를 범하는 일이 한두개가 아니다. 사주간명을 오죽하면 살얼음판에다 비유하겠는가.

위의 경우 저자는 미래예측을 사업부자(偏財) 쪽에 두지 않고 건강과 재산관리 측면(火성보충과 申酉대운을 감안)에 신경쓸 것을 권유하였다. '당신은 그릇은 커서(偏財) 세상을 보는 안목은 원대한 듯 싶어도 결코 사업가는 아니오. 작은것에 감사하고 자기성찰하면서 스스로 마음(火)에 천국을 만드시오' 라 하였다.

사주명리를 공부하면서 뭇대중을 상대하다 보면 평생 자기 직업에 만족을 못하고 갈등하는 사람들이 더러있다. 아니 좋은 직업으로 보이는데 말이다. 현대사회에서 의사나 판사라하면 모든 사람들이

선호하는 직업이 아닌가. 이러한 문제에 대해서 저자가 공부한 것을 소개해 볼까한다. 상담자의 직업관을 살핌에 있어서 사주팔자내에 있는 변수들 만으로 속단하는 것은 금물이다. 제법 공부가 깊어지다 보면 격국, 용신을 들먹이며 마치 사주명식 안에 직업간판이 바로 붙어 있는 것 같은 착각을 하는 수가 더러 있다.

  이런 사람들은 아마도 나무만 보고 숲을 보지 못한 것 같아 이 기회에 꼭 개념정립을 하고 넘어가야 겠다.

  사주공부는 수차례의 깨어남이 있어야 환골탈퇴가 된다. 단언하건대 '사주명식 자체는 인간의 무의식 세계속이라는 것이다.' 사주 안에 있는 오행이니 음양이니 육신통변이니 하는 것들 모두가 외부의 시스템과 교환작용이 일어날 때 발하고 그러기 전에는 항시 마음 속에 내재되어 있는 '자아'라는 것이다.

  그러면 자기직업에 불만 갈등하는 사람들의 무의식 세계의 구조는 어떠한가. 이에 대한 설명을 하자면 사주내에서의 원형인 日干이 자아실현하고 싶어 하는 소위 '희신처(喜神處)'가 있고 그 희신처와는 별개로 月의 干支에서 天氣를 받아 日干(己身)과 선천적으로 결속되어 품수(稟受)되어온 점지된 자리(사주의 格자리)가 있다는 것이다. 生月의 지지에서 너무 약하게 품수될 경우에는 출생시의 하늘기운(生時天干) 그것도 아닐 때는 그해의 하늘기운(生年天干)에 점지된다는 것이다.

  그러므로 흔히들 말하는 格局은 사회생활에서 맡아하는 직업성이 아니고 마치 계란(鷄卵) 속에서 내재하면서 그러한 직업성으로 향한 사회적 취향성이라는 것이다.

  물론 이것이 사회적으로 현실화되면 불만이 없고 진로나 처세에서 흔들림이나 갈등도 없다.

　문제는 이러한 두 가지의 취향(己神에 대한 喜神과 格局에 대한 喜神)이 출생 후 사회를 살아가면서 대운과 접했을 때 발생한다.

　'희신처'와 '격국자리'가 서로 모순이 되었을 때 불만 갈등이다. 이런 경우 본래의 마음자리(天性)와 현세에서 되어가는 모습이 불일치하여 마음저변에는 항시 불만과 갈등이 잠재하고 있으면서 운이 불길할 때 일수록 그 불만이 외표(外表) 되면서 쓴 소주한잔하고서는 '나는 오케스트라 연주자가 되어야 할 사람인데' '나는 거대한 사업자가 되어야 할 사람인데'라고 신세타령을 하게 된다.

〈제3 단계〉 간명의 마무리 단계

　직업관 등 구체적 간명을 종료하게 되면 상담자에게 미래예측과 비전을 제시해 주어야 한다.

　이쯤 되면 간명자는 스스로 자기체계를 세우게 되고 표현하기는 어렵지만 단전 쪽에 힘이 실리게 된다 제법 자신감이 생긴다는 뜻이다.

　지금까지의 분석결과를 커뮤니케이션 하면서 '간명촛점'은 지나간 과거의 대운으로 가서 교신해야 한다. 이때 상담자에게 과거 지나온 인생살이에 대한 각 부문별(부부관계, 재산관계, 명예관계, 애정, 자녀 등) 길흉관계를 잠시 청취하는 시간을 갖도록 한다.

　이때 간명자 스스로는 나름대로의 '틀'을 짜 놓고 추호도 흔들리지 말아야 한다. 상담자의 진술에 현혹되거나 마음 약하게 그냥 따라가서도 안 된다.

　상담자의 경험에 의한 진술을 청취하면서 사주명식과 대운을 번복회전한다. 따라서 상담자가 진술하는 내용과의 일치여부를 마음

속으로 체크해야 한다.

　이때 동떨어진 진술이 나올 때는 그 원인이 무엇인지를 빨리 규찰하여서 정립시켜야 한다.

　또한 다가올 미래의 대운에 대한 길흉과 진폭을 제시해야 한다.

　대운보는 법은 본서(本書) '사주명리의 이론편'을 참고하면 된다. 상담자에게 표현할 수 있는 최대한 방법을 모두 동원 하여 논리정연하게 힘 있는 의사전달을 실행해야 한다.

　노파심에서 덧붙여 당부할 것은 간명지에 기술은 선명한 글씨로 일목요연하게 기록하여 후일에도 상담자가 하시라도 자신의 생활지표로 삼을 수 있도록 해야 한다. 사주명리를 공부하는 초학자들에게 참고가 될까하여 저자가 직접 임상한 간명지를 그대로 스캔하여 다음장에 수록하였다.

　'사주명리'의 자존심은 빛바래진 자기 정체성(identity)을 확립하는데 있다.

　적당히 몇 마디 말로만 대하고 치운다면 상담자에게도 무소용(無所用)일 뿐만 아니라 사주명리의 위대한 학문성을 스스로 뭉개버리는 것과 같다.

　미래예측에 대한 메시지를 전달하는 동안에 곁들여서 상담자의 포부나 장래 소망을 청취해 보아야 한다.

　이 부분이 바로 상담자 자신의 자아실현으로 가는 길목이다. 겸허한 마음으로 상담자의 의견을 수용한 다음 아래에 피력하는 저자의 예시와 같이 미래 비젼을 제시하면서 희망과 용기를 주어야 한다.

　비록 음지에서 겨우 명맥을 유지해 오면서도 나타나지 않게 서민 대중의 마음에 항시 불굴의 힘을 불어 넣어준 사주명리의 공과를 생각하면서 말이다.

상담자와 다양한 소망사항을 일일이 다 예시 할 수 없어서 저자의 평소방식대로 체크하는 예를 대표적으로 한 가지만 소개할까 한다.

<예> 만약 상담자께서 '향후 사업하여 돈을 많이 벌어보고 싶다' 할 경우 '간명촛점'의 회전순서를 말하자면 아래와 같다.

체크 할 사항(check point)
1. 본인의 사주상 사업주가 될 수 있는 기본적 기운이 있는지 여부
   → 여기에 대하여는 사주일간(己神)의 기세를 체크 약간의 예외는 있으나 비교적 신강형이라야 요건 충족됨.
2. 생재(生財)의 원천인 근면, 성실성이 있는가 여부.
   → 이것은 장사꾼 소질을 체크하는 대목으로 사주상의 식신(食神) 상관(傷官)의 원활성을 체크
3. 사업가로서의 그릇(器局)이 되어있는가 여부.
   → 이것은 사주상의 財星을 보고 판단한다.
     여기서 유의할점은 노관은재(露官隱財)라는 말을 명념하고 財星에 대한 체크는 노출된 오행보다 지장간에 은장(특히 土성속에) 된 것이 때로는 크다는 것에 주의하기 바란다. 물론 官성은 노출되어야 좋은 것이다.
4. 돈을 지키는 수비운(제방, 조직성)이 있는가 여부.
   → 이것은 사주상의 官星을 보고 판단한다.
5. 인덕이나 상속덕이 있는가 여부
   → 이것은 사주상의 印星을 보고 판단한다.

매우 복잡한 듯 하나 절실해서 찾아온 상담자에게 대하여 이정도의 수고는 오히려 약과라 생각해야 한다.

마지막으로 가장 중요한 것이 때가 되었느냐는 것이다. 이 부분은 미래의 대운에 따라 가부의 결정과 그 진폭의 통변이 이루어져야 한다.

위에 기술된 기본적 체크사항 이외에도 업종의 적합성 여부(희신, 기신적용문제) 지역, 영업규모, 영업방식 등 복합적으로 병행하여 다중적인 체크가 필요하다.

아무리 사업가의 기질, 재주. 그릇 등이 다 구비되었다 하더라도 그 때가(바로 運) 아니면 단독사업 벌이는 것을 말려야 한다.

찬 서리 몰아치는 설한풍에 씨앗 뿌린다고 싹이 나겠는가.

이대기시(以待基時)하는 자중성을 심어주어야 겠다.

흔히 이럴 경우 저자에 묻기를 '아무리 열성해도 운이 안 좋으면 실패하는 것 아니냐'한다. 여기에 대한 저자의 해답은 '운을 모르고 하는 사람보다 운을 알고 하는 사람은 자기의 수양심으로 분수를 고수(固守)한 만큼 실패의 도가 덜하다' 이다 모름지기 사주명리는 인격수양의 도경(道經)이며 자기를 발견하여 분수에 맞는 삶으로 인도하는 길잡이요 바라밀(波羅蜜)이다.

〈남기는 말〉
◉ 다년간 사주간명을 하다 보니 일일이 체계적으로 기술할 수 없으나 평소에 사주를 대하면서 경험적으로 느끼는 점을 들어보면
1. 태과(太過)가 부족(不足), 부족도 역부족(亦不足)이다. 아무리 좋은 오행이나 육신통변성이라도 지나치게 많거나 너무 없으면 사주의 기본점수 이하에 속하는 경향이라는 뜻이다.

2. 나타난 것보다 숨어있는 기운이 더 크더라는 것이다. 노관은재(露官隱財)를 상기해보자 육신자체를 제압하는 성분이 극성을 부릴 때는 삼십육개 줄행랑이 살길 아닌가.

3. 사주내에 부족한 오행일수록 己神(日干)은 더 취할려고 한다. 자아실현의 발로라 생각된다. 예를 들자면 추운 겨울생으로 火성(印星)이 약할수록 공부욕구가 더욱 강한 사례. 더운 여름생으로 水성(財星)이 약할수록 부자욕구가 더욱 강한 사례.
4. 사주내의 오행관계성에서 특히 길신(吉神)에 대한 구조적 위험성이 없는 것이 좋다.

   평상시는 아무 일이 없다가도 이러한 위험성 구조에서 대운이 밀어 붙이면 속절없이 실패 이별 등 곤란하더라는 것이다.
5. 기존의 문헌들에 보면 사주내에 육친관계성을 그럴싸하게 심지어 자손(時의 干支) 자리에 天干은 아들자리, 地支를 딸 자리라 하여 세분까지 하고 있는데 이점에 대하여는 저자 자신이 별로 설득력을 얻지 못하였고 또한 임상 경험적으로도 납득이 가지 않아서 별로 취용하지 않는다. 다만 年月日時의 네 기둥을 근묘화실(根苗花實)에 비유하여 간명에 원용하는 것은 일리가 있다고 본다.
6. 역시 日柱(생일)가 좋아야 한다.

   마음의 가장 중심 핵(核)이 처하는 자리이면서 상대성(장래 부부가 되었을 때 발동되는 기운)이 결정되는 행복의 원초이기 때문이다.
7. 사주를 간명할 때는 숲을 먼저보고 나무를 보아야 한다. 미래비전을 제시할 때는 나무를 하나하나 간추리면서 숲을 보아야 한다. 마치 영화촬영 시 오므렸다 폈다하는 렌즈의 줌에 비유해도 되겠다.
8. 탓하지 말자. 미워하지 말자.

   저자가 보는 사람들은 하나같이 사주팔자 생긴 대로 행동하더라.

   사주를 알면 무엇이나 최소한 극복이 된다는 신념이다. 오직 주인공이 알아서 할 일이다. 죄를 미워하나 그 사람을 미워하지 말라. 결코 분별심을 버리고 만인을 상대하는 멘토로서 끝까지 교만해서는 안된다.

쉬어가기

부적의 효험? 과연 있는가

나를 찾아오는 사람들은 거의 대부분이 자기의 생각하는 바가 장차 성공할 것이냐 또는 실패할 것이냐 하는 의문을 풀어 보기 위해서이다. 그런가 하면 다가올 미래에 대한 불안감 때문에 오는 사람도 많다. 이런 사람들은 거의가 태어날 때부터 천성이 심약(心弱)한 경우이다.

죄지은 일도 없는데 가슴부터 마구 두근거리는 사람, 생각의 껍질을 벗기고 벗기다 잠 못 이루는 사람, 심지어는 살아가야 한다는 마음의 끈마저 놓칠 뻔 하는 사람까지 여러 유형들이다.

그들의 마음을 원형적으로 파고들어 다소라도 치유하기 위해서는 의사도 아니면서 의사 이상의 명 강의를 해야 한다. 잘 듣고 나서는 끝에 가서는 '방법'이 없느냐고 묻는다.

'그래도 부적을 하면 무슨 일이나 다 풀린다 하던데' 한다. 참 맥 풀리는 소리다. 이런 때는 더 설명할 기운도 없고 필요도 없다. 그러나 과연 손님의 말대로 부적을 하면 효험이 있을까 하는 생각이 꼬리를 문다.

부적이라는 것이 언제부터 생겼을까? 부적에 대한 역사나 문헌은 찾아볼 수 없지만 아마도 인류발생사와 같이 했을 것이라고 본다. 광대무변한 세상에서 살아가는 미미한 인간들이 겪는 온갖 풍상은 그들 자신의 욕구를 충족시키기에는 항시 미흡하고 불안한 부분을 그 무언가에 의지함으로써 위안을 얻으려 했을 것이다. 처음에는 그 위안의 대상을 하늘, 바다, 큰 나무나 돌에 붙여 무조건 기복하는 토속신앙을 낳게 하였을 것이다. 신앙은 종교를 만들게 되었고 오늘날에 이르러 종교는 대중의 교화나 교세의 확장에 열을 올리고 있다. 그러나 현대의 과학시대에도 생(生)에 대한 개인의 불안이나 미래에 대한 의문은 그대로 남는다.

힘 있고 좀 안다는 사람들은 이 부분을 자기 수양으로 마음을 밝히라고 말은 쉽게 하지만, 상식적 논리는 될지언정 현실적 불안을 해소하는 명쾌한 해답은 주지 못한다. 주술이나 무속, 토속신앙이나 종교, 철학이 모두 힘을 합쳐 나선다 해도 개개인의 마음을 온전하게 하기에는 부족이다.

무엇으로 이 불안감을 해소해 나아갈 것인가. 근본 문제는 사람들의 마음이다. 따라서 부적 그 자체보다 염원하는 사람들의 마음이 중요하다. 부적의 효험을 따지기에 앞서 그것에 밀착되는 개인의 마음에 일말의 위안이나 자신감이 솟아 날 수 있다면 그것만으로도 대단한 것이 아니겠는가? 접근하는 형태만 다를 뿐 개인이 받아들이는 효과 면에서 볼 때 종교나 철학과 무엇이 다르겠는가?

나는 아직도 부적 자체의 효험을 인정하지 않는다. 그러나 부적을 소지한 사람의 편에서 보아 그냥 일척하기에는 무언가 일말의 연민이 남는 점을 부정할 수 없다. '부적이란 인간과 신이 대화를 통하는 방법이다.'라는 말이 의미심장하다. 이 세상에는 천성적으로 심지가 약한 사람들이 생각보다 참 많다. 아이러니컬하게도 과학이 발달되면 될수록 마음 약한 사람들이 더 늘어나는 현상이라는 것이다.

가시적인 형태로 볼 때 그것이 주사(朱砂)로 만들어진 종이나 나무 조각, 붉은 천이나 피(血), 먹기 좋은 팥죽이거나 간에 그것 자체가 갖는 의미는 사람들이 만들어 낸 의식일 뿐이다.

예로부터 '밝음을 상징하는 붉은 색이 음습(陰濕)한 귀신을 쫓아낸다'는 말은 그냥 전해오는 것이 아니다. 아무리 생각해 봐도 중요한 것은, 개인이 자기가 소원하는 바를 간절하게 붙들고 매달리는 염원을 부적이라는 매체를 통하여 받아들여지는 정신적 위안의 값어치인 것 같다. 적게는 작은 위안에 그칠 수 있겠지만, 크게는 한 인생의 여정을 환히 밝혀주는 한 줄기 빛이 될 수 있을 것이다.

실제로 마음 약한 어느 수험생에게 간절한 소망을 담아 조그마한 부적을 전한 결과 생각보다 좋은 결과를 얻게 된 경우가 더러 있었다. 이와는 반대로 무슨 일이나 부적만 하면 되는 줄로 아는 사람들이 문제다. 무조건 소송에 이기는 부적, 남편이나 아내의 바람 잡는 부적, 아들 낳게 하는 부적 등등 자기의 탐욕을 담은 것들은 신비주의의 탈을 쓴 가식일 뿐 아무리 거창하게 해 봤자 말짱 도루묵인 것이다.

부정한 것이 정의롭다는 말은 들어 본 적이 없다. 오로지 자기의 판단력과 지혜로 불안해소나 마음 평정등 순수한마음 다스림에 관련된 부적은 그 정도를 측정하기는 곤란하나 긍정적 효과가 있다고 본다.

결론적으로 부정이나 허령(虛靈)을 쫓아낸다는 부적의 본래적 의미를 생각할 때 결코 나쁘다고만 단정할 수는 없다. 다만 이를 부정한 마음이나 형태로 전하거나 받았을 때 저질러지는 부정함은 그 어떤 벽력같은 큰 부적도 한갓 쓸모없는 물건에 지나칠 뿐이라는 것이다. 오히려 그것이 들어서 큰 화를 자초 할 수도 있다. 풍요한 사회에서의 정신적 빈곤을 다시 한 번 생각하게 한다.

액살을 방지하거나, 귀신을 쫓아내거나, 선신(善神)을 받아들이는 에너지가 한갓 부적조각에서 나오는 것이 결코 아니고, 환하게 밝아지는 마음에서만 그만큼의 효험이 주어질 것이다.

옛날 필자의 부친께서는 집안에서 부엌이나 담장 등 손질을 해서 고쳐야 할 때는 으레 먹을 갈았다. 때는 60년대 초 제3공화국 시대 아버님이 만드신 부적은 하얀 한지에 검정색 먹물로 '朴正熙大統領閣下特命'이라 붓으로 힘차게 쓴 것이었다. 공사하기 전에 기둥에다 떡억 써 붙여놓고 일꾼들이 작업을 하는데 마무리까지 잘 마치셨다. 지금 생각해 보면 그때 아버님이 써 붙인 글이 바로 진짜 부적이 아니었나 싶다.

Ⅵ. 저자의 재상담 사례와 견해

여성 A에 대한 박제산 선생의 간명지

◇ 현재 未婚
◇ 淑明女大 佛文學科 卒.
  梨花女大 국제통역대학원
  碩士학위
◇ KTX과 기술제휴 (전달) 업체

시(時) 實	일(日) 花	월(月) 苗	년(年) 根	星	
丙	己	丙	丁	16歲	命理研究篇
寅	亥	午	巳	4月	
火	土	火	火	25日	
木	水	火	火	庚時	
		丙	庚		
死	胎	祿	旺		
正印		正印	偏印		
正官	正財	偏印	正印	乾	
劫煞	驛馬	桃花	天醫	坤	姓名 A

金이 숨었다
亥子丑 三災
辰巳 空亡
仇神 喜神

癸丑	壬子	辛亥	庚戌	己酉	戊申	丁未	運路
69	59	49	39	29	19	9	

15 金土   戊申土金
16 水金   己酉土金
17 水金   ⑪庚戌金土
18 木土   ⑫辛亥金水
19 木水   ⑬壬子水水
20 火水   ⑭癸丑水土
21 火土   ⑮甲寅木木
22 土木   ⑯乙卯木木
23 土木   ⑰丙辰火土
24 金土   ⑱丁巳火火
25 金火   ⑲戊午土火
26 水火   ⑳己未土土
27 水土   ㉑庚申金金
28 木金   ㉒辛酉金金
9 木金 乙酉 壬戌水土
10 火土   ㉓癸亥水水

<月上正印格에 參用>

◇공부운 → 일류대학에 진출이 되는 운이다.
부산목포 → 부산대학에 합격 실력이 있다.
서울목포 → 서강대학. 이화여대 합격이 된다.
<결론> 木이 官 (명예운. 남편복)이 되어 있으니 梨花여대가
木의 이름이라 出世인연좋은곳. 사는좋게 가는것이다.
◇문과성분 65% 있고 이과성분 60% 있다.
바다. 외국땅에 역마가 있어서 어학 (중국어. 영어. 불란서)
중에서 선택하여 보아라.
◇장례의 직업 → 교수도장이 있다 (70% 정도) → 성공이 된다 (목표화)
회사 전출소집 (언론계. 방송)이 65% 있다 → 성공이 된다.
<결론> 박사학위까지 목표하여 교수로 선택하여라 (가능한 운이있다)
<부부운>
山木이 남편이다. 木(남편)이 하나 있으니 一夫從事 (동반)하는 운이다.
나. 사랑 화목운이다. 도화살의 合을 하여서 남자눈에 꽃을이
보이니 부디 되지면 남자 경계하여라 (亥生은 22세다)
◇궁합운 → 소띠 (20세)는 70% 합격이다.
쥐띠는 65% 합격이오. 범띠는 (19세) 60% 합격이다
다좋으나 그중에서 인품좋고 사주속에 金이 있는것에 선택하여라
26세가 결혼 大吉년이다.
<자손운> 딸이 하나 있고 아들이 하나 있다
아들이 예절. 질서. 총명을 받고 태여난다.
<재산운>
원 재산이 있고 재산그릇이 小富그릇인데 돈. 재산모우는
것을 낙으로하고 쓰기 아끼하는 운이라 45세이후 75세까지
모우면서 살아가는 운이라 百石그릇의 五百石까지 성공되는 운이다
<주의> 亥子丑년이 水삼재라 돈 나갈일과 건강약화
삼재운이 되었으니 조심해야 액운이 가볍게 지나간다.
d) 의사. 교수. 법관 (고시합격자)등이 나타나 사업가는
인연이 없다.

```
         ⑴丁亥火水    焰
        ㉓戊子土水   ───
         ⑵己丑土土
         ㉚庚寅金木   偏
         ㊱辛卯金木   印 炘
         ㊵壬辰水土
       錮 ㊶癸巳水火
         ㊸甲午木火
         ㊻乙未木土   肩 埃
         ㊺丙申火金
         ㊼丁酉火金   庚
         ㊽戊戌土土   ───
         ㊾己亥土水
         ㊿庚子金水   劫 圳
        庚辛丑金土    財
         ㊺壬寅水金
         ㊻癸卯水木   城
         ㊽甲辰木土
         ㊾乙巳木火   傷 鉏
         ㊿丙午火火   官
        ㊺丁未火土    鋅
         ㊻戊申土金
         ㊼己酉土金
```

A에 대한 저자의 재조명

16세의 여자학생(中3)이니까 지금부터 32년 전에 박제산 선생 생존당시 직접간명하신 것이다.
<月上正印格에 寅用>이라 쓴 해석기록이 저자의 글씨다.

◇ 月支자리의 午火 偏印을 격으로 취용하지 않고 왜 月上正印으로 하였을까. 年月의 丁巳丙午의 火氣가 너무치열하여 격(格) 취용을 하지 않은 것으로 본다
◇ 또한 전공성분도 자연계(偏印)를 문과(正印)보다 낮게 잡은 것으로 보인다. 바다. 외국땅에 역마가 있어 외국어 선택해보라는 것은 생일지지의 亥水를 해석한 것으로 본다.
◇ 26세가 결혼大吉년이라는 부분은 이해가 되지 않는다 25세부터 -29세까지는 木(남편궁)에 대하여 배척되는 傷官金운인데 어찌 결혼이 용납될수 있는지 혹시 사주바탕에 많은 火성의 위세로 申金傷官도 무력(無力)해져서 木을 상하지 못할것으로 본것인지. 어쨋든 본인이 재상담하기 위하여 저자를 찾아왔을 때 (28세)에도 미혼이었다.
◇ 亥子丑년이 水삼재라 돈나갈일과 건강약한 삼재운으로 경고한 것에 대하여 의문이다.
선생이 평소에 하신 말씀과는 서로 맞지 않는 부분이다. 4월 더위의 일간 己土에 어우러진 사주원형은 시원한 水성이 조후희신이라 亥子丑년 水삼재는 복삼재(福三災)가 아닌지.
◇ 평생의 대운을 사주바탕과 비교하면 통관신 金운이 젊을 때 부터

들어와서 발전운이요, 金운과 水운이 거의 말년까지 一生동안 하늘에서 마치 복비가 내리듯이 천우신조하는 행운이 연속이다. 사주바탕의 생김새보다 이러한 형태로 대운의 흐름이 좋을 경우 거의가 다 잘 살더라. 가장 행복지수가 높은 사주이다. 부지런한 사람보다 머리(지혜) 좋은 사람이 한 층 위에 있다면 머리 좋은 사람보다 운(때) 좋은 사람이 펜트하우스(?)라 할까.

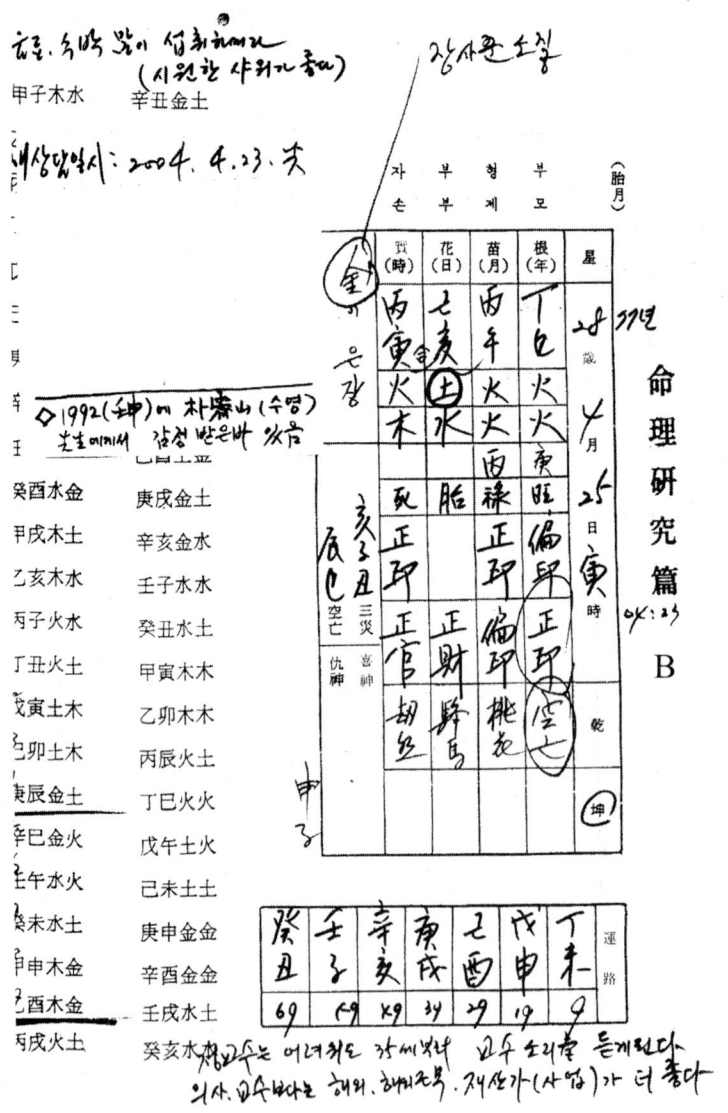

建祿格

물이 더운(+)夏계절(4.才)에 己土(발흙)다
土(을)의 심성은 두텁고 重하여 신의가 깊고 무게가
있는 본성인데 사주에 火(공부덕)가 지나치게 많아서
공부에 비하여 상대적으로 오는 복이 좀 부족이다.
이럴수록 공부를 더 많이해야 보충이 된다.

▷ 복이 가장 좋은 곳이 水方이서 겨울, 해외, 北쪽(구라파)이
좋고 가을, 겨울철이 좋고. 南向을피하고 北향방에
거침하는것이 좋. 신장(자궁)기운을 높여야 하고
여행이 맞고 특히 구라파이 (水)가 가장 돈이되고
외국인에서 좋은 인맥을 얻수있다.

운에서 水운이 되어도 大發이 되는것인데
29세까지가 金운으로 나소 水(운)을 날게로
하나 傷官水운으로 직장에 부족감으로. 결혼을
破하는때라 마치 희생. 봉사하는듯한 운이다.
30세부터 土운이 되어 본인고 욕구는 더 커지고
상대적으로 되어지는것은 원활하지 못하니
34세까지는 큰 욕심 부리지 마라.
결혼도 30세이후에 (31, 32세) 하는좋 하고
혼체 손이 드는 낮자가 거의 없을것이다.
떼대로. 처때 (水)는 현실은 나이 차이가
너무 크으면 불리하다.

◇본인에서 가장 발전적이 상때 불불는때는
35세부터다. 39세까지 얼을때 발전하고
40세 ~ 44세 (5년이) 부부한계성에서 갈등이 온다.
결단적인것은 이내나 마음이 많이 상한다
45세 ~ 49세까지는 욕심부리다가 자칫 손재보는때
50세부터 한인생의 발전가도에 바빠지게 되며
(74세까지) 말년이 大成 인데 곧 늦으나이 있다.

丁亥火水
戊子土水
己丑土土
庚寅金木
辛卯金木
壬辰水土
癸巳水火
甲午木火
乙未木土
丙申火金
丁酉火金
戊戌土土
己亥土水
庚子金水
辛丑金土
壬寅水木
癸卯水木
甲辰木土
乙巳木金
丙午火火
丁未火土
戊申土金
己酉土金

B에 대한 저자의 재조명

　13년 전 선생문하에서 수행하던 시절에 간명하였던 당시의 간명지(A)를 들고 와서 재상담을 신청하기에 무척이나 반가웠다.
　우선 사주가 너무 조열하여 태과(太過)도 부족이라는 것을 제시하면서 무엇보다 조후희신인 水성을 강조하였다.
　부부자리(생일의 지지)에는 水희신이 있어서 남편자체는 본인에게 잘 할것이나 본인의 사주기세가 너무 신강형이라 상대적인 木(남편기운)이 맥을 못추니 항시 불만감이나 아래로 보이는 못된 기운은 고치기 퍽 어려울 것이다.
　조후희신 水성의 공헌성을 퍽 강조한 것에 비하여 선생께서는 亥子丑 삼재의 위험성등 저자와는 상반되는 견해가 되는 예이다.
　선생께서는 의사, 교수, 법관등이 나타나고 사업가는 인연이 없다 하였는데 이러한 통변내용을 일체 감안하지 않은 저자는 나중에 써 놓고 보니「의사, 교수보다는 해외근무 또는 사업자가 더 좋다」하였다.
　후일 다시 검증해보면 결과가 어떠할지 숙제로 남는다.
　<후감> 선생이 본 내용보다 사주점수를 높게 보기에는 마음이 내키지 않았다.

◇ 50세부터 火가 치열하여 인체오행에 균형을 잃을수
있는때라 혈압, 당뇨에 조심해야 한다.
신경성으로 오는수가 많으니 마음을 푸근히 하세요
(짜증, 오관)

2004. 1. 30 재감정

	甲子木水	辛丑金土
	乙丑木土	壬寅
	丙寅火才	
	丁卯火才	
	戊辰土土	
	己巳土土	
7	庚午金火	丁未火土
3	辛未金土	戊申土金
3	壬申水金	己酉土金
3	癸酉水金	庚戌金土
4	甲戌木土	辛亥金水
4	乙亥木水 甲	壬子水水
4	丙子火水	癸丑水土
3	丁丑火土	甲寅木木
4	戊寅土木	乙卯木木
4	己卯土木	丙辰火土
4	庚辰金土	丁巳火火
4	辛巳金火	戊午土火
4	壬午水火	己未土金
4	癸未水土	庚申金金
10	甲申木金	辛酉金金
11	乙酉木金	壬戌水土
12	丙戌火土	癸亥水水

命理研究篇

姓名 C

胎月 壬申

乾 坤

星	根(年)	苗(月)	花(日)	熟(時)
40歲 4月 12月 申時	乙未 木土 華	辛巳 金火 病	甲午 木火 死 丙 乙	壬申 水金
	劫財	正官		
	正財	傷官	食神	偏官
	貴人	驛馬	空亡 貴人	劫煞 偏印
				貴人

辰巳 空亡 仇神
巳午未 三災 喜神

運路	庚辰	己卯	戊寅	丁丑	丙子	乙亥	甲戌
	9	19	29	39	49	59	69

例) 냉동, 콘테이너 수리, 복두크레인 수입 등으로 돈이 발전됨
(45세 이후~)라고 말함
2004. 1. 30 再상담

時上偏印格

몸이 四月계절에 甲木(큰나무)이다
복(쉬는것)이 붙은곳은 水(물)다. 이유는 四月夏木(본인)
은 水가 없으면 枯木이 되니 가장 喜神(복신)이 水다
본인의 태어난시를 잘몰라서 筆者가 申時(오후3시-5시)로
추정하였다. 申時가 되면 복신 水(壬水는 바닷물)가
오게되고 申金(偏官)이 와서 반드시 딸하나(正官)와
아들하나(偏官)가 있고 학덥에서부터 직장.직업등
모든것이 壬水(바다대학. 선상생활. 선박. 무역. 해양)로
정해지는 것이다. 申시가 확실히 맞다

◇ 土군(財)에는 木(본)이 뿌리를 박아 돈으로 안정
발전이은 특히 직장복(正財)에 좋은 대접(貴人)이 온다
운으로 보면 30세~34세 사오년에 참 재미가 있고
36세가 되면 比肩木운이 동하여 自立성. 독립의지가
살아나서 동업. 동사하는 운이 되어왔는데 38세와
39세(水)에 발전운이은 40세는 갑순한 운이다
41세에는 꼭 좋은일(겨울철)이 있고 멀리 많아서서
작아도 돈복이 좋아진다. 결과는 봉사좀 한듯 하다

◎ 알지게 돈이 모이는 때는 45세부터인데 50세~말년
까지가 더욱 한도 大路가 되어 본인 바람의 그릇을
다 채우게 되는 운이다

◇ 업체가 있어도 본인은 한곳에 있지말고 자주 유통. 변화
하는 것이 (역마살) 본인건강. 새복 등이 도움이 된다

◇ 총령 → 水를 취해야 산다. 이유는 본인이 뜨거운 火위에
있는 夏木 이기 때문이다. 故로 水는 무엇이나
시원한 음료수. 식물성 음액(인삼등 열양은 피하요). 못과물. 茶
바다. 수영. 낚시. 목욕샤워. 수족관. 분수 가 木을
겨울철과 밤시간이 水다. 본인은 야행성이라 (水희신)
밤시간에 판단이 밝아지고 그럼공부를 좋아하는 성분인데
운이 발신하려면 (투기) 밤시간에 수면을 많이 취해주어야 한다. 꼭 명년하시오

丁亥 火水
戊子 土水 偏土
己丑 土土 財戊
庚寅 金木
辛卯 金木
壬辰 水土
癸巳 水火 比木 肩寅
甲午 木火
乙未 木土
丙申 火金
丁酉 火金
戊戌 土土 偏火
己亥 土水 官丁
庚子 金水
辛丑 金土
壬寅 水木
癸卯 水木 正土 財
甲辰 木土
乙巳 木火
丙午 火火
丁未 火土 食火
戊申 土金 神庚
己酉 土金

C에 대한 저자의 재조명

　지금으로부터 11년 전, 저자가 단독임상했던 간명내용이다 당시는 저자가 하늘이 캄캄한 참척(慘慽)을 당한 해 인데 어찌 무슨 힘으로 이렇게도 뚜렷하게 또박또박 써주었는지 지금에 와서 보니 저자 자신도 놀랄 정도로 감회가 깊다.
　당시의 간명지가 거의 이와같은 수준으로 내용과 형식에 있어서 기본을 바로 하는데 철저하였다.
　사주명리의 실제임상면을 공부하는 데는 가장 좋은 모범적 통변내용으로 들 수 있다.
　잡다한 설명이 별로 필요치 않다.
　사주의 格을 설정하고 己神의 정의를 굳건히 세웠다.
　기신(日干)의 희신과 격국(壬水)이 일치하여 원형내에서의 이율배반성이 없는 사주다.
　상담자가 가장 감명을 받은 부분은
　1. 운에 맞는 업종을 제시(水희신을따라) 한 것
　2. 45세부터의 발전을 정확하게 예측한 일이다.

2004. 1월에 다시 찾아왔을때(11년만에)
　45세부터 냉동컨테이너 수리와 부두 크레인 수입(水성 관련) 등으로 돈 많이 벌었다 하여 저자 자신 흔쾌한 기분으로 50세 이후의 미래예측을 몇 마디 제시하여 주었다.

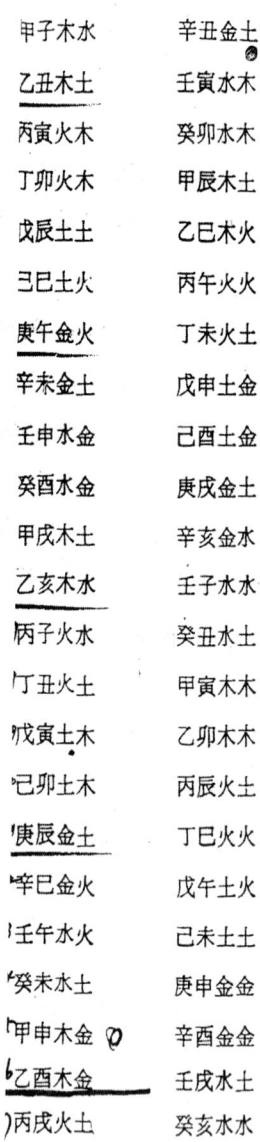
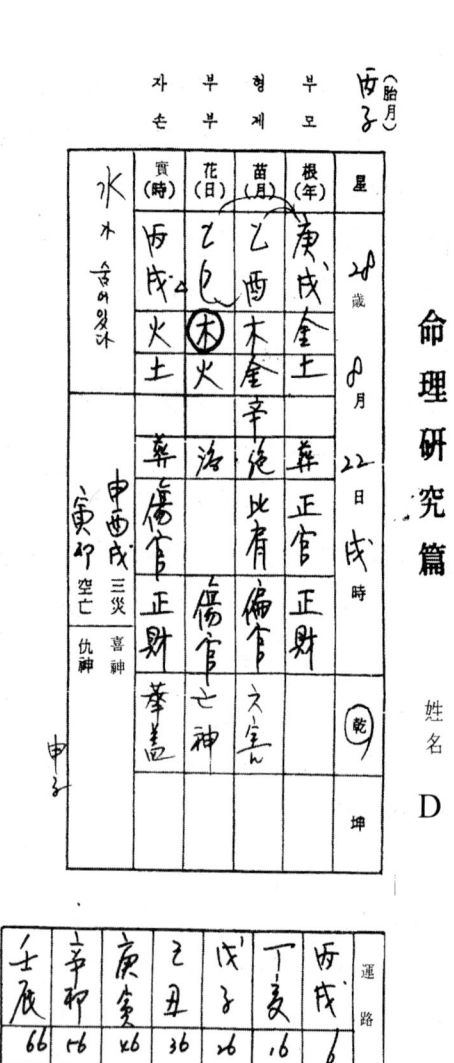

命理硏究篇

姓名 D

304 사주명리학 이론과 실제

偏財格 (假)

몸이 8月에 乙木(화초)이다
가을木(본인)에는 차운水보다 따뜻한 火가 복신이다
사주에 火날. 火시에 나서 복을 안고 있으니 살다고 싶다
◇ 火는 건강성이오. 성신 똑음(공부)이오. 生財 천존이라
가장 중요한것을 찾고 있으나 살아가는데 큰액이 없다
17세~21세가 공부 발전운이오. 21세까지는 공부도장에
들어와 공부능률이 좋다. 28세~31세까지가 土운이되어
공부성에 여자. 운이 겹치는 형상이라 비능률
같음. 생각이 복잡해지는 운이며 너무 옥신거리받고
꾸준하여라.
필자의 눈에는 32세부터 학원. 교수도장에 들어와
공부한 결과를 크게 수확하는 때다 (36세까지)
◇ 사주바탕에 水(교수도장) 성이 약호 운에서
31세부터 근그중재산이 가까워지는 운이라
교수실보다는 그속에 연구. 박사하는것의 순리로 보인다
◇ 결혼은 → 正財 (처방) — 돈으로 모여왔고 처가리에
복신이 있으니 처복이 一등답이다
교세결혼 성분 (七神)이다.
28세부터 지인이 눈에 뜨이는 때가 되어 29세에는
후보자 선성하는 운이다. 31세 이므로 결혼한다
용갑. 돼지띠. 쥐띠 다 무방한데 쥐띠가 最人
이다 가장좋고 소띠는 가능한 피하여라
◇ 자손은 → 金이 사손씨다. —子—女木 운에 있는데
딸 생산이 먼저 될것이다

㉠ 가장 좋은 직장은 세계적 거대기업인데
31세 벗어나

丁亥火水	
戊子土水	
己丑土土	
庚寅金木 食	
辛卯金木 神 丁	
壬辰水土	
癸巳水火	
甲午木火	
乙未木土 正 水	
丙申火金 印 亥	
丁酉火金	
戊戌土土	
己亥土水	
庚子金水 正 土	
辛丑金土 財 戊	
壬寅水木	
癸卯水木	
甲辰木土	
乙巳木火 偏 水	
丙午火火 印 子	
丁未火土	
戊申土金	
己酉土金	

D에 대한 저자의 재조명

상담자의 나이가 28세때(丁丑年 1997년)에 저자에게 직접상담한 후 지난해에 다시 왔으니까 꼭 7년만이다.

저자가 예측한 미래지사가 7년을 살아 본 상담자의 마음에 너무도 일치하니까 다시 백암을 찾게 된 것이다.

일류 명문대학 출신으로 미국에서 유학하며 석, 박사 학위를 모두 취득하였다.

26세까지의 水운과 32세~36세의 水운을 돈보다는 공부발전의 운으로 예언한 것이다.

편관격이나 己神乙木에서 보면 더욱 신약케해 오히려 印格으로 가설하고 조후용신인 巳火를 택하면 사주의 원활한 유통을 기할수 있어 성(性)을 직시할 수 있다.

편관격임을 우기게 되면 기신乙木도 꺼리게되며 용신(火)과 격국(金)의 관계성이 이율배반이 된다.

공부하는데 수고하고 학위도 성취하였으며 결혼도 하여 어엿한 가장인데 막상 직장이 마땅치 않아 고심이었다.

재상담시에는 37세부터의 己丑偏財土운을 크게 보아 용기를 듬뿍 심어주었다(간명지 맨 아랫부분 참고).

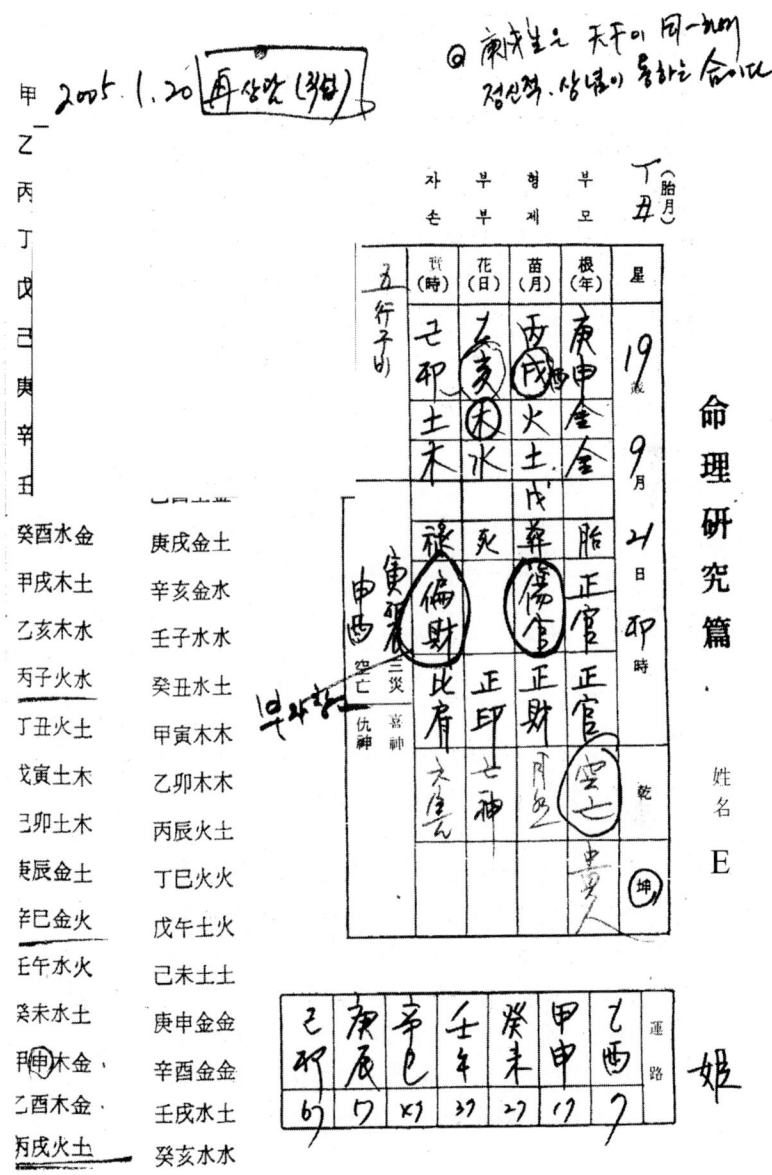

몸이 9月계절에 乙木(화초)이다. 丁亥火水
가을木(본인)은 차운水(학과공부)보다는 따뜻한 戊子土水
火(예능성)가 복신이라 일찌기 예능성을 己丑土土
개발하면 후일에 좋은 선생이 되는 운이다. 庚寅金木
五行이 구비하여 살아가는데 큰 과반이 辛卯金木
없고 건강. 재산. 명예. 남편복이 두루 갖추어있다. 壬辰水土
◇운에 맞는곳 → 서울지방보다는 부산지방(火)이
반복하는 곳이다. 부산에 학교는 부산大 다 癸巳水火
서울에서는 火大학(고려大. 경희大. 한양大) 甲午木火
이 맞고 이화大는 木이라 약간 그늘이 진다 乙未木土
중앙大는 土에 속하니 재수 있는곳이다
어디로 하여도 사주에 공망살이 하나 있으니 丙申火金
처음 보면 고배는 어찌 할수 없다 丁酉火金
◇19세 운으로 보면 부산大 정도는 入門하는 戊戌土土
운이다.
◇23세 부터 상대 남자교제 성분이 들어오는데 己亥土水
무조건 2)세를 넘기고 허혼하여라 庚子金水
                                        辛丑金土
용띠. 말띠 나 개띠. 돼지띠는 합당하나 壬寅水木
뱀띠 와 잘레비. 쇠띠는 피하여라 癸卯水木
〈2006. 1. 20〉 27세까지에 역할. 行운. 명예등 다 甲辰木土
좋은데 남편성분이 강하게 들어와 사주바탕으로 乙巳木火
보면 좀 이른 감이고 운에서 오는것 못 막기가 힘들다 丙午火火
사주바탕이 正官(남편방)에 공망이 제 시험. 취직. 丁未火火
경혼등에서 처음 것보는 허망성이 작용하는것이라 戊申土金
이런일이 있더라도 다초로 꼭 성취하니 실망해도 己酉土金
순명의 소리로 받아들이는 지혜를 가지시오.

E에 대한 저자의 재조명

　E가 19세 때(高3) 大入전공 진로와 합격운 등을 물어와 선명하게 써서 준 간명지다.
　저자는 누구라도 상담자가 문밖에만 나가면 싹 잊어버리는 버릇이 있다. 기억할 수도 있겠지만 그리하면 머리가 아파서 못할 지경이 될 것이다. 또한 개인의 프라이버시 보호 차원에서 그리하는 것이 오히려 좋은 버릇이라 생각한다.
　26세의 나이로 다시 내 앞에 앉은 E를 보고 한참동안 아무 말도 안했다. 오늘만은 상담자의 말을 먼저 들어 보아야겠다 싶어서 였다. E도 나에게 안 질세라 입을 꼭 다물고 야무지게 앉아서 배꼈다.
　수분(分)이 지난 후에 '그래 어떻게 지냈느냐'고 물으니 '써주신 꼭 그대로라'고 하였다. 둘이서 서로 보고 한참을 웃었다. 좋은 사주이기 때문에 그랬을까.

　五行구비된 사주라는 것이 강점이다.
　'申酉가 공망이나 年上庚金이 있어서 丙火傷官과 근접하여 남편궁이 퍽 위험성인듯하나 戌土속에 辛金偏官이 안정하게 은장되어 있으니 첫교제남자에 헛수고(공망살)하여도 미련두지 마라 좋은 남편만나서 잘 살아갈것이다.'라고 제시하였다.
　현재 드문 전공(소리내는 고전)으로 국립대 대학원 수학중이다.

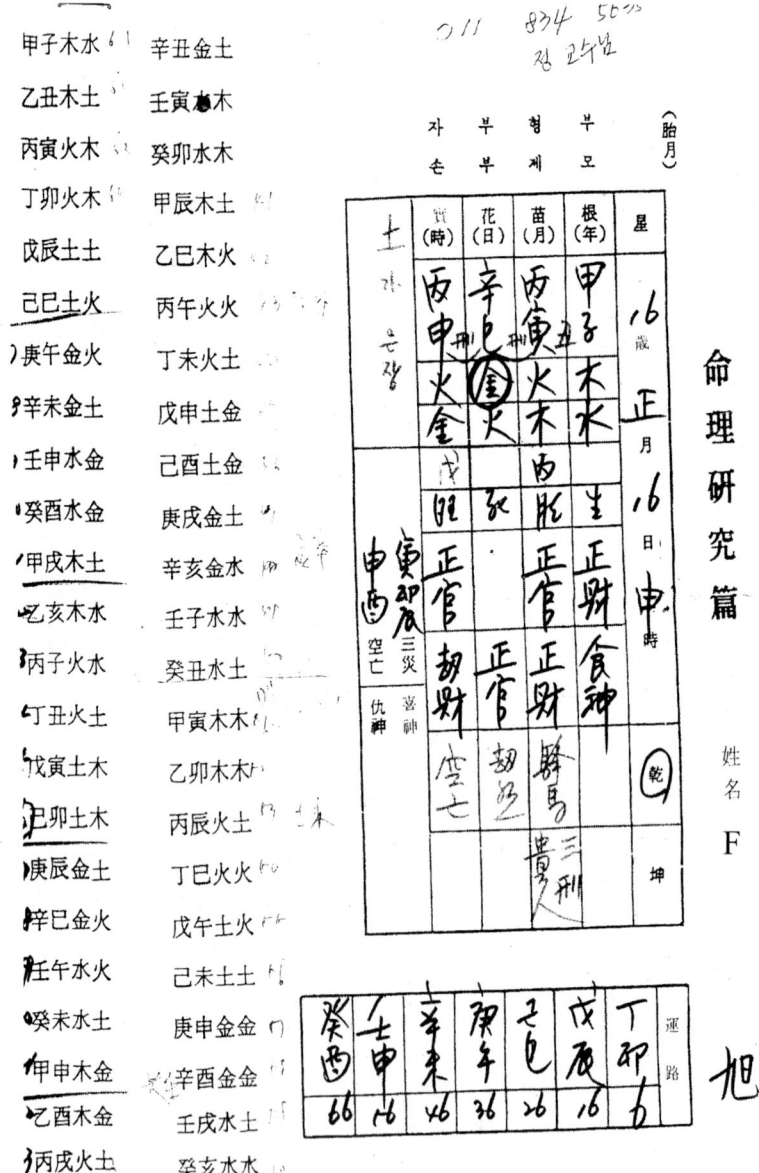

의러. 성의 음이 있고 심으로 딱을 하여도 죽은 흙으로 한 섬이 있다. (金성)

전공은 → 자연계성분은 사주에 아주 약하고 문과성분은 때가 되면 아주 잘할것이다 고로 문과하여 법. 행정계통으로 전공하여라
음에서 16세까지는 돈 여자살이니 이것을 잠년살 (사춘기)이라 한다
17세부터 공부자세와 마음이 새로 섬돋리는 음이니 부모가 잘 선도하면 후일 좋은 공직자의 모습을 보일것이다
공직중에서도 인신구속이나 벌을 다루는 권력성 계통에 인연이 있다

직복이 —등급이다 5月 ×
벌떠 위녀만 나타나거든 피새하여라

18세 계확은 금으로 上에 속한다
四大는 무관하고 지역은 가벌것 없다
생활 안성복 (財복)와 저복이 참 좋으니 큰 애로 없이 잘살아가는 사주다

| 丁亥火水 |
| 戊子土水 |
| 己丑土土 |
| 庚寅金木 |
| 辛卯金木 |
| 壬辰水土 |
| 癸巳水火 |
| 甲午木火 |
| 乙未木土 |
| 丙申火金 |
| 丁酉火金 |
| 戊戌土土 |
| 己亥 |
| 庚子金 |
| 辛丑金土 |
| 壬寅水木 |
| 癸卯水木 |
| 甲辰木 |
| 乙巳木 |
| 丙午火火 |
| 丁未火土 |
| 戊申土金 |
| 己酉土 |

⊙ 2대년에 내가 상호했을때 하신 말씀은 4년大은 성격은 못하였고 그런것라 특제 자신이 없다 고민, 실토, 상담하였다 - 박대학교 경영학부에 2007. 그참에 다시 상담 온데서 한 하였다. 적기분이 좋았다 하였다.

Ⅵ. 저자의 재상담 사례와 견해

F에 대한 저자의 재조명

　F가 高1때, 그러니까 꼭 6년 전에 F의 어머니가 애타는 마음에서 자자를 찾아왔다. 현재의 공부성적으로는 4년大는 엄두도 못 내겠고 2년大도 자신이 없어서 걱정이 태산이었다.
　소위 입시철이 되어 손님이 많아 핵심만 써주는것도 예삿일이 아니었다. 간명자의 '간명촛점'은 사주바탕보다도 대운으로 먼저 갔다.
　소위 학업 발전운을 예측할때는 재파인(財破印)의 원리를 기본으로 해야 한다는 생생한 본보기이다.
　卯木偏財운이 16세(상담시의 나이)까지이고 17세부터 戊土 正印운(공부발전)이 힘 있게 들어왔다.
　이러한 내용을 글로서 분명하게 기록해주고 모자간에 용기와 배짱을 가지도록 힘주어 일러주었다.
　수일 전에 저자를 다시 찾아온(꼭 6년만에) 엄마의 말씀이 F가 예상 뜻밖에 부산시내 4년제 종합대학에 다닌다는 것이다. 선생님의 말씀이 너무도 맞더라는 것이다. 여기서 울어나는 상담자와 그 가족들의 용기와 신뢰를 돈으로 환산할 수 있겠는가.
　사주명리는 이론보다 실제에서 그 진가가 발휘되고 사회에 공헌한다는 자부심을 갖게 한다.
　재상담에서는 경찰공무원으로 직업관을 제시하면서 당초에 상담내용을 재차 강조 하였다. 경찰관직을 제시한 것은 일간 辛金을 둘러싼 官성이 저자의 눈에는 官살로 보였기 때문이기도 하지만 三刑살(寅巳申)이 너무 뚜렷하게 보였기 때문에서 였다.

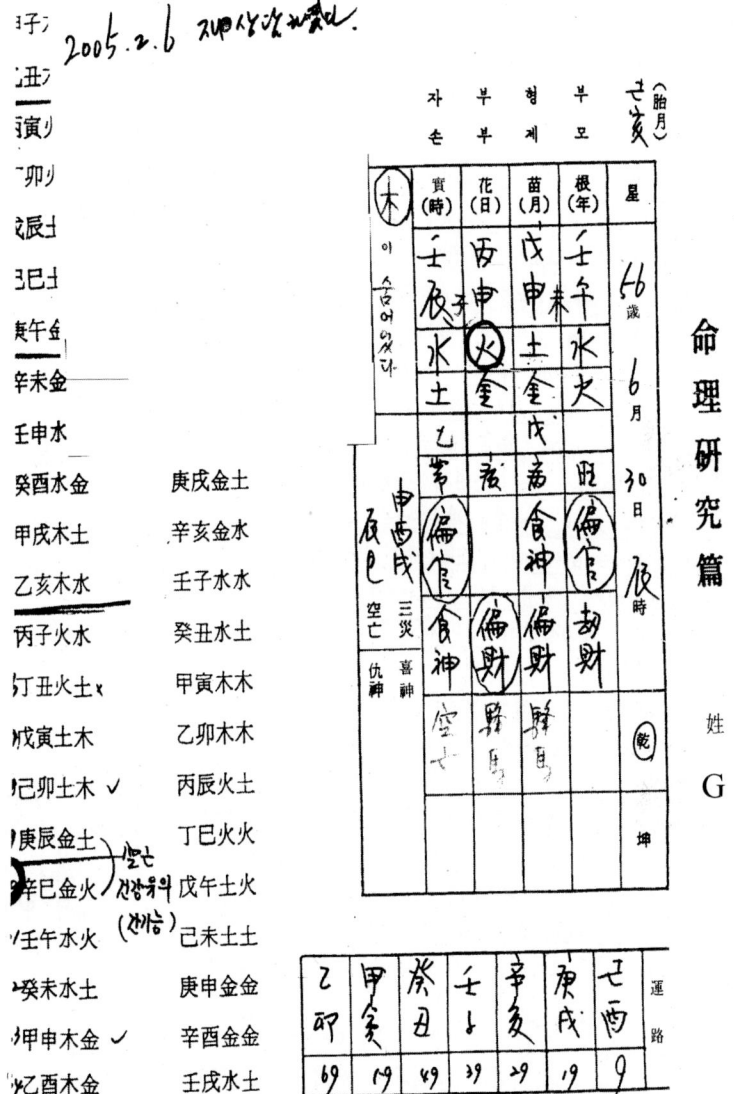

VI. 저자의 재상담 사례와 견해

偏財格 壬申用

봄이 7月(6.30)제성에 丙火(태양)다
火(봄)는 밝고 영환것이면데 본인 火는 木(힘의 원천)이
부족한 火가 되어 偏財(사업성그릇)을 능입할수가 없으니
발전 (格火)하였이 木 (正印)이라 木은 공부로. 박사운
교수의 도장이다. =사업그릇을 쓰게말고도 그만한
先天 그릇을 갖고있는 큰 선비에 해당된다

◇ 부부은 → 偏財(妻宮)가 처자리에 정확히 있고 또한
申(살레베어)이 처자라니 살레베어 처는 지극한 천성인면다
또한 돈 보관창고가 申에 돈이 생기면 처에게 보관해야한다
一흠로 해로하고 처의 의견에 따르면 돈이된다

◇ 자손은 → 아들께 (偏官)은 두개가 있는데 딸씨(正印)가
보이지 않는다. =子 종신의 음병인데 자손자리에
공방수이 있으나 아들이 결혼후에는 合家 하지마오

◇ 사회운 → 18세까지가 正印(명예,관측)은으로 발전이라
직장 명예가 발전이오 19세부터 감투에 선거선으로
도전하는 성취성운의 운 (偏官)이 심해져 마음이
많이 쏠린다. 필자의 눈에는 본인 천성면으로는
정치성 (선거)이 맞지 않으나 운에서 (때) 58세
작동하니 (偏官,正印) 이때에 과감하게 응하시오
59. 60세에 한다면 성과가 부족으로 보인다 (술)
61세부터는 偏印(사면계 최고의 도장) 운이라 그 나이가
최고에 달하니 부터 59세이나로 안되어도 마음
상한다고 직을 등한히 하지마오

◇ 부여 높은 초목이 있는 농장을 마련하세오 (木선강보충)
60세 이후 본인 스스로 살 하였다는 생각을 할것이다

〈2005년2.6 재상담〉
64세부터는 丙火(본인)가 기운을 도와주는 木이
계속하에 (79세까지) 돈에게 부러해것이 없다
그러므로 정신적, 물질, 육체적으로 가볍게 몸이지메 아름답게 장식할

丁亥火水
戊子土水
己丑土土
庚寅金木 正
辛卯金木 子
壬辰水土
癸巳水火
甲午木火
乙未木土
丙申火金
丁酉火金
戊戌土土
己亥土水
庚子金水
辛丑金土
壬寅水木
癸卯水木
甲辰木土
乙巳木火 偏
丙午火 甲
丁未火土
戊申土金
己酉土金

314 사주명리학 이론과 실제

G에 대한 저자의 재조명

처음 상담한지 만8년 만에 다시 재상담을 구해왔다.

사주의 전반적인 구조나 그 진폭이 일목 대기(大器)로 보인다.

丙火己神의 성분과 지향하는바(木)를 보아 큰선비, 학자의 원형을 그리고 있다.

국내 모국립대학교 총장을 역임하였다.

현재는 고향땅에 낙향하여 전원생활을 조용히 보내고 있다. 일생이 학자선비로서 일 많이 하였으며 중책도 맡아 수행하였다.

사주상의 설명, 해석은 생략하기로 한다.

(車를 이용하는 생선은반 일). 洗車場.

命理研究篇

	甲子木水	辛丑金土
	乙丑木土	壬寅水木
	丙寅火木	癸卯水木
	丁卯火木	甲辰木土
	戊辰土土	乙巳木火
	己巳土火	丙午火火
	庚午金火	丁未火土
	辛未金土	戊申土金
	壬申水金	己酉土金
	癸酉水金	庚戌金土
	甲戌木土	辛亥金水
	乙亥木水	壬子水水
	丙子水火	癸丑水土
	丁丑火土	甲寅木木
	戊寅土木	乙卯木木
	己卯土木	丙辰火土
	庚辰金土	丁巳火火
	辛巳金火	戊午土火
	壬午水火	己未土土
	癸未水土	庚申金金
	甲申木金	辛酉金金
	乙酉木金	壬戌水土
	丙戌火土	癸亥水水

姓名 H

穆

몸이 더운 6月에 丙火(태양)다
사주에 뜨거운 火는 많고 시원한 水성이 약하여
균형이 맞지 않으니 근무처가 월전. 고정되기가
힘들고 원하는 그릇(正財)은 있으나
뜨거운 火성에서 그 기운(金)을 발하기
어려우니 참 돈이 안된다
더구나 金에서 水을 먹고 흡수하는 土운이
서세부터 들어와 직장명예도 멀어지는
기운이라. 건강.돈복 등이 위축되는 운세다
타고난 그릇이 월급이나 사업그릇이 안돼나
사업복은 아니고 직장도 아무리 버티어도
43세 이후는 어려우니 어떻게 대비할까.
도거래는 평소에 하면 손해본다
중권. 투기등은 금물이다
◇가장 운이 피어볼수 있는곳은 바다변. 수산
해양. 음식. 냉동. 제빙등의 회사(水)가
맞으니 인맥을 살려서 알아보시오
본인이 직업에 체면을 따지지 않는 파격적
각오로 한다면 밤시간에 생선.회종유
음식. 술등 먹는장사로 나서시오
서세이후 해보면 직장보다는 더 맞을것이다

子女에게 간섭하면 손해다 (자손자리 傷官살)

丁亥	火水
戊子	土水
己丑	土土
庚寅	金木
辛卯	金木
壬辰	水土
癸巳	水火
甲午	木火
乙未	木土
丙申	火金
丁酉	火金
戊戌	土土
己亥	土水
庚子	金水
辛丑	金土
壬寅	水木
癸卯	水木
甲辰	木土
乙巳	木火
丙午	火火
丁未	火土
戊申	土金
己酉	土金

H에 대한 저자의 재조명

양인격(羊刃格)에 해당된다.

또한 시상상관격(時上傷官格)으로도 취용할 수 있으나 무슨격이냐가 중요한 것이 아니고 조후를 (水) 잃고 있는 사주에 구조적으로도 뜨거운 火성만 치열하니 한마디로 문제성이 많은 원형적 성격구조이다.

실제임상에 대한 강의자료로서나 연구대상으로 좋은 본보기 사주다.

상담자의 진술을 들어도 사주바탕과 운이 제시하는 내용이 꼭 맞다고 한다.

아직까지도 뚜렷한 명분없이 참 별 볼이 없다 한다. 나이가 젊었으면 선상(船上) 생활하면서 외국이나 실컷 돌아다니면 돈이 되는 사주가 아닌가 싶다. 66세 이후 들어오는 水운이나 기대하면서 작은 것에라도 감사하면서 살아달라는 애걸을 해야 할 정도다.

6년 만에 다시 재상담을 요구해왔지만 별 뾰족한 수는 나오지 않아 답답하였다.

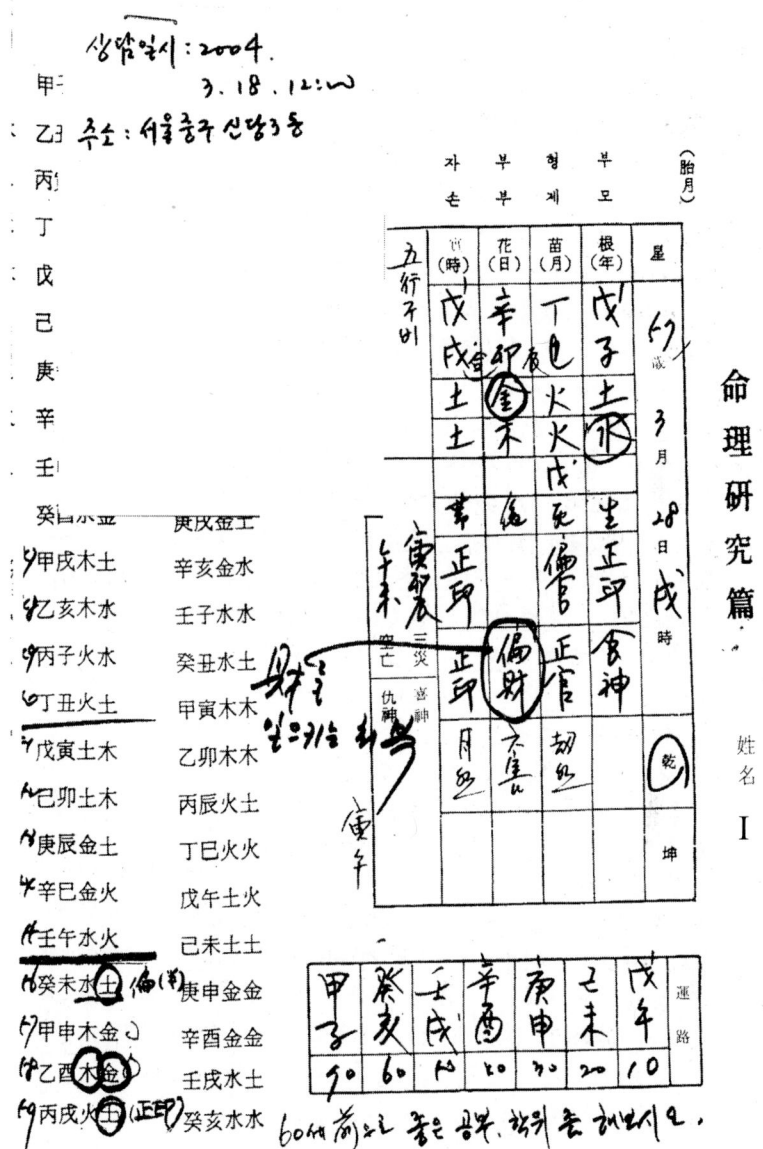

VI. 저자의 재상담 사례와 견해

正官(편측) 用印格

몸이 초여름 (3.28 초夏入節 以後 出生)에
秋金(주축)으로 비유된다.
金(금)의 본성은 외강하나 내유하며 질서는
엄격하며 內로 마음이 여려 인정이 있다
의리와 신의를 존중하는 선비체질인데
성격이나 취세가 원만성 (五行겸비)이므
공직과 치교는 (天官을 正官으로 받아서 공직, 명예)
되면 재복으로 (偏財)이 손권에 속한다
온화. 원만하면서도 高位, 首長 (正印)에
천좌를 갖고 처신의 잘 유통하는 주조다
◇ 여름절의 金 (본인)에는 건강이나 재수 등
복의 근원이 시원한 水 (生財혁지)에
있으며 水운이 되면 발복하고 名振하고
운에서 나면 6세쯤써 水운이 와서 때를
맞이하는데 발전중에 속으로는 희생과
힘이가 따르게 된다. 그러도 발전이다
문제는 水를 먹는 土운인데 46세부터
60세까지가 土운이라 外形上으로는 그
位나 名이 높아져서 大印을 행세하는데
안으로 (마음, 내부사정등)는 잘이고
갈등해지는 운이다. 정년이 언제?
건강 (순환계통). 특히 신장, 정력 방광이 좋은하고
水火기제에 신경써서 인체유통을 잘 시키도록
◇ 북으로, 바깥으로, 서울 (玉水)은 좋고 中印, 大田이
북길한 곳이다. 목욕자주. 운동살하 좋다
人生에 있어서 內外를 다 갖추어 전성성대가
61세부터이. 관장 20년간이나 長壽로 간다
건강과 사회복 양호하며 80세로 본다.

|에 대한 저자의 재조명

  상담자는 저자의 대학시절부터 계속 보아오는 사람이다.
  오행구비된 正官格으로 正印을 用하는 재상(宰相)의 상이다. 성격이 원만하고 참 모범적인 사주다.
  사주전체가 풍기는 분위기나 역동성으로 보아 어찌 실패운이나 고통이 크게 있겠는가.
  공직자로서의 행운이 탄탄대로를 걸어와 현재는 정부 모부서의 고위직이다.
  저자의 재조명은 오히려 사족(蛇足)인 것 같아. 생략한다.

甲子 木水	辛丑 金土
乙丑 木土	壬寅 水木
丙寅 火木	癸卯 水木
丁卯 火木	甲辰 木土
戊辰 土土	乙巳 木火
己巳 土火	丙午 火火
庚午 金火	丁未 火土
辛未 金土	戊申 土金
壬申 水金	己酉 土金
癸酉 水金	庚戌 金土
甲戌 木土	辛亥 金水
乙亥 木水	壬子 水水
丙子 火水	癸丑 水土
丁丑 火土	甲寅 木木
戊寅 土木	乙卯 木木
己卯 土木	丙辰 火土
庚辰 金土	丁巳 火火
辛巳 金火	戊午 土火
壬午 水火	己未 土土
癸未 水土	庚申 金金
甲申 木金	辛酉 金金
乙酉 木金	壬戌 水土
丙戌 火土	癸亥 水水

命理研究篇

姓名 J

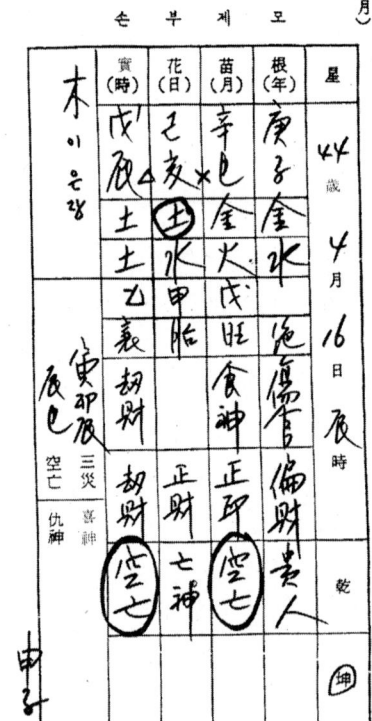

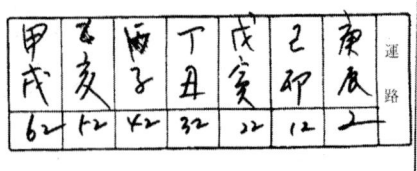

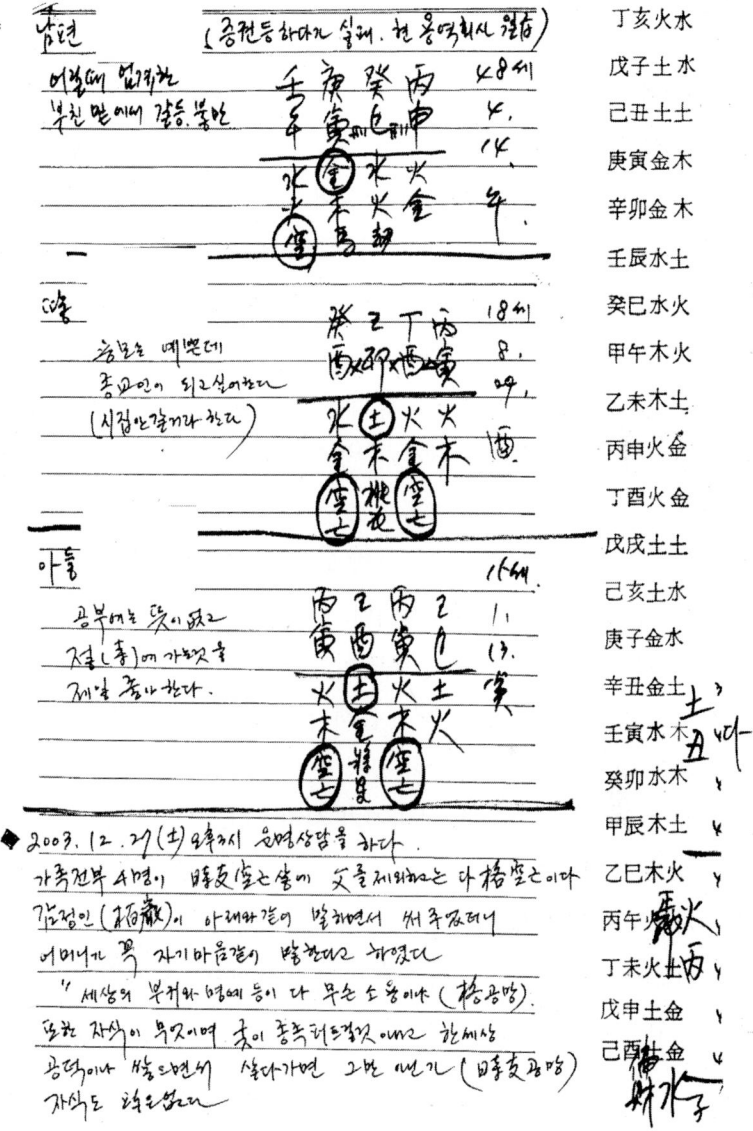

J에 대한 저자의 '연구촛점'

　오랜 동안 사주의 임상을 해보면 거의가 인생행로에서 '선택의 문제'가 가장 많은 편이다.
　애매하니까 묻게 되고 마음과 현실이 너무 거리가 머니까 찾아오는 것이다. 여기에 소개되는 J는 금후 두고두고 저자의 연구대상이 될 것이다. 결코 나쁜 뜻에서가 아니고 '우연'이라고 하기에는 너무나 묘한 공통점이 온 가족에게 있다는 점이다.(2003. 12. 27에 임상)
　J외의 가족(남편과 딸, 아들)에 대한 사주는 각기 개인별로 보아서 간명지에 적어 주었고 저자가 별도로 관찰해본 바를 소개하는 것이다.
　성격과 개인의 가치관, 현재 상태 등을 상담해 본 결과 온가족이 하나같이 동일한 방향이라는 것이다.
　참 기가 막힐 정도로 이것을 운명이라 하는가 싶다
　자! 사주상으로 다같이 관찰해 봅시다.
　가족 4명의 사주가 하나같이 공망(空亡) 살 없는 사람이 없고 어머니가 격공망과 시지공망, 아버지가 시지공망, 딸도 격공망과 시지공망, 아들도 격공망과 시지공망이 아닌가. 식구모두가 아마도 전생에 부처님이었는가 싶다.
　상호(商號)를 보면 더욱 기가 막히는데 사생활보호차원에서 이는 공개할 수가 없다.

쉬어가기

朴제산 선생의 문하에서 침식을 같이 하면서 수행하는 중에 고사성어는 물론 신출귀몰한 야사(野史)나 전설담을 자주 들려 주셨다.

도력(道力)에 관하여 선생의 스승이신 청허당(淸虛堂)에 대한 이야기 한 토막. 독립군 출신으로 해방 후 산에서만 살았는데 검술이 얼마나 통했던지 공중에 날라 가는 기러기 무리들이 스승이 잡고 있는 칼끝의 방향에 따라 질서 정연하게 움직이더라는 것이다.

그냥 들은 이야기로만 여겼지만 청허당의 생전 모습을 직접 대해 본 林선생(仁山)의 말에 따르면 얼굴이 너무도 유리알 같아서 인사를 하고 나서 고개를 드니 자기 얼굴이 마치 거울처럼 청허당의 이마에 선명하더라는 것이다. 저자는 이 때 '도를 통하면 아기 형태로 돌아가는 구나'하고 느꼈다. '백발도사'는 지어 낸 말인 것 같다.

초학자들의 공부와 연구에 도움이 될까 하여 무오년에 선생이 발간한 '선불가진수어록'의 일부분만 소개한다.

책의 重刊서문을 청허당(白雲山人 一峰 尹선생)이 썼다.
금단(金丹) 대도(大道)는 성명쌍수지도(性命雙修之道)임을 밝히고
운용정기신(運用精氣神)이 현빈지내(玄牝之內)하며
연정화기(練精化氣)하며 연기화신(練氣化神)하며
신화성진(神化成眞)함이 합천자(合天者)라
차시대도(此是大道)의 진전야(眞傳也)니라

본문에는 광로산인(匡盧山人) 일운선사(壹雲禪師)께서 기술한 대도밀인가(大道密印歌)가 있다.

대도연미혜(大道淵微兮) 현관(玄關)이 최비전(最祕傳)이로다.
현관(玄關)은 즉현묘기관야(卽玄妙機關也)니
신전제후(腎前臍後) 초하전칠후삼지간(稍下前七後三之間)에
공현일백권(空懸一白圈)하니 선천혜명원기(先天慧命元氣)가

즉재기중(卽在其中)하여 무형무상(無形無相)하며
지령지명이(至靈至明이)니 단전기혈(丹田氣穴)이 시야(是也)
······
식정맥주혜(息停脈住兮) 성정도태원(性定道胎圓)이로다.
구무호흡(口無呼吸)하고 수무육맥(手無六脈)하고
백발환흑(白髮還黑)하고 낙치부생(落齒復生)은
태원지험야(胎圓之驗也)니라 ······ 비인막전(非人莫傳)하라.

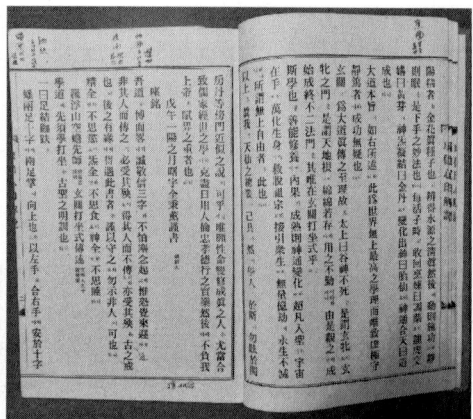

Ⅶ. 저자의 친필간명지

초학자들의 사주임상통변에 참고자료가 되었으면 하는 바램에서 이하 저자의 실제 임상 내용을 공개하기로 한다.

1992. 12. 31. 한밤중에 선생께서 조용히 나에게 전해주신 年賀書. 사주명리의 正道를 통하여 뜻을 이룩하라는 내용이다.

돌지 않는 偉大한 魂이 있다면 僞善이다.
極단적인 才氣는 극단적인 狂氣와 종이 한 장(毫釐) 차이다.
偉大한 창작물은 一過性의 狂氣가 치밀었을 때다. 癸酉年에
瑞光의 닭소리와 함께 고요한 밤을 새워 命理見性에 通
을 하도록 紀昌의 활살이 되시어라

霥山 書

紀昌은 列子에 나오는 전설적 名弓이다. 기창관슬(紀昌貫蝨)이라는 고사성어는 기창의 화살이 머릿니의 심장을 관통했다는 뜻임. 사물을 보는 눈이 가히 도통의 경지를 이루어야 한다는 서슬 퍼런 칼날같은 정신을 심어준 이 말씀을 가슴에 안고 두 번째 입산을 하였다. (저자 53세 때, 1993년)

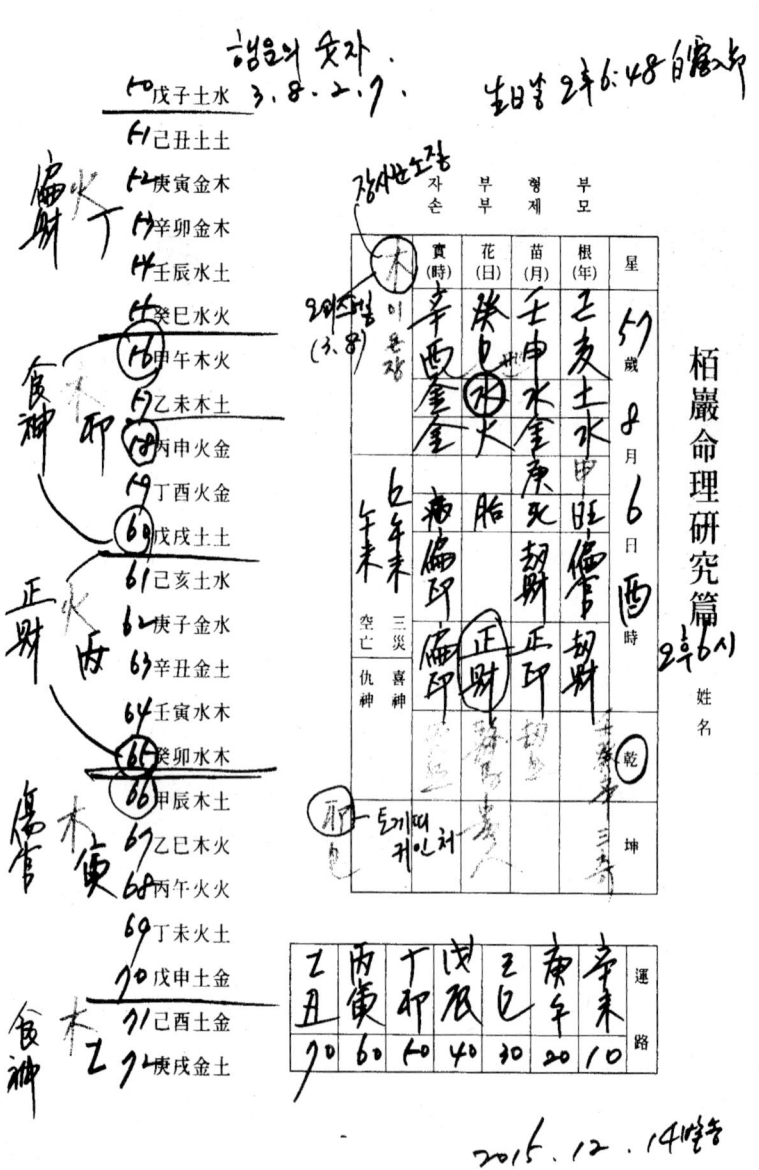

정신과 건강이 건전하고 건강체질로 타고났다.
다만 외고집 (고체식)이 있는데 살아가면서
처(火)와 잘 합의하여 돈안되는 고집은 부리지 마오

◇ 正財가 처방인데 본인 사주의 생일(처자리)에
귀인처를 만나는 운명이며 바로 토끼띠처는 귀인에
현모양처를 만난다. 처의 마음을 편하게
하는 한 어떠한 어려움이 와도 잘 해손해서가갈것이다

◇ 역마살에 태어나서 편하면 안되고 움직이고
활동하여야 돈과 건강이 좋은것이다

운을 보면
50세까지는 변환기 수준을 넘어서 자칫 안족하면
크게 실패하는수다. 직장에서 근속하면 덕이다
(5)세부터는 힘이 들고 직장인연이 멀어지나
다시 연계되는 생동의 운이니 부디 옮기지
말고 인맥을 잡아서 다시 직장일을 잡아보시고
아니면 소규모로 직접 자게사업 하여도 크로
실패하지 않는 운이다. 건축자재. 인테리어.
장식. 가구. 가정용품등이 인연있고 음식중에서
고기종류 (탕종류, 구이등)이면 맞는다

◇ 나이가 더해갈수록 살아가는 방도가 좋아지는
운이니 흔들리지 말고 본인 뜻을 따라 처신하시고
木이 재수있는것이니 오피스텔. 원룸(木)등 상가건물에
투자하시오. 75세까지는 본인몸으로 돈되는 활동할것

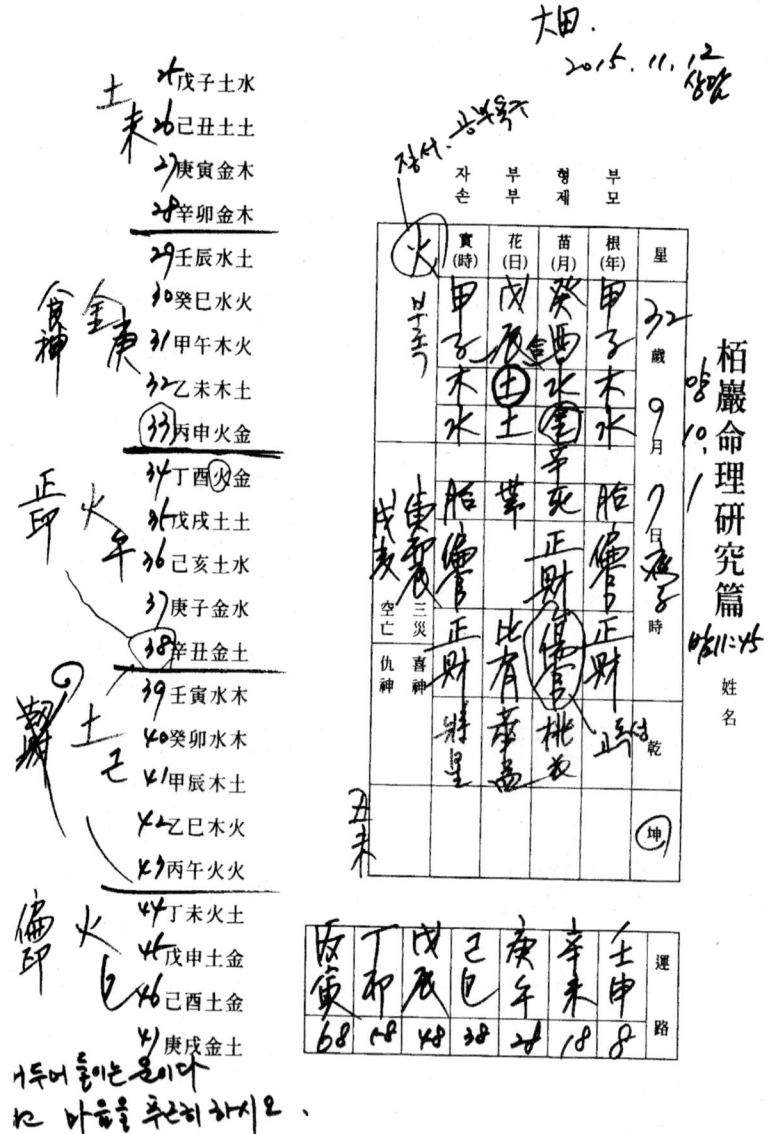

이름이 남성명 같고 사주와는 호칭은
逆行하는 (火성을 더욱 써야하는데) 성분으로 보인다

◇ 몸이 한가혹계절에 戊土(태산)다
   심성이 넓고 점에서 신용있고 안목이 원대하다
   본사주는 가을土(본인)과 차운水(재물)보다는
   따뜻한 火(공부,학위)성에 인생의 가치관이다
   사주에 火가 있었으면 대학교수가 될텐데...
◇ 본인은 태어날때부터 공부에 대한 욕구가
   강하다. 본래 선생격인데 은(환경)이
   약하여 학원선생으로 가는데 34세부터는
   박사학위가 오고 대학에 교수소리도 듣는
   때가 38세까지 분발하시오
   천기를 酉金(영어)儒書(어학책)으로 받아서
   영어는 돈복이 숨어나는 곳이다
◇ 木이 남편방이다. 사주에 木이 있어도
   태양火기가 약하여 꽃피우지 (결혼)못하는데
   운(運)에서 33세부터 火운이 시작되니
   비로소 이때부터 결혼운이 오는것이다
   동갑취며, 잘헤어며, 띠동갑남자 인연있다
   소띠 연하로 귀인이다. 뱀띠는 피하세요 (고독성)
   남편의 단점보다 장점을 더 높이보도록 노력
◇ 평생 손재홍수가 있어 돈을모아 스스로 부자복을
   만들것이다. 32세까지의 힘들고 애쓴 보람은 33세이후
                                              ※ 몸을 따뜻함

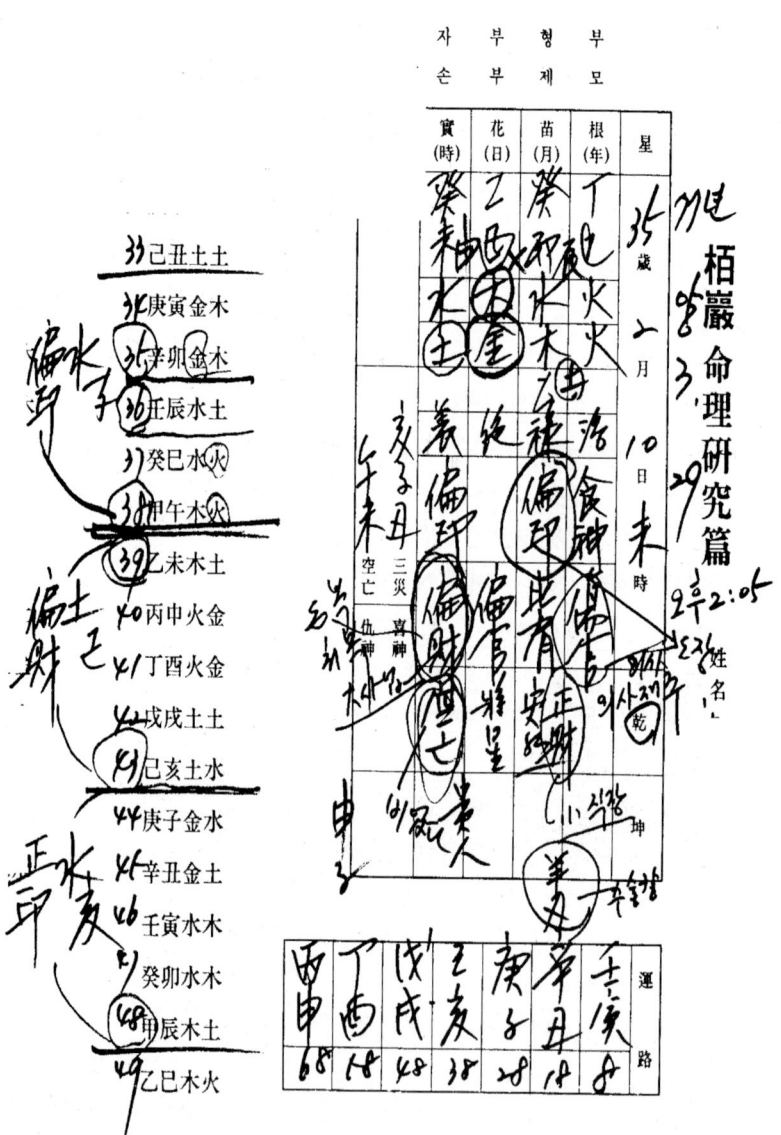

부친 偏印格 (建祿格)

본인 한 봄철에 乙木(화초)이다.
성정이 부드럽고 매사에 온화하나 본인 나름대로
주관. 고집이 강한 편이다. (외유내강)
태어나면서 건강이나 성격면에서 고루 균형되어
원만성을 갖고 있는데 독립. 자주성이 강하여
항상 단축개업(偏財)욕구를 갖고있다
그러나 사주바탕 자체에 (偏財)空亡(속이 비어있다)
이 되어있으니 마음대로 단축개업하면 결과가
빈 창고와 같은 것이다. 명심하고
좁은 길(正財)을 열러하는것이 편하다
◇ 운으로 보면
34세~38세에는 의사(偏印)로서의 권위나
본인 주관고집은 강해지나 상대적인 돈복은
오히려 위축되는 성분이라 마음보다 욕구
불만족 이오. 직장에서의 스트레스와 갈등이
더 높아지는 때다.
강세가 더욱 그러한데 참아야 한다. 운에서
오는 갈등을 본인 스스로 터득하면 얼마든지
극복할수 있다. 부디 36세께는 본인의
마음이 무엇을하나 어디서나 뿌리뽑기가 힘드는
때 (漂木현상)임을 인식하고 自重하시오.
주변을 너무 의식하지 마시고 본인 일 없이 정진
하면서 모든 사람에게 반기면서 수용. 긍정하시오
37세부터 한결 안정세로 가면서 재미가 솟네요
39세부터는 가는 길이 고속도로같은 大運이다
이때에는 꼭 다시 운거하시오 (돈없이 단독성례

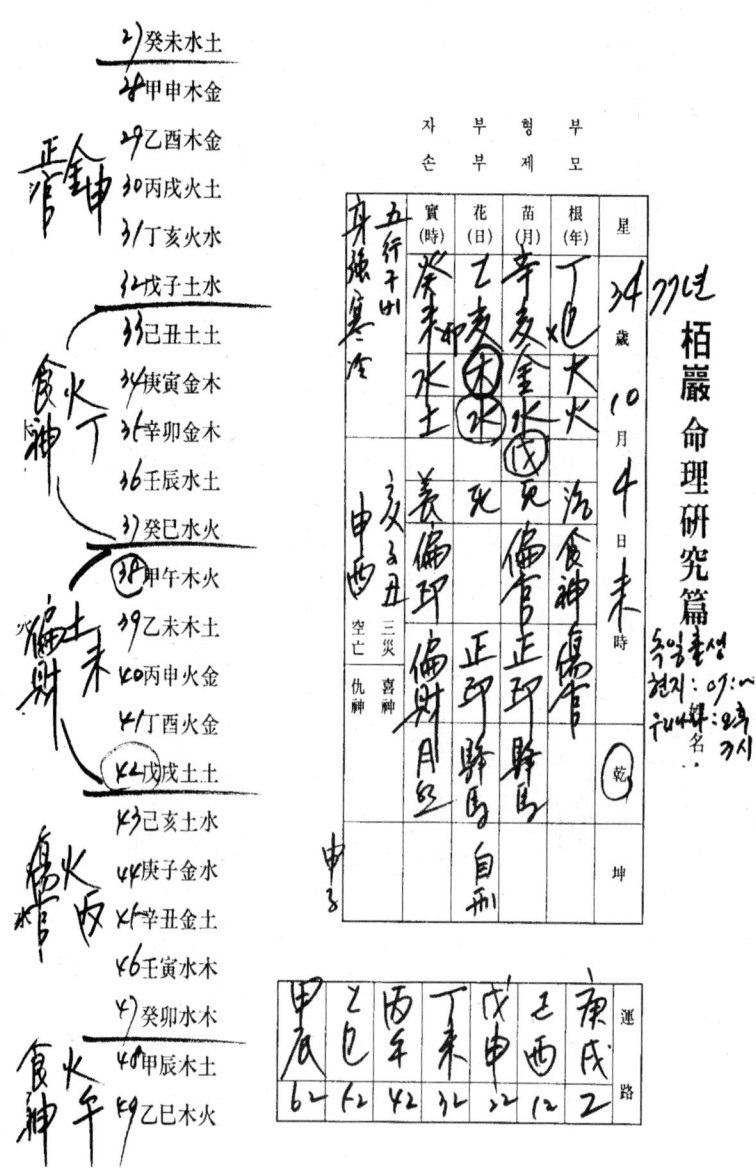

正印格 乙.化火用.

몸이 초겨울 추위에 태어난 乙木(화초)이다
추위라서 木(본인)이 강한 한기를 받아서 자기
보전성(水)으로 기운이 강해 주관.고집이 쎄다
◇ 총명과 끈덕(水)은 공직자의 길이 정도인데
과욕한 火성(傷官)을 따라 봉사.비판의
변호하는 일은 돈 들어가는 원천이 된다
타관 재산그릇도 크고 순에서도 때마추어 火운이
연결되니 사회성.경제생활 면으로 발전이다
37세까지는 평탄하고 생각보다 내실이 좋은때은
38세부터 과욕이 발동하는데 42세까지는
영기가 고르지 못한 천기이니 부디 마음가짐을
줄이고 下心.애처(바흐런하게)하여야 한다.
이때 유혹에 빠져 크투자.공전.단독개업
하면 돈과 여자가 원인되어 낭패가 될
것이다. 바람이 세게 불렀었을 때다 (여자조심)
진정 본인스스로 서서 (단독으로) 창창 발전하는
때는 43세부터로 본다.(62세까지 大운이다)

◇ 土가 저방이다. 중대(戊土)처는 인연이 길다.
다만 저자리에 차흔水(묘효)가 있어 처를
사랑하면서도 그 불편이 더러 마치 오해를
줄수있는 성품(냉담함)이라 고치시요.
애처는 돈이나 함이가 아니고 처의 마음을 편하게
하는데 있다는 이치를 깨닫기 바란다. 지금부터
이면면으로 적 다듬어저야 38세이후에 오는 좀
번거로운 운을 무난히 카바할수 있다고 본다.

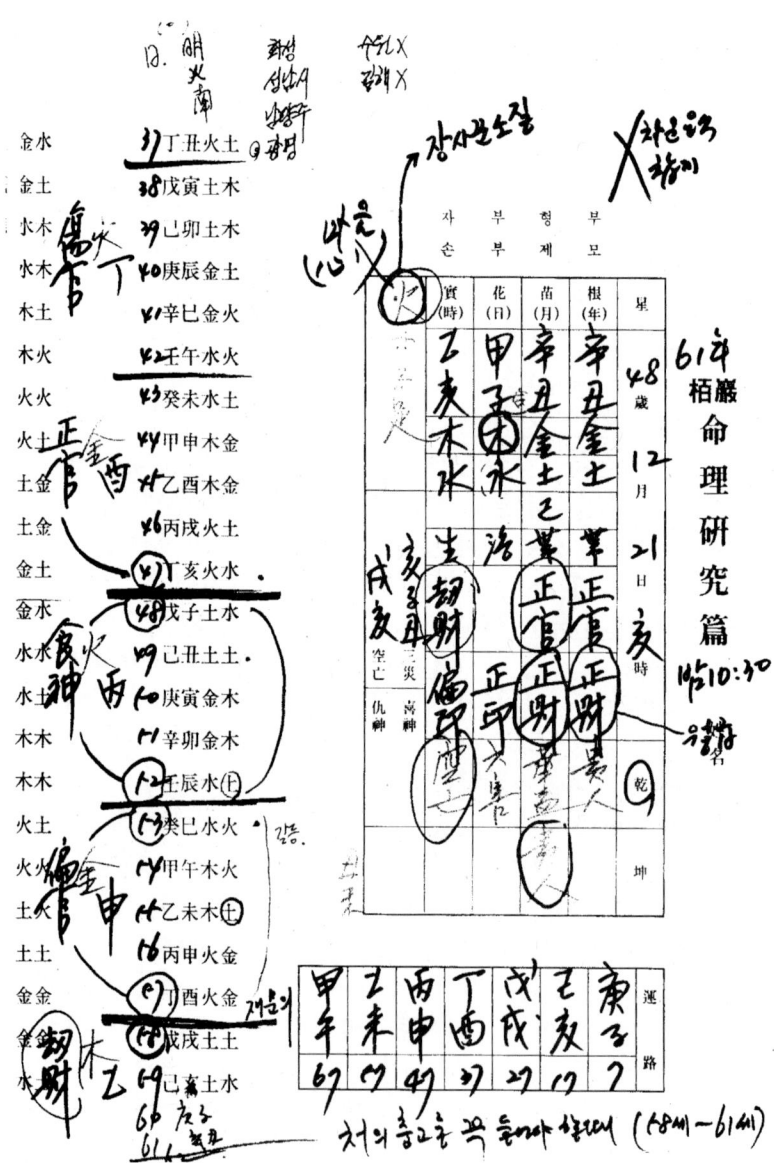

좀이 추운 엄동설한에 甲木(큰나무)이다
木(목)은 끈기 외유내강하며 정직성이며 병전
추주를 강한데 차으木(본인)이 가장 필요로
하는 火(태양·양가슴변성·장사로기질)가 부족해서
한마디로 사업가는 아니다.
유능한 참모. 관리자는 되어도 보스는 아니다
□ 47세에까지 직장에서의 갈등. 부족성이 바깥제2
48세서는 본인에게 가장 정성기출
많이 하죽이 설효의 찬스라. (-획동보이다
과거지 손에는 +2세롱에는 돈 길이 병였다
□ 본의 사주상 火성은 충요한 생래천동격이면서
土(돈2축)를 해쳐주는 동료. 주동의 신예라
돈이 많으면 주동에서 직접투자. 투기로 부주
앉으며 그보다는 오히려 중개. 용돈노께
일정율 이상의 수수료수입이 이상적이다
본인자체는 수산물이나는 상관없다
食 수산물외에 먹이없에는 고기죽. 생목. 농작물
등의 중개도 재수가 있다.
49세에는 귀인(처변)의 도움으로 엉뚱에서 예상치의
덕이 와지는 때다.
무엇을 제로 (-)세에께는 넓은길이라 노력이상의
재복이 보인다. 따뜻한 언덕빼기. 물이 내버들숫에
쪽으땅 꼭 묻어두시오. 후일 호텔 지어줄로 좋

◎ 생에에 다시 만나보자
→ 큰마음으로 자신감. 욱구가 발휘할수 있으나 6|세게까지 꼭 참으
 현상유지(4) 지키는 수비. 외법바다
 내성을 가하는 처에까야 수용하다.
건강으로 흥양조정 · 따뜻하게.
       신경 쓰지말—.

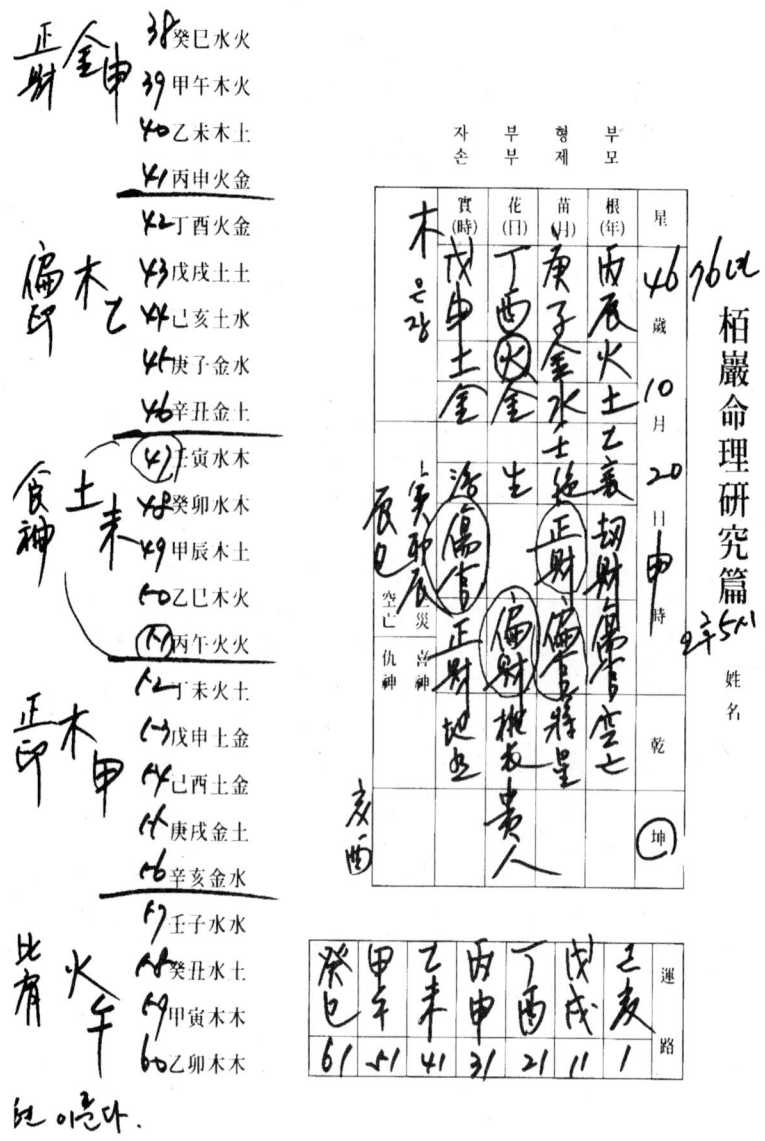

338 사주명리학 이론과 실제

용이 추구하는가치 『大(ㅎ불)』다
지혜. 총명예지로 천부 교직(人木)의 길로
가는것이 운명의 정로이다. 총모가 준수하다.
계층을 녹이는 성분 (통찰적 욕구)과 세상을
환히 밝혀주는 성분(정신적 욕구)을 다 갖추고
있으니 능력있고 출중한 지도자격인데

약 한까지 운명적 취약점을 지적하자면
본연의 (水)이 소강되어서 결혼보다는
혼자사는것이 天命을 이루내기에는 더 편하다는것.
이 점이 전통적 사고로 하기에는 다소 반하다
크게보면 본시는 한가정 한남편으로 만족이
아니고 사회적 처명으로서(公人)로 그 이름을
세상에 빛내어야 하리란 큰 소명을 다하다 생각해요

◇ 운으로 보면
46세까지는 직장은 박천(正職). 교육서의
취상(備任)이 적합하는 좋은 운인데
47세~56세는 더욱 총명. 판단력이 밝으니
소신대로 경우 무엇을 하여도 앞부자가 될것이다
이 초로는 재산, 생활의 번창이나 결혼반응은
금기로. 47. 48세때에 인연자 (취미. 쉐미 등)
나타나면은 경험을 철저히 보시오 (더운 여름선 남자)
때로 생산하는 보인다.

◇ 정년퇴직 목표로 직장에 옷을 하시오   57세이후 자마성현
    62세~66세때에 우뚝 섯겠니다

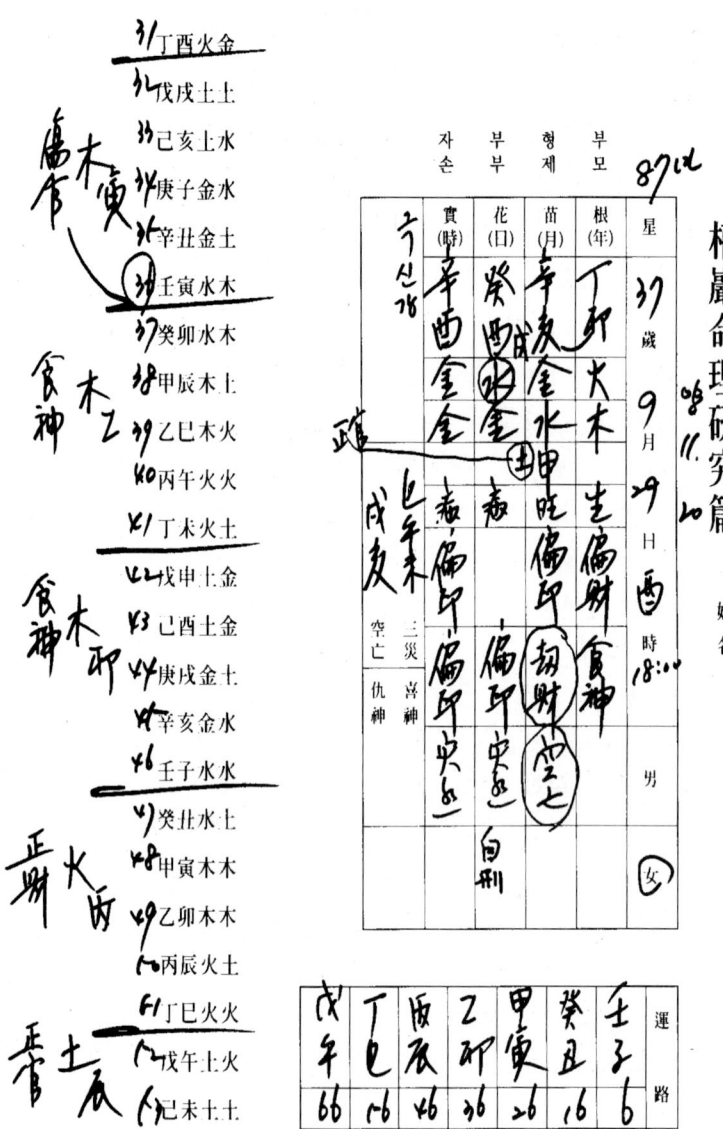

몸이 한겨울의 샘물(泉水)과 같아서 맑고
정갈한 본체의 모습이다.

◇ 운명적 특성:
- 윗대로 부터의 덕이 크고 화려하다 (부모자리 偏財火)
- 손재수(겁재수)가 공망(무효)되어서 타인바
  어떠한 경제적 손실이 와도 별로 느끼지 못한다
- 환경(주변)은 따뜻한데 본인이 느끼는 체감
  온도는 항상 한냉하여 외로움을 갖는다.
  특히 이성관계에 있어서는 썩 내놓는 남자
  별로 없고 좀 가까이 가면 옥주불만형태다
- 사주에 본인 기운이 600kg 이나 되는데 상대방
  (남편)기운 (土)이 200kg 정도다 살아가면서
  이런 운명적 특성은 본인만의 것이나 어떤
  잘난 남자로 남편이 되면 남편덕을 약 60% 정도
  깎아서 수용하는 수양심이 절요하다. 어떤
  남자가 이렇게 큰 여자(冷水가 많아서)를 따뜻히
  안고 가겠는가?
- 사주에 남편방이 土이다. 土남편(개띠, 소띠, 양띠 등)
  인연인데 남편자리에 戊土(개띠남자)가 형충
  (경쟁하는 형태) 하고 있으니 깊은 인연성으로 보인다
- 마음을 보다 너그럽게 갖고 많은 정, 은덕을 자주
  바꾸거나 자복(自祭相)하지도 많고 순리에 따르는
  수양심이 본인 행복의 주인공이 될것이다.

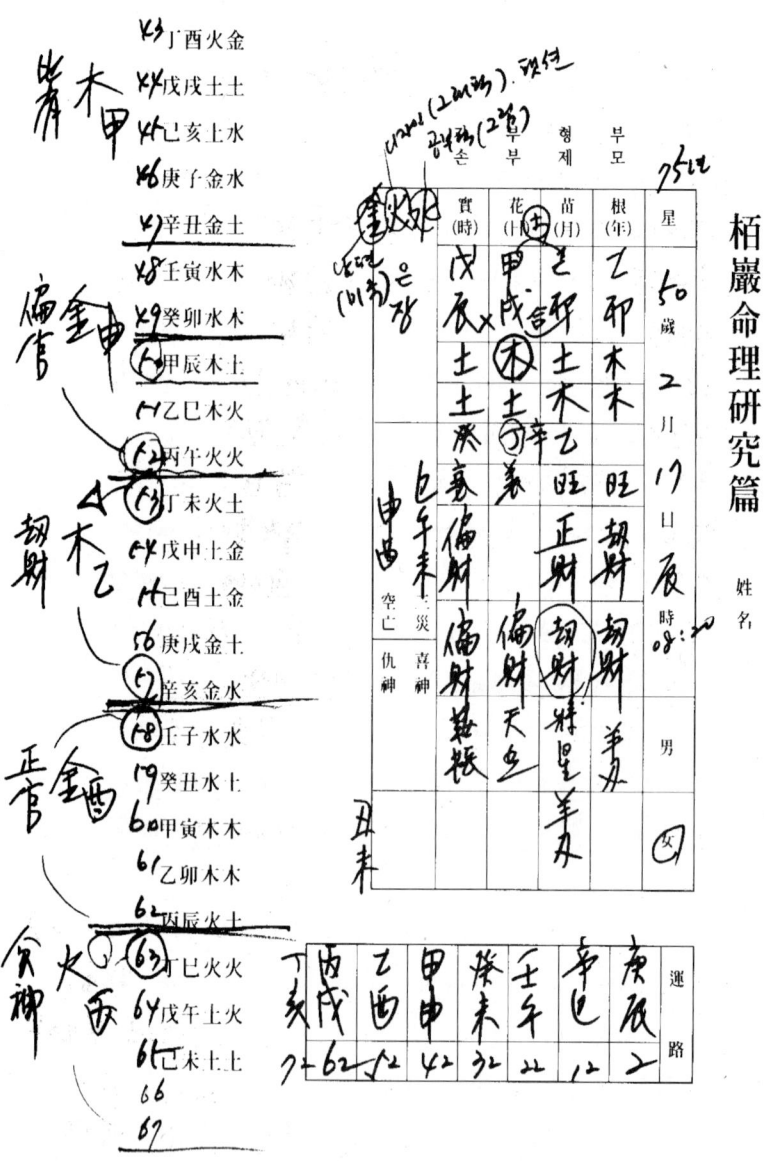

용이 한분철에 甲木(큰나무)이다
보기에는 부드러우나 속(心志)이 깊고 강인한 천기을
받고 태어났다. 아주 크거나 타인에 그릇으로 보아
大人格이다. 마치 큰 숲을 보는것같으니 넓은 세상
무대적 교제에서 그 진가가 발휘되는 것이다

◇ 金이 부족방이다. 戊土속에 金(쇠들)이 있으니
결혼은 하나 본인기준(木)에 비하여 매우 부족성이라
해로가 어렵고 앞으로 속 이성이 다가더라도 괘개나
친구개념은 좋으나 없고 부부는 하지마시오. 실망이
큰것이다. 자기 기능개발 하면서 혼자사는것이 편하다.

◇ 작은것에 만족못하고 크고 화려해야 하는 운명적
천성인데 비하여 초(때)에서 돈 안되고 경사지고
악천후들은 때를 지나왔다
50세는 다소 안착되면서 바쁜 일들이 점차
풀려가는 때이나. 52세쯤에는 마음 안정하고
몸을 낮추는 자세가 필요하다. 53세~54세되면이
바람결이 거칠어 자칫 손해를 입는 날들의 비율이다
마음빡 비우고 건강관리(간장, 소화계통, 신경계등)하고
이시때는 외국(외국땅)에서 살면 좀 수월할것이다.
살물투자나 형재주 노리면 하늘이 노할수 있다

◇ 55세부터는 마음이 가다듬어지고 주변덕이 살아난다
초의 인생에서 가장 아름답고 큰 그림을 그리는 황홀시기는
63세부터 10년간 일을 열심히사시오. 결코 조급하지 마시요

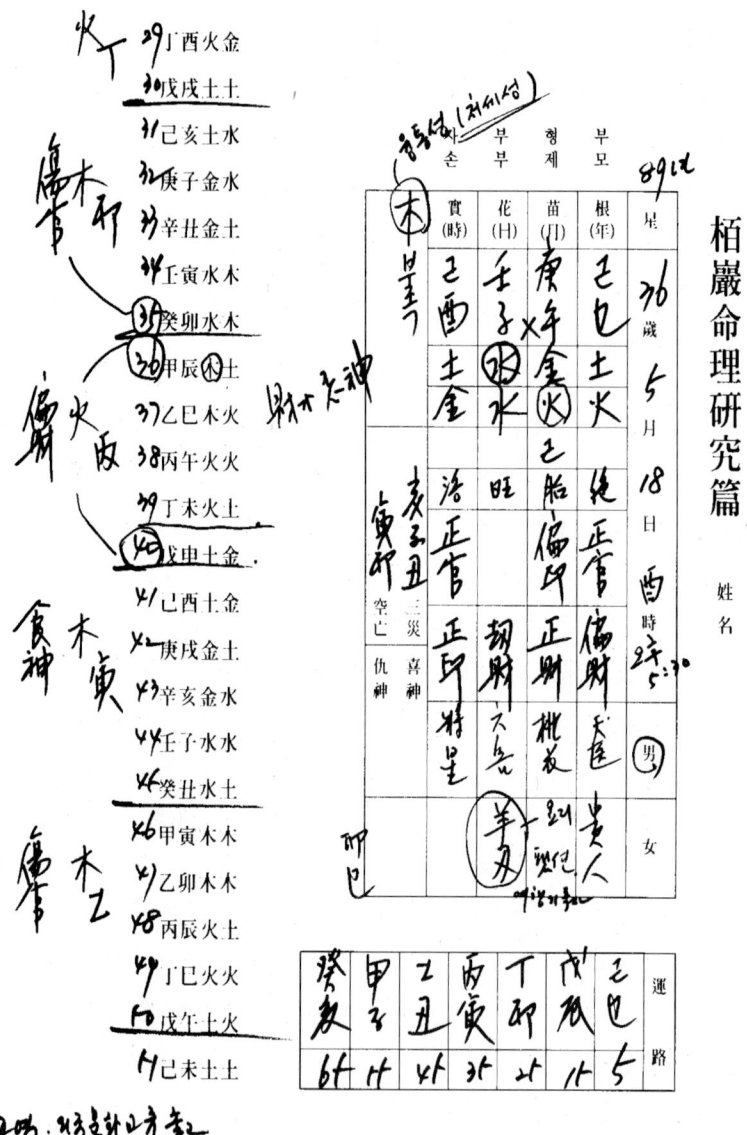

물이 부러운 한여름에 윤水(바다)이나
유연하고 맑은 천성이라 건강북 타고났고 적응성이
좋아서 한국은 기본이고 넓은바다. 해외. 비교적
추운지방에서 활동하는것이 살만하다
◇ 본인사주에서 취약점이 두개 보이나 처세에서 참고
하기 바란다.
1. 남자에게서 가장 제일 덕복이 처복(은복)인데
본인은 사주에 좋은처가 있는데 끈개로 火星(尚材
美人)으로 되어 더욱 본인에게서는 꺼리는 신(惡神)
으로 많은 여자중에서 배우자 선택이 매우 난해하다는
점이다. 결혼은 생각보다 늦게 하는것이 이혼에 부합되는데
신(때)에서 30에서부터 바쁘가는것이 나타나서 상당한
기간 교제를 요한다. 또한 돈(사업)에 관한 한
욕심 부리지 되는것이 아니다.
2. 사주에 木(공통체에성)이 부족하다는 점이다
40세까지는 마음에 하려하나 현실적으로 돈이나
부자축가가 한상이상뿐 오히려 돈을 날아먹게된다.
◇ 운으로 보면
40세까지는 하려하여 제 철을 만나지 못하여
이혼해버렸성이며 만약 결혼이 되더라도 처께 적극찬사에
잘 모셔야 할것이다. 범띠여자가 좋이다
41세부터는 사업이 늘어지고 모든면에서 긍정적·우호적
기본로 좋아지고 건운이 계속된다. 외국선호하는 천성이나 취체 교역.
외국에서 거주(외국인 여자)하는것이 액이 접우었다.

쉬어가기

동티와 윤달

　올해의 여름은 다른 해에 비하여 좀 더 길게 느껴 질 것이다. 음력으로 윤5월이 들어 있기 때문이다. 우리들 세시풍속에. '윤달에는 동티가 나지 않는다' 라 한다. 말인즉 '공달'이라(?) 그래서 집수리나 이사, 산소의 개사토. 절에 불공은 물론 수의(壽衣)까지도 미리 만들어 두면 아무 탈이 없다고들 한다. 지방에 따라서는 액살을 멀리 쫓아내는 탑돌이, 성(城)돌이를 하는 곳도 있다. 그런가하면 비교적 길사(吉事)에 속하는 일도 기피하려 한다. 결혼은 물론 아기의 출산마저도 꺼리는 속설들이 있다. 확실한 근거도 없는 한갓 속설 때문에 윤달에는 수의 맞춤집이 북적이며 반대로 예식장은 썰렁하여 울상이다.

　'동티'란 무엇이며 참말로 윤달에는 동티가 없는 것인가? 동티에 대한 사전적 의미는 '흙을 잘 못 다루어서 지신(地神)을 노하게 하여 받게 되는 재앙(災殃)'을 말한다. 한자로 쓰면 동토(動土)이고 동토가 동퇴, 동티로 변환 된 것이 아닌가 싶다. 우리들의 삶 전부를 의탁하고 사는 땅을 가장 신성시하는 동양 철학적 사고(思考)에서 발단되었음을 알 수 있다, 현대사회에서의 동티는 토지 난개발로 인한 홍수 피해나 절개지 붕괴 등을 예로 들 수 있다. 화(禍)와 복(福)이 모두 땅속에 있다는 생각, 그래서 그 땅속에는 마치 절대자와 같은 크고 무시무시한 귀신이 웅크리고 있는 것 같은 생각을 해 온 것이다. 사실 미래 불학실성에 대한 염려나 가족의 안위를 항상 걱정하는 마음은 여성(땅)에게서 더욱 강인하고 절실하였다. 동양의 하늘이 남성이라면 땅은 여성이라는 주역의 서두가 생각난다.

　화복(禍福)을 한자로 쓸 때의 시(示)변은 일반적인 볼시 변이 아니고 땅귀신을 표현한 시(示)변으로 알아야 할 것이다, 아마도 우리의 조상들은 철저한 외재론자(外在論者)였는가 싶다. 사람이 땅을 파헤치는 인위적 관점이 아니라 땅이 사람의 행동을 주시하고 있는 자연적 관점으로 이는 동양의 천명사상과 같은 맥락이다.

　'윤달'이란 윤년(閏年)에 드는 달(月)로 금년 경우 음력 5월에 윤5월이 한 달 더 있게 된다. 평년보다 여름기간이 그만치 더 길어지는 셈이라 할 수 있다. 태양력에서는 2월이 평년보다 하루가 많고 태음력에서는 평년보다 한 달이 더 하여 만들어진다. 태양을 기준한 양력이 정확하고 달을 기준한 음력이 덜 정확한 듯하나 자연과 인간 그리고 사시의 절후와 빗대어 계산된 음력에 더욱 더 절묘함이 있다.

우주의 제원과 운행에서 불변의 측정치와 현상계에서 나타나는 계절의 변화 사이에서 발생하는 오차를 인위적으로 일치 시켜가는 천문학적 조정 작업에서 근원된 것이 윤달임을 알 수 있다. 1910년 이래 106년 동안 음력으로 윤달이 있었던 윤년은 모두 39번이었다. 나머지 67년은 평년이다. 39번의 윤달이 있는 해에 윤달을 해당 월별로 체크해보면 먼저 11월, 12월과 1월은 윤달이 없었다. 비교적 추운 겨울에는 윤달이 없었다. 가장 더운 여름에 속하는 4,5,6월이 윤달 이었을 때가 19번으로 절반 이상이고 여기에다가 3월과 7월을 합하면 총 윤달 햇수 39중 29번이 윤달이 있었던 윤년이 된다. 혹서(酷暑)나 온화한 계절에만 윤달이 설정되는 이유가 무엇일까? 현대 과학자들이 제시하고 있는 지구의 온난화, 소위 엘니뇨현상을 우리 동양에서는 수천 년 전부터 이미 헤아려 온 것이 아닐까? 과학자들은 지구의 온난화를 마치 근래에 와서 생겨나는 현상처럼 말들 하지만 기실 우주 대자연은 수천 년 전이나 지금이나 여일하게 치우침 없이 돌아가고 있는데 말이다. 동양에서는 자연 철학적 우주관으로 수천 년 전부터 절후의 조정을 자연의 순리에다 맞추어 가는 위대한 도(道)를 터득하였나 싶다. 동양철학의 위대함을 새삼 느끼게는 하는 대목이다.

여름이 길어지고 무더워지는 것은 우주 공간 어디선가 겨울이 길어지고 추워지는 기미를 예정하고 있을 것이다. 북극의 얼음이 녹아서 바닷물이 되면 북극이 아닌 어디선가 그 만큼의 물이 얼음으로 생겨 날 것을 미리 조율하고 있을 것 같다는 생각이다.

불교 철학에서 말하는 부증불감(不增不減)이라는 경구(經句)가 마음에 와 닿는다.

어느 민족이나 국가에서도 그들만의 고유한 세시 풍속은 다 있다. 언제 부터인가 자연 발생적으로 그 집단속에서 무형의 힘을 응집시킨다. 잘 만 수용하면 개인적으로나 사회적으로 자부심, 동질감, 소속감 등 집단의 결집에 매우 순기능이 될 수 있다. 이처럼 세시풍속이란 생각 할수록 값진 것이다. 다만 이렇게 좋은 인간다운 미덕이 산업화 이후 우리들에게서 점차 멀어져 가는 현실이 아쉬울 뿐이다. 기계화 정보화시대는 우리들의 생활에 신속과 편리함으로 유형적인 물질적 풍요를 제공하지만 그보다 더 고귀한 무형의 정신면에서는 인간성의 결핍으로 인간다움을 잃어가는 것을 일상에서 피부로 직감하는 현실이다.

이 뿐인가? 4차 산업혁명시대에 맞서 있는 우리들로서는 인공지능의 위력 앞에, 이러다가는 가상의 공간에서 우리들 인간 자체가 사라져 버리는 건 아닐까 하는 화두를 던져 본다.

사실 1년 365일 어느 한날이라도 태양이 없는 날이 어디 있는가? 자연이 인간을 못살게 해코지하는 날이 어디 있겠는가? 다만 사람들 개개인에 따라 지수화풍(地水火風)과의 상관관계성에서 차별화가 이루어 질 수 있다. 개인차(個人差)이다.

모든 인간의 길흉화복에 있어서 획일적으로 해독을 끼치거나 행운을 안겨 주는 어느 날이 특정 되어있는 것은 결코 아니다. 다만 개개인의 타고난바 생김새나 크기에 따라 부합되거나 배치되는 환경여건은 있다. 즉 운(運)이다. 오래 전부터 민간에 통용되어 온 우리들의 세시풍속에는 생기복덕일(生氣福德日) 천의일(天宜日)같은 대길한 날과 복단일(伏斷日) 월기일(月忌日), 대공망일(大空亡日) 제사불의(諸事不宜)등 불길한 날로 거의 특정하고 있다. 대길한 날에 결혼이나 이사, 주택수리나 출행하면 누구나 아무 탈이 없고 불길한 날에 하면 사고를 당한다는 것이다. 결혼 택일 문만 보아도 어느 특정한 날이 천지합덕(天地合德)하고 생기복덕일이라 하여 대길한 날이라 하면 결혼식장 예약부터 밀려 터져 나가는 해프닝이 있다. 어느 추운 겨울날, 결혼 대길일이라 하여 결혼식장마다 구름처럼 모여드는 하객들의 행렬을 보면서 참 한심 하였다. 과연 이 날 결혼한 부부 모두가 불화나 갈등 없이 대길하다는 말대로 되고 있을까? 믿어도 될까?

'동티'는 우리들 생활의 일상과 공간에서 항상 존재할 것이다. 오늘도 내일도 '동티'는 날수 있다. 어머니 같은 자연의 땅을 함부로 파헤치면 반드시 인간에게 흉한 액살로 해코지한다는 '동티'에 대해서는 긍정이 간다. 그러나 '윤달에는 동티가 나지 않는다.'라는 속설에는 학자적 양심에서 정말 승복할 수 없다.

왜냐하면 '윤달'은 우주변화와 천문에 관한 동양적 지혜에서 생겨 난 유익한 결과물이지, 결코 '동티'를 내세워 사람을 겁박하는 도구로 만들어진 개념이 아니기 때문이다.

2017년
음력 윤5월 어느 날
연암재에서

남기고 싶은 말

〈현대 명리학에 대한 인식의 오류〉

1. 아직도 '띠'를 논하는가?

사주명리학과는 별개로 민간 사회에서 횡행되는 '띠'라는 말은 태어난 해에 대한 태고적 한갓 상징성으로서 토속신앙의 산물쯤으로 이해해야 한다. 이에 대한 설득력 있는 문헌도 없고 주장할 논거도 없다. 신비성의 범주를 벗어나지 못한 이런 정도의 표현방식을 아직도 사주명리와 무슨 관계가 있는 것처럼 연계지어서는 안 된다.

물론 수천 년 전 학문적 접근체계가 유치했던 당 사주 시대에서는 민간에 유통되던 체질화된 인습이라 어찌할 수 없다지만 음양 상대성 논리가 선명한 체계를 갖고 순환하는 현대에 사는 생활인으로서 아직도 무슨 띠, 띠 궁합 등 '띠'를 논하는 것은 무지함의 소치이다.

2. 남녀 궁합에서 '달맞이'를 피해야 하는가?

권문세가에서도 외재론적 사고가 강한 집안일수록 남녀 결혼에 앞서 빼놓지 않고 치루어야 할 관문이 궁합이다. '달맞이'가 되면 불길해 혼인을 할 수 없다기에 도대체 '달맞이'가 무엇인지, 해운대 달맞이는 참 좋은 가경인데... 뒤에 알아본 즉 결혼할 남녀의 생월이 6월과 12월의 경우나 7월과 1월 등으로 맞선다는 것이다.

이를 사주명리에서 보면 서로 상충되는 달이 되는데 개인의 생월이 상극된다 하여 뭐 어쨌다는 말인가, 앞서 말한 띠가 상극되어도 잘사는 사람이 많다. 모름지기 '달맞이' 논리는 사주명리 이론에서 찾아볼 수 없고 씨알도 없는 허구이며, 있다하더라도 설득력을 잃은 지 오래일 것이다. 조후론(調候論)으로 볼 때는 오히려 상대성이 상호보합성으로 더 좋은 궁합이 될 수도 있다는 점 참고하기 바란다.

결코 사주팔자를 둘러싸고 입으로 빚어낸 황당한 낭설들이 난무하는 정신 못 차리는 현대사회가 되어서는 안된다.

3. 음력 2월에 결혼하면 불길한가?

매년 겨울철에 예식장 예약이 완료되어 결혼식장을 구하기가 힘들다. 언제 누가 지어낸 말인지는 몰라도 2월 달에 결혼하면 패가망신, 이혼 등 별별 유언비어로 인하여 음력 2월에는 결혼 택일이나 예식장 예약이 거의 없는 상태라 한다.

주역의 태괘(泰計)육오에 대한 남북조시대의 역학자 정현(鄭玄)의 주(注)에서 "오효의 효진(爻辰)은 卯에 있으니 봄의 陽中이 되어 만물이 생육된다. 혼인은 생육을 귀히 여기는 것이니 중춘(仲春)의 달에 혼인함이 남녀의 예(禮)요 복록이 있고 크게 길하리라." 하였다.

여기서 중춘은 바로 2월이다. 이 논리대로 한다면 결혼 달로서 '일'년 중 최고 좋은 달이 2월이다. 근거 없는 말쟁이들의 농간에 무모한 시민들만 당하는 것 같아 역사적 정론을 제시하면서 바로 잡고자 한다.

4. 부모가 결혼한 달에 결혼하면 악재가 되는가?

결혼하는 날과 시간을 택하는 것을 연길(涓吉)이라 한다.

수많은 날 중에서 총각과 처녀에게 가장 길한 날을 가려내는 작업이다. 여기에도 금기 사항이 있다. 부모가 결혼한 달에 결혼하면 안 된다는 것이다.

부모가 만약 좋은 계절에 결혼했다면 자식은 그 좋은 계절에서 한 달을 빼고 나서 날을 잡아야 한다. 이 말에 대한 궁리를 해 본 결과 전통적 효(孝)사상에서 나온 말이다. 부모가 결합된 때에 자식이 혼사하는 것은 마치 부모와 '맞장구치는 것' 같아 불효가 된다는 것이다. 진정한 효도란 어떤 것인가. 특히 현대 생활인으로서 냉정히 생각해 볼 일이다. 이런 견강부회하는 식의 효도보다 정작 효도를 해야 할 것이 무엇인지 찾아서 진정한 효행을 실천하는 현대인이 되어야 하는 것이다.

5. 모든 사람에게 공통적으로 다 좋은 날이 있는 것인가?

결혼 시즌이 되면 으레 천지합덕 일이니 뭐니 하면서 어느 특정한 토요일이나 일요일을 지정하여 최고의 결혼 대길일이라고 TV에 나와 말하는 술사를 볼 수 있다. 1년 365일 중에 유독 좋고 안 좋은 날이 어디 있는가. 인간 만사가 사람 따라 제각기 다른 법인데 천하에서 가장 좋은 날이 있다면 그렇게 말하는 이에게 대학 입시 고사 일을 잘 택일하도록 부탁하고 싶다. 모두 만점 받아서 다 일류대학에 가도록 말이다.

개인의 특성과 체계에 따라 좋은 시간과 좋은 공간을 제시할 수 있는 사주명리와는 너무도 거리가 먼 넌센스다.

6. 문명개화 이전 시대의 금기 사항이 지금도 있는가?

오랜 옛날에는 인지의 미발달로 어느 한 통치자가 제시하는 강령은 무소불위의 힘을 갖고 모든 일을 주재하였다. 우리들 생활 속에서 아직까지도 가시지 않고 있는 원형적 금기 사항들은 너무나도 많은 외부의 충격에 살아남기 위한 기도의 형식으로 자기도 모르게 각인되어 가고 있다. 항상 조심스럽고 교만하지 말아야 한다는 교훈적인 면도 약간 있지만 어느 사회이건 금기사항이 그 정도를 넘어서면 막대한 정신적 폐해를 조장하게 될 것이 뻔하다. 개인과 국가의 발전을 위해서도 그릇된 인식은 깨어야 한다.

예를 들자면 혼인, 이사, 출행, 개축, 안장, 매매 등의 길흉일을 정하는데 쓰는 '남여본명생기법'이나 '길시정법', '이사문' 그리고 '혼인문', '남여궁합법' 등은 신석기 시대에나 통하던 것으로 현대에는 맞지 않으며 마치 사주명리학 체계인 양 위장의 탈을 쓰고 있는 것이다. 또한 '삼살방', '대장군방' 등 연신방위법은 개성을 무시한 한 집단의 세력가 위주의 체계로 이는 현대 민주주의 사회에서 수용될 수 없고 개인의 특성을 위주로 하는 사주명리와는 한 부분도 맞는 것이 없다.

7. 사람이 태어날 때 부모의 생사가 결정되는가?

본인의 태어난 시간을 잘 모르는 사람들이 더러 있다. 사주명리의 원리로 말한다면 태어난 시를 전혀 모른다 하면 사주에 대한 통변이 될 수 없다. 될 수 있다면 그것은 당 사주 차원의 이야기밖에 안 된다. 그러나 천명을 물어보고 싶어 하는 장본인의 심정을 생각해서도 생일 하루의 24시간을 회전하여 지금까지 살아온 경험적 사실과 연계하면서 다소 무리를 감수하고라도 통변이 될 수 있는 출생시를 추정하여 놓고 간명을 해야 한다. 그러니까 인생 경험이 너무 적은 유아나 청소년의 경우에 그의 출생시를 전혀 모른다면 '사주'가 아니라 '삼주'를 보는 것과 같다. 아니 삼주라도 되면 좋겠는데 아예 일주도 올바르게 볼 수 없다는 결론이다.

　실제로 상담에 임했을 때 어디서들 많이 들었는지 묻지도 않는데 '어머니가 일찍 돌아가셨다.', '어릴 때 부친께서 작고하셨다.'는 말을 선뜻 한다. 아버지가 먼저 사망하면 자식의 난시가 어느 때이고 어머니가 먼저 사망하면 자식의 난시가 어느 때이다 라는 망설이 소위 부선망 모선망(父先亡 母先亡)이다. 결코 동의할 수 없다.

　지금도 만약 부선망 모선망을 입에 담는 자가 있다면 아마도 서자평 선생 이전의 사람이거나 아니면 현대에 사는 똑똑한 바보이다.

8. 기타 사주명리와는 무관한 것들

- 사주팔자를 고쳐준다는 말은 사기꾼이 하는 소리다. 사주 명리학을 기초만이라도 터득해 본 사람이면 일언지하에 단안 내릴 수 있다.
- '안되면 조상 탓'이라는 말은 풍수이론에서 연유된 속설로 생각하는데 분명한 것은 아마 반풍수였을 것이다. '반풍수 집안 망한다' 하지 않는가. 이 또한 사주명리와는 그 맥을 달리한다. 사주명리가 제시하는 가장 큰 교훈은 천명을 헤아려 인사를 다스림이니 '적선지가 필유여경'(積善之家 必有餘慶)이라는 말씀을 되새겨야 한다.

- 부적의 효험은 본인의 마음 붙이기에 있으니 도처에 부적의 소재가 없는 곳이 없고 공부하는 책, 잡고 있는 핸들 등 정성을 다하는 것이면 그것이 곧 부적이다. 만약 당선, 승진, 경락, 로또 당첨 등을 조건으로 돈을 많이 요구하는 것은 도적질하는 행위와 같다.
- 이름이 나쁘다는 이유로 사주팔자를 연계시키는 것은 그 본뜻이 개명하여 돈 벌자는 수작이다. 물론 오행과 사주의 관계성으로 보아 좋은 이름을 거론할 수는 있다. 또한 개명할 수도 있다. 그러나 그것을 빌미로 사주팔자를 끌어들여 논의 하는 것은 마땅치 않다. 알고 보면 모두가 탓이요 방법은 마음 외에는 없다. 사주명리와 개명, 부적 등은 하등의 관계가 없는 것으로 이해하기 바란다.

이 외에도
- 아홉수가 되어서 안좋다.
- 여자가 범띠, 말띠이면 팔자가 사납다.
- 백말띠라서 고독하다.
- 삼재라서 되는 게 없다는 등 속설이 많은데

아홉수가 안 좋다면 19세 대학 입시생은 모두 불합격이 될까. 오히려 모아온 과정의 열매를 수확하는 아홉수가 아닐까.

사실 주변에 범띠, 말띠 여자가 더러 있다. 성격이 좋고 활성적이며 잘사는 사람이 더 많다. 꼭 잘 살지 못하거나 자기 기분에 맞지 않는 범띠, 말띠만 보아온 사람들의 자작이 아닐까. 백말띠 라는 말은 庚午년에 출생한 여자의 경우 天干 庚金이 오방색으로 백색이라서 백말띠라 하나 학문적 용어도 아닐뿐더러 띠라는 자체가 언제 어디서 유래된 것인가를 생각해보면 짐작이 될 것이다.

삼재라는 것은 어느 사람에게나 꼭 12년 주기로 찾아들게끔 되어 있어 해당되는 해에는 조심하도록 경각심을 고취하는 당사주 시대의 산물이다. 다만 한해의 지지와 개인 사주의 체를 비교하여 길흉에 대한 태과나 부족을 논하는 재료로서 쓸 수는 있다. 그런데 삼재라고 다 나쁜 게 아니고 사람에 따라 다 다르다는 것이 사주명리의 정론이다. 알고 보면 삼재년이라도 어떤 사람에게는 다른 해보다 더 길하고 발전하는 경우도 있다.

현대 명리학에 대한 잘못된 편견이나 오류는 이상에서 열거한 것 외에도 무수히 많다. 하루 속히 젊은이들에게 다가서서 잘못된 인식을 더 이상 차세대에 물려주는 일이 없도록 해야 할 것이다.

〈宮合論에 대하여〉

　전해오는 남여궁합론으로 보면 선부법(選婦法)에는 여자의 사주에 夫星(官)이 건재한가. 財성이 生助하고 子星(食傷)이 왕성한가? 또한 선부법(選夫法)에는 남자의 사주에 太過不及하지 않고 妻神(財)이 中和의 氣를 얻어 命局의 制化가 적당(五行구비)한가? 일응 다 맞는 말이다.
　그러나 급변하는 현대사회에서 결혼에 대한 가치관이 너무도 많이 달라진 이런 현대생활에서 남여의 궁합론도 재수정되어야 할 것이다.
　실로 저자는 새로운 한 가정의 성립이 원만할 것인가, 불행할 것인가에 대한 고민으로 잠 못 이루는 때도 있었다.
　古典을 바탕으로 공부하는 것은 좋으나 이론이 너무 지리멸렬하며 초학자들에게는 마치 가시덩굴 속에서 허덕이듯 복잡하다. 좌충우돌하다가 끝내 실망스러운 점만 남을 것 같아 평생공부에서 체득한 저자만의 '남여 궁합보는 법'을 소개한다. 이해에 도움이 되기를 바란다.

　첫째, 궁합에 앞서 '결혼은 인연이다'라는 점이다.
　이성간의 궁합이나 양가의 合을 따져보는 시대는 이미 지났다. 따라서 종래의 궁합론 방식을 적용하기엔 너무 미흡하다. 우선 남여의 사주를 판독하여 서로 인연성이 있는가를 살펴야 한다. 각각의 日干이 서로 마주보아 부부관계성인가? 남성이 剋하고 여성은 剋을 받는 관계성 즉 남성의 日干이 水성일 때 여성의 日干이 火성, 남성일 간이 木일 때 여성일간이 土성 등등.

　더 깊이 들어가서 지장간에 숨어있는 상대성을 채굴하여 비교, 분석해야 하니 결코 인연성을 찾기란 쉬운 일은 아니지만 그래도 더욱 심도 있게 통찰해야만 한다.

　결혼은 결코 궁합이 맞아 성립되는 것이 아니고 그보다 훨씬 앞서 인연이라는 저자의 소견이다. 인연 없는 부부를 본적이 없었다.

　둘째, 조후(調候)가 서로 희신(喜神)이어야 한다.

　남성이 더운 사후일 때 여성이 차운 사주. 또는 그 반대로 차운 것에는 따뜻함 이것이 서로 교차하면 아무리 힘들고 싸워도 이혼은 안 하더라는 것이다. 다시 출현하자면 서로 가슴과 가슴끼리 통했다는 것이다. 처녀 총각이 서로 눈이 맞았다 하는 바로 그것이다. 현대사회에서의 남여 교제결혼으로 옛날의 궁합론으로는 설명이 안 되는 부분이다.

　여기서 집고 넘어가야 할 것은 '달맞이'라는 잡설이다. 조후론으로 볼 때 남여의 달맞이(生月이 서로 相冲인 경우)는 오히려 행복의 조건이다. 아니, 띠(나이)가 상극이라도 잘만 살던데…

　셋째, 성격차이가 심하면 이별의 전조곡이다. 이 부분은 각자의 성격특성을 사주바탕을 중심으로 엄밀히 파악해야 한다. 눈에 콩깍지가 끼어 설치는 연애시절에는 남여가 다 같이 서로 좋은 점만 보인다. 평생 그러할까? 사주 속에 깊숙이 감추어져있는 본성을 보아야 하니 참 어려운 일어기도 하다.

남여 사주가 서로 오행구비격이 되어있으면 가장 이상적이다 할 수 있다. 성격특성에서 서로 강대강 또는 약대약이 문제이다. 한쪽이 쎄더라도 상대가 약하면 전면전은 없더라는 것이 저자의 생각이다.

　넷째, 상념이나 가치관이 같아야 한다.
　평생을 같이해야 할 부부끼리 딴 생각하거나 감추거나 한다면 믿고 살겠는가? 여기서 중요한 것이 인생관, 가치관이다. 사주를 보면 각자 어떠한 것을 가장 높은 가치로 하는가가 나타날 것이다.
　생각이 서로 통하고 닮은 가치관을 가진 부부는 현실의 어떠한 불운에도 극복하는 지혜로운 삶을 하는 가정을 많이 보았다. 결코 수양만으로 되는 것은 아니니 당초 궁합을 볼 때 정신계열이냐, 물질계열이냐, 이상주의자이냐. 현실주의자이냐 구분하고 나서 이상적 조합을 이룰 수 있는가를 진단하는 것이 중요하다.

　다섯째, 五行上으로 서로 부족한 부분을 보완하고 있는가이다.
　한쪽 편에만 많다고 좋은 것은 아니다. 五行을 서로 돕우고 나누어서 남여를 합했을 때 그 배분이 조화롭게 총화를 이루면 이상적이다. 이는 통변성과는 무관하고 오직 五行중심으로만 그 氣를 잘 살펴야 할 것이다. 다소 유치한 면도 있으나 실제 임상에서 후순위로 쓸 수 있는 간명법이 되더라는 저자의 경험담이다.

　끝으로 각자 쌓아가는 일생 대운의 흐름이다.
　운명적으로 부부는 참 많이 닮은 데가 있었다. 깊은 인연으로 만나서 새로운 세계를 개척해 나가는 생활인으로서 운(때)이 얼마나 중요한가.

    저자의 경험으로 보면 부부가 거의 같은 운세로 평생을 무난하게 완주한다. 그러나 궁합을 보다가 운에서 서로 갈등, 욕구불만이 표출되는 때가 있기도 하다. 이 부분은 꼭 지적해 주어야 하고 인간적 수양심의 필요성을 강조해야 할 것이다.

    새로운 부부의 탄생에 더하며 새로운 자녀(소우주)의 탄생은 하늘의 축복이며 애국자(?)이다. 부디 좋은 가정을 잘 꾸려가는 젊은이들의 세상이 되기를 기도하는 마음으로 이만 쓴다.

〈신생아 출산 택일법에 대하여〉

　물질만능의 현대 과학시대에 살아가는 우리의 본래는 자연이었다. 자고 나면 날마다 달라지는 세상을 만나는 우리는 진정한 자기를 뒤로하고 앞으로 달리기에만 급급하다. 가상화폐, 가상인간이 판치는 세상이 멀지 않은 것 같다. 이대로 좋은가?
　자연재해는 뒤로 하더라도 오늘을 사는 우리들의 영혼이 본래 모습을 잃어가고 있는 인간성 상실을 어디서 보상 받을 것인가. 그래서인지 결혼 인구도 줄고 출생률도 낮아진다. 또한 낮은 출생률 시대라서 그런지 하나라도 최고로 키우고 싶어 한다. 여기다가 욕심을 더하여 좋은 사주팔자 타고나는 아기를 원한다. 요즈음 들어 신생아 출산택일을 의뢰해오는 고객이 늘어나는 추세이다. 이유인즉 태아가 너무 커서, 태아의 자세가 거꾸로 라서, 산모가 출산의 고통을 면한 싶어서 등등 다 이유 있는 말이다.
　그런데 문제는 좋은 날, 좋은 시를 어떻게 잡느냐 이다. 출산택일의 기간이 극히 한정되어 있는 상황에서 어디다 기준을 두고 가장 길한 날과 시간을 정할 것이냐. 이건 신의 한수가 아닐까. 하지만 의뢰해오는 고객의 입장에 서서 문제를 다소라도 풀어 들어야하는 저자로서는 합당한 대안이 있어야 한다.
　오랜 임상경험에서 터득된 저자만의 기법을 소개함으로써 후학들의 마음에서 올바른 체를 세우는데 도움이 되었으면 한다.

　첫째, 큰 틀에서 숲을 보는 혜안으로 임해야 한다.

주어진 기간 내의 사주명식부터 작성한 후 그 날에 주어진 수술시간을 모두 출생시간의 干支에 넣어서 成格한 다음 하루 하루의 四柱를 감정해야 하니 보통일이 아니다. 말하자면 수술 가능한 날이 10일이면 사주 열개를 보는 것과 같다. 천성의 분석이 먼저 이루어지고 나면 사주 내에서의 유통구조와 五行의 균형을 마치 저울에 달듯이 해야 한다.

둘째, 택일에 있어서의 우선순위로 보면 日干의 총명성이 먼저이고 다음은 사회성이다.
생일의 천간오행이 보통 水·火 성분이면 기본총명이 좋았고 木·金·土성일 경우 印성이 가깝고 원활하면 기본총명이 구비되는 경향이 높았다.
사회성은 日干의 통관신 작용이 원활하면 비교적 처세에 유능하다. 日干의 기운이 너무 쎄거나 극히 미약한 경우에는 사주자체내에서 문제성이 될 수 있으니 가급적 피해야 한다. 오행이 구비된 형태가 거의 원만성을 충족한다.

셋째, 운(때)의 흐름이 좋은가 이다.
남자아기와 여자아기의 운세가 서로 역방향이라는 점 감안해야 하고 실제로 살아가는 데는 대운의 흐름이 더욱 중요한 만큼 이 부분에서 소홀해서는 안 된다.

위 세 가지 외에도 꼭 지켜야 할 일들이 많으나 다 피력하기에는 한계를 느낀다.

출산택일과 시간에 맞추어 출산이 되면 그것이 곧 아기의 사주이다. 혹자 인위적으로 만들어진 사주인데 믿을 수 있는가라는 의문이 생길 수 있다. 사람의 힘으로 아무리 좋은 날과 시를 잡았다 해도 하늘이 허락하지 않으면 제대로 안 되는 사례를 더러 보았다. 출산의 때에 아기의 천성이 완성되어진다는 진리는 변함이 없다. 고로 인간의 기도와 하늘의 뜻이 서로 합치된 날과 시간은 엄연한 三神의 축복으로 알아야 겠다.

사실 이렇게 소중한 출산택일의 경우 말없는 가운데 엄청난 기를 모아 엄중해야 한다. 새로 태어나는 소우주와 같은 아기의 사주를 생각하면 한 치도 가볍게 생각할 일이 아니다.

최소한 새로 태어나는 아기의 천성 내에서 자기를 해치는 적을 만드는 일은 없어야겠다. 아기의 평생을 책임진다는 비장한 각오가 서야 할 것이다.

어느 날 고3 학생의 사주를 보다가 망연자실한 때가 있었다. 전공, 진로에 앞서 공부수준이 노력에 비하여 미흡하여 엄마가 속상해 하였다. 사주를 보니 사주내의 유통이 막혀있고 오행의 균형도 유지하기 힘든 편고한 사주구조였다. 그냥 분석을 하고 있는 저자에게 '이래도 출산 때 철학관에서 날 받아서 했는데…' 하는 엄마의 말씀에 기가 막혔다. 이럴 수가!

만약 잘못되면 필수재앙(必受災殃)이라는 經句를 되새기면서 최선을 다해야 할 것이다. 거듭 당부하는 바이다.

〈四柱를 통한 사업성의 분석에 대하여〉

　세상에는 자칫 자기를 착각하고 사는 경우가 더러 있다. 남들이 볼 때는 그게 아닌데 자기를 큰 그릇으로 또는 큰 사업가로 착각하는 경우이다. 수신제가(修身齊家)도 제대로 하지 못하는 주제에 지체 높은 지도자인양 목에 힘주는 사람들을 주변에서 흔히 볼 수 있다. 다양하고 많은 사람을 접하는 저자로서는 사람 보는 잣대를 개인의 품격에 두고 구체적 탐색은 四柱를 통하여 하는 것임을 피력하면서 이하 사업가이냐 아니냐를 판가름하는 저자만의 판단 기준을 솔직하게 공개할까 한다.

1. 사업그릇을 짊어지고 갈 수 있는 元力이 있느냐가 첫 질문이다. 사주의 日干기운이 왕성한가를 체크, 최소한 기본점수 이상은 되어야 한다. 된다면 다음
2. 무슨 일이나 땀 흘려 완수할 수 있는 장사꾼 능력이 있느냐이다. 사주의 식신, 상관성으로 타고난 그릇과의 통관신 작용이 원활한가. 게으른 사람이 사업성공하는 예는 보질 못했다. 저자의 말이 맞다면 다음,
3. 타고난 그릇의 大小이다. 남여간에 사주상의 財星이다. 자기도 모르는 천성 내에서의 器局을 말한다. 통변성으로 꼭 偏財라야 하는 것은 아니다. 내실(內實)이 있고 안정하다면 正財를 더 크게 볼 수도 있다. 사주에 無財星일 경우에도 재벌 총수자리도 했지만 비운에 무일푼이 되는 처지가 되는 것도 보았다. 이 부

분에서는 개인의 內功이 관건이다. 저자의 소견으로는 大器의 경우 비교적 준엄하였고, 가볍게 소리가 많으면 小器이더라.
4. 그릇을 지키는 힘이 있어야 한다. 사주에서의 官성 부분이다. 부하를 잘 다스리느냐. 곧 조직관리 부분이다. 아무리 큰 그릇에다 돈 저수지를 만들어도 밑바닥에 작은 구멍이 나면 다 마르기는 시간문제일 것이다.

官성의 통변성 내용은 관청이요 부하조직이다. 집에서는 자녀이다(남자경우). 관계관청과 커뮤니케이션이 원활한 내적 조직관리에 능통하면 대단한 오너이다. 집에서는 이세의 관리와 육성이 또한 중요한 제방 만들기이다.

위의 네 가지 체크 포인트에서 '오케이' 라면 끝으로 덕망이다. 人生 있어서의 가장 큰 덕목은 오직 印성이다. 공자님이 말씀한 仁과도 통한다 할 수 있다.

현실적으로 성공한 CEO, 재벌 총수들의 천명을 四柱로서 분석해 보면 食神(傷官)이, 財星을 生하고 財星이 官星을 生하여 官印相生으로 높은 인격과 덕망을 이루는 것을 실감하였다. 벼슬은 나타나고 재국은 숨겨지는 형태(露官隱財)가 더 큰 그릇이 될 수도 있으니 지장간의 탐구가 필수적이다. 이 부분에 대한 설명은 장구하여 생략하는바 양해를 구하고자 한다.

끝으로 사업에 도전하려는 자이라면 적어도 이 정도는 분석해 보아야 기본이요 착각에 빠져 엄동설한에 씨앗 뿌리는 어리석음은 피해야 한다. 잘되고 못되는 것, 사업이 성공이냐 실패냐 라는 물음에는 운(때)이 답이다. '매우 부지런함보다는 지혜가 우위요, 그 지혜보다는 운이 말한다.'라는 말이 공감된다. 운(때)은 우리를 감싸고 있는 공간에 꽉 차 있다. 그 속에서 호흡하고 있는 우리들의 운명적 주인공은 내 안에 있다. 지성이면 감천이라 했으니 항상 자기를 성찰하는 기도를 강조한다.

〈다시 써야 할 姓名學 體系에 대하여〉

　속담에 '호랑이는 죽어서 가죽을 남기고 사람은 죽어서 이름을 남긴다.' 라는 말이 있다. 이처럼 사람의 이름은 문자 이상으로 고차원적 의미를 담고 있는 소중한 것임에 틀림없다. 한 생애를 같이 하는 이름이기에 누구나 명예로운 이름을 죽어서도 남기고 싶어 한다. 또한 좋은 일이건 궂은일이건 가장 먼저 내세우는 것이 이름이다. 이름이란 곧 남들에게 자기를 나타내는 문자적 표상(signal)으로서 무한한 자기긍정감이 함축된 기(氣)의 집합체라 할 수 있다. 따라서 이름에 살고 이름에 죽는 것이 인생이라 해도 과언은 아니다. 이와 같이 이름은 평생을 자기와 같이 하면서, 아니 죽어서도 영혼과 더불어 생사 초월적 가치관의 세계에서 눈에 보이지 않게 자아 존중감을 진작 시킨다. 그런가 하면 이름으로 인한 스트레스 등 역기능적인 면도 무시할 수 없다. 생각하기에 따라 자기 이름이 좋지 않은 이름이라고 각인된 경우에는 남들이 자기 이름을 들먹일 때마다 불쾌해진다. 실제로 신경질적 역반응을 일으키는 사람을 더러 본 적이 있다.
　지극히 간단한 글자 두세 개로 인하여 개인의 정서적 장해는 물론 공부욕구나 일할 의욕마저도 잃게 하는 묘한 자기파괴력도 갖고 있다.
　그러면 자연이나 법인 등에 부여되는 '이름'이라는 그 실체가 무엇인가? 한 번 짚고 넘어가야 한다. 왜냐 하면 좋은 이름, 나쁜 이름이라 구분할 때 과연 그 본질 자체에 대한 측정척도나 판단 기준이 맞게 되어 있는 것인지, 만약 그렇지 못한다면 엉터리 잣대로 만들어진 측정도구를 어떤 명목으로도 믿고 쓸 수 없기 때문이다.

★ 이름이 사람보다 더 중요 한가.

사실 나는 작명에 앞서 이름이라 할 때 글자 그 자체에 대하여는 그다지 큰 의미를 부여하지 않는다. 이름이 들어서 개인에 영향을 미치는 정도가 극히 미미하다고 생각하기 때문이다. 도덕경 제1장에 보면 '이름이라 불리어지는 이름은 변함없는 이름이 아니다(名可名非常名)'라 하였다. 만들어 붙여 진 이름보다는 변하지 않는 실체가 더 중요함을 뜻한다.

저자의 이름을 성명학 책에 대입해 보면 '고난격'이라 한다. 그러나 나는 이 이름으로 군대 생활 할 때는 불려 나가 기합 받을 때 울상도 되었으나 한창 좋은 시절의 학교나 직장에서 상장이나 표창을 받을 때는 기쁘기도 하였다. 곤경에 빠졌을 때에도 나는 나의 이름에 대한 원망이나 탓을 해본 적 없이 타고난 대로 형편에 따라 살아 왔을 뿐이다.

말하자면 내 이름에는 나의 자긍심이 항상 꽉차있었기 때문이다. 그러므로 나의 이름은 나에게서 가장 좋은 이름인 것이다.

인생철학 탐구의 길로 가다보니 신생아의 작명을 의뢰받는 경우가 빈번하다. 본격적으로 성명학 공부를 해볼 겸 어느 해 여름철에 고향의 재실에서 더위와 싸우면서 기본 이론부터 차근차근 파헤쳐 보았다.

책을 펼쳐갈수록 실의에 빠졌다. 마치 내가 딴 세상으로 가고 있는 듯 중심잡기가 혼란하여 자신이 바보같이 느껴졌다. 성명학 이론의 초두에는 우주 음양이치로부터 오행의 작용, 원형이적(元亨利貞) 등 그럴싸하게 전개 되었다. 중간쯤 들어가니 좋은 글자, 나쁜 글자를 내세우면서 마치 이름이 들어 개인의 팔자를 뒤바꾸는 것처럼 오로지 이름만이 운명의 결정요소인양 부각 시켰다. 과연 그러한가.

한참을 더 들어가니 글자의 획수로 길흉을 가려놓기 시작하였다. 실망스런 마음을 억누르고 내친김에 주변의 잘 아는 분들의 이름과 역사적 인물들에 대한 이름자를 소위 '성명학'이라는 책에 있는 논리대로 대입 시켜 가면서 약 100명 정도를 검증해 보았다. 결과는 긍정 할 수 있는 유의미 수준이 10%도 채 안되었다. 더 이상 성명학 책을 보는 것은 그만큼 시간 소비였다. 고전과 현대의 수리개념 이나 시공의 차이에서 오는 피치 못할 결과일 것이라 생각도 해 보았다. 아무리 생각해도 꼭 우롱당한 기분이었다.

모름지기 '학(學)이란, 내용이 진리추구적이어야 하고 정체성(identity)이 뚜렷해야 하며 학문하는 목적이 인간에게 유익해야 한다.'라 믿고 있다.

허구한 말로 실체와는 동떨어진 복잡한 잡설로 전혀 검증도 안 되면서 인간에 혼란스런 해독을 끼친다면 이를 어찌 학(學)이라 하겠는가.

이래서야 현대의 시대를 살아가는 우리들에게 소위 '성명학'이 어떤 공헌을 할 것이며 이를 바르다 할 수 있겠는가, 결코 사람보다 이름이 먼저 일 수 없고, 무슨 이름을 붙이든 간에 중요한 것은 사람이 성명보다 우선되어야 마땅하다.

만약 지금도 소위 '성명학'에서 제시하는 글자의 획수에 따라 사람의 길흉을 논하거나 이런 수준의 측정척도를 가지고 기계적으로 입력되어 있는 인터넷을 맹종하면서 남의 귀한 이름을 좋다거나 나쁘다거나 판가름 하는 자가 있다면 속히 자기의 잘못된 인식을 바로 잡아야 할 것이다.

★ 자기에게 알맞은 이름이라야

그런 일이 있은 후 나에게는 오로지 나만의 작명법이 다듬어지기 시작하였다.

첫째, 사람에게서 가장 중요한 것은 이름이 아니고 인간 그 자체라는 것이다. 인간 자체를 지배하는 원력은 육체보다 정신이다. 인간 정신은 잉태되는 시점부터 모태 내에서 점차 양성되어 세상에 나오면서 특성화 된다.

따라서 한 개인의 타고난 분수나 살아가는 환경변수를 예측해 보는 학문적 지식과 높은 경륜도 없이 사람들의 이름을 좋은 이름, 나쁜 이름으로 판가름 한다는 것은 자칫 큰 망발이 아닐 수 없다. 논리체계가 없다는 뜻이 된다.

그러므로 작명법 제1조는 한 개인의 사주팔자 즉 사주 명리학체계가 기본이다. 이름이란 결코 사람을 위해 있는 것인 만큼 이름을 한갓 숫자에 맞출 것 이 아니라 오직 사람에게 맞추어야 한다는 말이다. 타고난 분수(사주팔자)에 맞는 이름을 불러줄 때마다 눈에 보이지 않은 좋은 기운이 더하여 질것이라는 신념으로 오행을 균형되게 지어진 이름이라야 한다.

고로 숫자나 글자의 기교에서 나오는 이름은 실체와 거리가 멀다

할 수 있다.

둘째, 사람은 누구나 자기의 이름이 좋은 이름이기를 바란다. 좋은 이름이란 어떤 것인가. 이름의 좋고 나쁨의 측정기준이 어떤 것인가.

결론은 그 사람의 품격(稟格)에 알맞아야 한다. 그래야만 살아 갈수록 자기 이름에 대한 자긍심을 갖게 될 것이기 때문이다. 자식이 부자 되기를 소원하는 사람이 만약 자식의 이름자에 '만석(萬石)' '천석(千石)' '대부(大富)'라 이름 지었다 하여 과연 부자가 되는 일 보았는가. 권력 감투욕에 불타는 사람이 자식의 이름을 '대권(大權)' '회장(會長)'이라한다고 과연 그렇게 되는 사람을 보았는가. 성장해 갈수록 오히려 뭇 사람들로부터 조롱 대상만 될 것이다.

정녕 이름이 운명에 결정적 요소가 된다면 상호를 '삼성' '현대'라고만 하면 구멍가게도 곧 재벌이 되어야 할 것 아닌가. 납득이 되지 않는다. 성명학 책에서 또는 작명가들이 주장하는바 성명의 우위관은 대중의 설득력을 잃고 있다.

필자의 소견으로는 미래를 직시하는 예지력 있는 자가 개인의 미래를 직관하면서 장차 학자 선비가 될 사람에게는 학자의 격에 맞는 이름, 공직자의 길로 갈 사람에게는 공인의 품격에 어울리는 이름, 문화 예술로 헌신할 사람에게는 예인의 기풍에 맞는 이름, 큰 사업하여 재물로서 대성할 자에게는 부자의 격에 맞는 이름을 명명하는 것이 곧 자기의 분수에 걸맞는 좋은 이름 이라 본다. 이렇게 하기 위해서는 글자 획수 맞추기식의 작명법보다 앞서 사주명리에 정통한 해박함이 요구된다.

따라서 현실에 부합되는 성명학의 가장 큰 두 개의 기둥은 첫째가 개인의 사주팔자이고 다음은 공부자(이름을 짓는 사람)의 직관력이라 생각된다. 따라서 직관력이 없는 컴퓨터에서 도출되는 이름은 입력된 자료에 의할 뿐 내용 없는 가작(假作)의 수준을 뛰어 넘지 못한다 할 수 있다.

평생을 두고 사용하는 이름에 대한 소중함은 거듭 말할 필요가 없다. 무겁게 다루고 귀하게 여겨야함은 마땅하나 실체도 아니면서 그것을 올바름인 양 따르는 일에는 동의할 수 없다.

현대 사회에 살아가는 우리들에게서 필요한 것은 무엇보다도 진실 됨이다. 진실에 기초한 이론 전개가 필요하다.

따라서 사회와 대중이 거의 공감되는 수준의 작명체계나 기준의 설정이 필요하다.

평소에 실행해 온 필자 나름대로의 작명기준을 거론하자면,

1. 개인의 타고난 분수에 알맞은 이름이라야

이름이 나타내는 효과나 작명에 있어서의 소망은 개인의 타고난 조화롭고 균형 잡히도록 함에 있다.

이유는 이렇게 지어진 이름이라야 많은 사람들이 그의 이름을 불러 줌으로써 눈에 보이지 않는 오행상의 좋은 기운이 그에게 전이되어 건강과 활동에 최소한의 도움이라도 줄 수 있을 것이라는 가정에서이다.

이 가정 부분이 작명에 있어서 가장 중요한 요체라 생각되어 진다. 이름이 개인의 운명에 끼치는 영향력을 굳이 논하자면 약 5%정도라

할까. 그렇다하여 단순한 숫자로 따질 일이 결코 아니다.

  타고난 사주에 적합한 오행의 취사선택이 중요하다. 사주를 판독할 수 있는 알음알이도 없으면서 함부로 이름을 짓다가는 후일에 가서 다시 개명해야겠다는 말이 나오기 쉬울 것이다.

  개인의 사주를 보고 최소한의 미래예측이라도 할 수 있는 정도의 직관력과 풍부한 경륜이 있을수록 더욱 좋은 이름을 지을 수 있다는 뜻이다.

2. 이름에 쓴 글자의 뜻이 좋은 이미지를 가져야.

  누구나 자기 이름자의 글 뜻이 좋은 이미지 일 것을 원한다. 타고난 사주와 부합되는 오행의 글자이면서 그 뜻도 좋은 이미지라면 금상첨화가 아니겠는가. 이런 면에서 볼 때 현재 우리나라에서 인명용으로 인정되고 있는 한자 중에서 죽을 사(死), 시체 시(屍), 악할 악(惡), 간사할 간(姦)등 이름에 쓰기가 심히 혐오스런 뜻의 글자들이 들어있는 것은 무슨 이유인지.

  다시 말하자면 호적법시행규칙에서 정한 인명용 한자로 제정된 글자 외에는 이름으로 쓸 수 없는 반면 글자의 뜻이 위와 같이 아무리 혐오스러워도 개인의 뜻에 따라 얼마든지 이름으로 쓸 수 있다는 말이다. 이런 문제를 두고 필자는 우리나라의 인명용 한자 제정에 대하여 보다 깊은 관심으로 대법원에 조정건의를 한 적이 두 번 있었는데 1995.5.24자 대법원에서 필자의 의견을 수렴하여 21자를 덧붙인 것 외에는 아무런 회답 없이 지금까지 묵살 되고 있다.

  3년이 지난 2008.5.7자 다시 인명용 한자 재조정 건의를 했으나 역시 아무런 회신조차 없이 글자 수만 불어나서 당초 2,854자(1991.4.1.

이후 출생자 적용)였던 것이 지금은 거의 4,800자도 넘게 추가만 되고 있는 실정이다.

3. 음운학적면에서 부르기 쉽고 쓰기 편해야

많은 이들이 자기의 이름을 부를 때나 말로서 나타낼 때 발음하기가 까다롭거나 잘 못 들리기 쉬운 성명의 배열은 피해야 한다.

또한 글자의 뜻이 아무리 좋다하더라도 획수가 너무 많아서 표기하기에 불편스러운 것이나 현재 잘 쓰여 지지도 않는 난해한 글자는 가급적 삼가야 한다. 남이 언뜻 알아보기 힘든 괴팍스런 글자는 자칫 이름의 오기(誤記)나 오해를 야기하기에 알맞기 때문이다. 이럴 경우 그 이름의 주인공이 이름으로 인한 스트레스를 받게 될 것은 뻔하다.

4. 별난 이름은 부담스럽고 싫증나기 쉬워

현대 감각을 살리기 위한 이름이나 국제화 시대에 걸맞은 화끈한 이름은 좋을 수도 있으나 너무 감성적으로 별난 이름은 일시적 유행에 따르는 감정 일뿐 후일 장성하고 나면 개명해야 될 대상의 이름이 될 수 있다. 이런 이유에서 실제로 필자가 개명해준 예가 더러 있다.

자식 잘 되기를 바라는 부모의 욕심에 커다란 상징성을 띤 '하늘' '한별' '빛나리' '대룡(大龍)' '대봉(大鳳)' 등의 이름들은 이름 지을 당시에는 좋으나 점차 성장해 가면서 자칫 본인의 교만성을 부추기거나 이름이 안겨다 주는 부담으로 인하여 개인이 마치 자기이름에 억눌리는듯하여 결코 바람직하지 못할 것 같다. 집보다 문패가 더 커서야 되겠는가.

5. 별명이나 놀림감 되기 쉬운 이름은 피해야

이름자에만 몰두 하다보면 성씨를 붙였을 때 난감한 일이 생길 수 있다. 이름을 무신(武信)이라하면 그 뜻이 누가보아도 용맹과 신의를 한 몸에 걸친 좋은 의미로 받아들여진다. 그러나 만약 고(高)씨 성을 가진 사람이라면 '고무신' '고무신짝'으로 놀림감이 될 것이다.

김칫국(金治國), 주정꾼(朱正根), 이새끼(李世基), 임신중(林信中) 고민중(高民中)등 깊이 그리고 넓게 생각해 보고 지어야겠다.

이름이 불러일으키는 왕따도 많아지는 세상이다.

한번 지어진 이름에 대하여 개명하는 것은 바람직하지 못하다. 그러나 자기 이름 때문에 스트레스를 심하게 받게 되는 경우에는 개명함으로서 정신적 힘이나 기분을 좋게 하는 덕이 된다할 수 있다.

사실 자기 이름으로 인한 스트레스가 깊게 쌓여 왕따 되다시피 곤혹스런 경우에 처했던 어느 여고생의 경우, 필자가 과감히 개명해준 결과 자칫 비뚤어 질 뻔했던 자기 모습을 되찾아 공부성적도 향상되고 활기찬 생활을 하고 있는 사례도 있었다.

또한 시대가 바뀜에 따라 나날이 생겨나는 신조어까지도 감안하여 작명이 되어야 하니 그냥 되는 게 아니다. 국제화시대 영문표기까지도 이슈가 될 것이다. 자칫하면 좋은 이름이 영어로는 더러운 욕이 될 수도 있기 때문이다.

몇 천 년을 흘러온 성명학체계의 본질을 매도하거나 폄하함은 결코 아니다. 다만 좋은 기계라도 너무 녹슬었거나 기능이 현실에 맞지 않을 경우에는 마땅히 고치거나 과감하게 교환해야 할 것이다.

성명학의 정체성을 확립하기 위해서는 뜻있는 분들의 혁신적인 자세와 끊임없는 실증적 탐구 자세로 소위 '성명학' 전반에 대한 체계의 재정비가 이루어져야 할 것을 제언하는 바이다.

다음에 저자의 신생아 작명시 사용하고 있는 作名紙를 공개한다. 임상에서 도움 되었으면 한다.

命 名 錄

" 아기의 탄생을 정심으로 축복합니다. "

아기는 곧 소우주이며 위대한 한 인격입니다.
이처럼 고귀한 인격에 대하여 남들이 부르기 위해 아기에게 부여되는 가장 함축된 인격의 표현이 곧 이름입니다. 종래의 책자나 작명가들이 마치 좋은 이름이나 나쁜 이름이 따로 있는 것처럼 말들 하는 것은 올바른 잣대를 갖고 하는 말이 아닙니다. 또한 단순히 글자의 획수로 가감하면서 운명을 운운하는 것은 지나친 망발이 되는 것입니다. 글자의 획수가 나타내는 길흉의 의미는 그 진정성을 잃은 지 오래입니다. 따라서 이름이 들어 사람의 팔자를 좌우하는 것은 결코 아닙니다. 다만 남들이 자기 이름을 불러 줄 때마다 눈에 보이지 않는 좋은 기(氣)가 작용하여 본인을 이롭게 해 줄 것이라는 염원을 담아서 사용하는 가장 함축된 언어적 상징을 정하는 것이라 할 수 있습니다. 그러므로 이름이 운명에 미치는 보완적 작용은 적게라도 꼭 있다는 것입니다.

栢巖精舍에서는 작명에 대한 대원칙으로, 오행의 조화와 균형의 원리를 중심으로 미래예측에 대한 높은 직관에 의하여 작명합니다. 아기가 장차 성인이 되어 사회활동 등 일생을 통하여 나타내는 자기의 타고난 품격에 맞는 이름이라야 하기 때문입니다.

따라서 좋은 이름이란 따로 있는 것이 아니고 누구나 자기의 이름에 대하여 언제 어디서나 자아 존중감을 갖게 될 때, 그 이름이 바로 좋은 이름인 것입니다.

栢巖精舍

부산광역시 금정구 소정로 39, 101동 130호 (금정산한신아파트)
전화 051- 863- 4187 , 010 - 383 - 5635

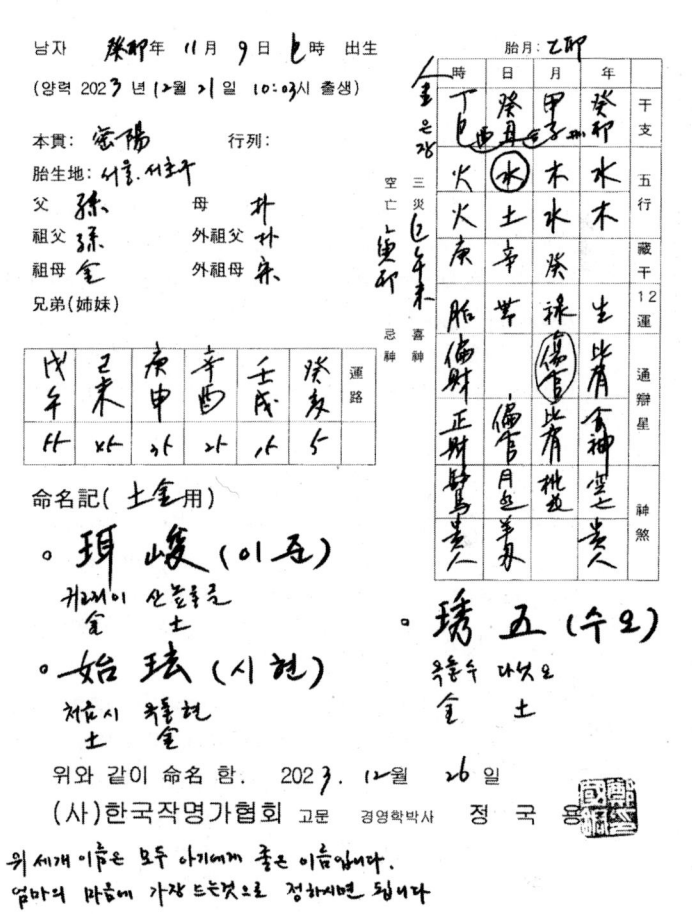

四柱看命記

體 癸水 格局 建祿 用神 辛金 喜神 丁火 忌神 壬水

1. 性格論

천성이 부드럽고 온화하다.
장세를 존중하고 매사에 적응을 잘한다.
입기응변성(木)이 좋아서 성장후 처세재주가 탁월하다.
양에는 세밀하고 엄중하여 곰쳐 살수가 있다.

2. 健康運

지로자적 천성이라 운동이 많이 짜르고 덕망이 높은 것입니다.
건강체질로 태어났다.
적응력 우연하여 어느때. 어느조직에서도 잘 운용한다
건강관리 스스로 잘하는 모습이다. 건강하게 오래사는 命입니다.

3. 專攻運

재주가 좋아나는 곳(木)으로 보면 음라성(食神)이 空亡으로
쓸모가 약해서 자력에(傷官)가 높고 취향것이다.
공부결과의 찾음다(金)이 또한 자력에게 높다(丑中辛金)
고로 자력에게 하고 金성 五行을 따라 기계云云한학. 조선공학.
다음은 火성五行을 따라 전계. 전자云학도 맛다. 大入세계에

4. 作名에 必須인 五行의 加減 찾음이 좋은 것입니다. 첫大(金)로 인하여서
사주 中에 劫殺(의사성운)이 있으니 세밀한 외로인의 상으로 본다.

◇이음/중에는 金성五行을 用하여 본인의 건강케도 도우고 元力을 强함.
무엇에 자영업 것도족하고 土五行으로 補하여 相보천지에 따라
장래 사회성 발전에 기여하는 외에서 命名하사 같이
樸하는 바이다.

栢巖精舍 鄭栢巖 [印]

〈책을 마무리하면서 남기고 싶은 저자의 필적(筆跡)들〉

항상 마음에 간직하면서
애송(愛頌)하던 시(詩)

象村 申欽 先生 作

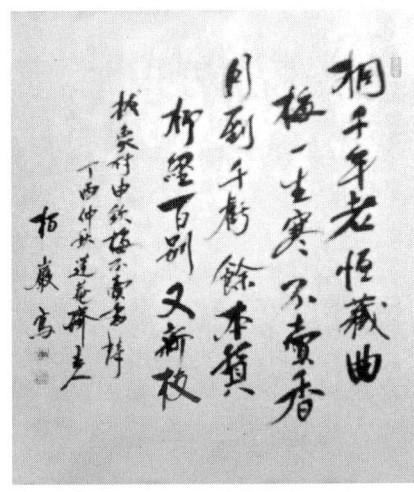

桐千年老 恒藏曲(동천년노 항장곡)
오동나무는 천년이 되어도 그 음을 품고 있고
梅一生寒 不賣香(매일생한 불매향)
매화는 평생이 추워도 그 향기를 팔지 않는다
月到千虧 餘本質(월도천휴 여본질)
달은 천 번을 스러져도 본질은 그대로 남아 있고
柳經百別 又新枝(유경백별 우신지)
버드나무는 백 번 꺾여도 새움이 다시 돋아난다

丁酉年(2017년) 秋夕에 씀

한가한 시간에 마음을 담아 정(靜)하고
한 번 쳐 본 난(蘭)

한국 춘란을 퍽 좋아했다.

연암재(蓮菴齋)에서

고향 마을 앞 노인정(老人亭)에 걸려있는 현판(懸板)
丁亥年(2007년) 3月에 쓰다.

저자가 직접 쓰고 땀 흘려
손수 음각(陰刻)한 연구소 간판.

乙亥年(1995년) 봄
부산 동래에서 문을 열다.

저자의 생가(生家) 입구 대로변에 우뚝 서
있는 마을 표지석(標識石).

뒷면에 마을과 자손들의 번창을 기원하는 글이
새겨져 있다.

歲歲年年 和氣滿洞
子子孫孫 永久繁昌   栢巖 寫

에필로그

저자는 어린 시절
시냇가에서 물놀이를 하다가 돌덩이 모으기를 한두 번 해 본적이 있다. '징검다리' 만들기였다.
어린 힘에 제법 큰 돌이다 싶은 것을 끙끙거리며 옮기던 일,
그러다 미끄러져 자빠지던 일, 그런데 첫 번째 돌이 항상 문제였다.
물살은 어찌 그리도 세던지.
하나만 놓아서는 좀체 붙어 있질 못하고 돌아서기가 무섭게 그만 물살에 스르르 밀려 떠내려 가버리곤 하였다.
제법 크다싶어도 둥글다싶은 돌은 잘 굴러 가버리고 넓적하게 생겨 좋다싶으면 잘 뒤집혀 버렸다.
그러나 어쩌다 첫돌덩이가 겨우 자리를 잡기만 하면 다음돌과 서로 기대고 맞 붙어서 용케도 지탱이 될 수 있었다.
여럿이서 같이 하였으면 더욱 크고 튼튼한 징검다리를 만들 수 있지 않았을까 하고 생각해 본다.
그렇게 힘들고 어렵게 만들어진 징검다리,
그 위를 누군가 감사하는 마음으로 사뿐히 건너가는 환상, 서울에서 하행선 KTX 차창에 비치는 고속 철도의 높디높은 교각을 보면서 옛 생각에 잠기기도 한다.
사주의 실체에 대한 접근 의욕은 어쩌면 저자가 어릴 때 만들었던 이 징검다리 역사에 비유된다.
하나하나는 못생겨도 큰 돌덩이라야 하는 점,
물살이 세다고 해서 피할 수도 없는 점,

해놓고 나면 모든 사람들이 물에 잠기지 않고 편리하게 거닐 수 있는 점 저자가 연구한 사주는 저자의 논문 후기에서도 밝힌 바와 같이 기존의 사고 체계에 대한 변혁 지향의 의미가 가장 큰 전제 목표다.

물살이 셌고 힘도 부쳤지만

동양의 사주체계를 경영학의 서양 성격이론과 접목시켜 적어도 개인의 성격에 대한 특성의 검증결과 사주를 통하여서도 미래예측을 위한 유용한 과학적 도구가 될 수 있다는 결론에 도달되었다.

그러나 필요조건은 될지언정 아직도 사주명리 전부에 대한 충분조건에는 만족할 만한 수준이 못된다는 점을 자인한다.

5년이 걸리던 10년이 걸리던 저자의 생애가 다 할 때까지 사주명리학 자체가 제도권으로 그 위상을 굳건히 세울 때까지 저자가 갖는 신념 속의 징검다리는 하나씩 더 불어 날 것이다.

사주가 개인의 인간 경영에서부터 기업조직, 국가경영에 이르기까지 선용될 수 있는 징검다리로 튼튼히 세워질 때까지 말이다.

   부디 이 책이 독자 여러분과 더불어 사주(四柱)를
- 자기이해의 도구로 삼았으면 좋겠다.
- 복잡한 현대 생활 속에서도 지혜롭게 자신의 징검다리를 만들어 가는 한 힘이 되었으면 좋겠다.
- 길들여진 곳에서만 하던 고식화된 행동 세계를 과감히 탈피하여 더 다른 세계, 더 다른 가치를 향해 변혁 되었으면 좋겠다.

2005. 2월
백암서재에서   저 자 씀

참 고 문 헌

1. 저서

고려대 민족문화연구원 한국사상연구소 편, 자료와 해설 한국의 철학사상, (서울 : 예문서원, 2001).
김길환, 한국양명학연구, (서울 : 일지사, 1984).
김배성, 명리학정론, (서울 : 도서출판 창해, 2003).
김배성, 명리대경, (서울 : 명운당, 2004).
김백만, 사주보감, (서울 : 명문당, 1991).
김세중 외 3 공저, 경영학 이해 (서울 : 무역경영사, 2002).
김우제, 팔자대전, (서울 : 명문당, 1990).
김정오 외 9공저, 심리학개론, (서울 : 한국방송통신대학교 출판부, 1995).
박병열 편역, 中國南京中医學院 편, 동양의학개론, (대구 : 한림원, 1987).
박선목 편저, 윤리·사회 사상사전, (서울 ; 형설출판사, 2002).
박영창 번역, 자평진전평주, (서울 ; 도서출판 신지평, 2004).
박재완, 명리요강, 명리실관, (서울 ; 역문관서우회, 1999).
박제산, 仙佛家眞修語錄, (서울 : 영진상사 인쇄부, 1978).
백영관, 사주정설, (서울 : 명문당, 2003).
설영환 역, C.G.융·C.S.홀·J.야코비 지음, 융 심리학 해석, (부산 : 선영사, 1989).
주혜명 역, 돈리처드 리소·러스 허드슨 지음, 에니어그램의 지혜, (서울 : 한문화 멀티미디어, 2002).
신구범, 조직행동의 설계와 관리 및 변화, (서울 : 형설출판사, 2000).
신구범, 조직행위론, (서울 : 형설출판사, 2005)
신영대, 명리학원리대전, (서울 : 백산출판사, 2003).
신유근, 조직행위론, (서울 : 다산출판사. 1994).
신육천, 사주감정법 비결집, (대구 : 갑을당, 1993).

신원봉 역, 南懷瑾 지음, 주역강의, (서울 : 문예출판사, 2000).
심재영 강술, 연해자평정해, (서울 : 명문당, 1987).
심재영 편저, 명리정종정해, (서울 : 명문당, 1987).
심종철 역해, 주역신해, (서울 : 대지문화사, 1985).
오상도, 대영만세력, (서울 : 도서출판 역리원, 1999).
유명종, 한국철학사, (서울 : 일신사, 1986).
유정동, 동양철학의 기초적 연구, (서울 : 성균관대학교 출판부, 1986).
이부영 외 역, 칼 구스타브 융 편, 인간과 무의식의 상징, (서울 : 집문당, 2000).
이준우 편저, 명리정설, (서울 : 명문당, 1988).
이현수. 심리학의 원리, (서울 : 양서원, 1999).
임창희, 조직행동, (서울 : 학현사, 1995).
전병욱 역, 양명철학, (서울 : 예문서원, 2003).
전종윤 편저, 법 철학 (서울 : 이화문화 출판사. 2001).
조용헌, 조용헌의 사주명리학 이야기, (서울 : 생각의 나무, 2003).
최재목, 내마음이 등불이다. (서울 : 이학사, 2003).
최재열 외 2 공저, 조직이론의 현재와 미래, (서울 : 학문사, 1999).
최진석 역, 리우샤오간(劉笑敢) 지음, 莊子哲學 (서울 : 조합공동체소나무, 1998).
한국동양철학회 편, 동양철학의 본체론과 인성론, (서울 : 연세대학교 출판부, 1996).
한동석, 우주변화의 원리, (서울 : 대원출판, 2003).
한덕웅, 한국유학심리학, (서울 : 시그마프레스, 2003).
한미희 역, Gerhard Wehr 지음, 카를 융-생애와 학문, (서울 : 까치글방, 1998).
홍숙기, 성격심리(상), (서울:박영사, 2002).

2. 논문

박효순, 교통사고 일진의 명리학적 분석, 원광대학교 석사학위논문(2002).

신상춘, 사주가 운명과 심리에 미치는 영향과 교육과의 관계, 세종대학교 석사학위논문(1991).

이선종, 사주로 본 직업적성과 적성검사와의 관계, 충남대학교 석사학위논문(1994).

이세동, 주자<주역본의>연구, 서울대학교 박사학위논문(1995).

이정출, 기업조직에서의 성공과 성격선호도 유형과의 관련성 연구, 고려대학교, 석사학위논문(2000).

장덕환, 체·게·융의 인간이해 과정에 관한 연구, 강남대학교, 석사학위 논문(1998).

최영진, 역학사상의 철학적 탐구, 성균관대학교 박사학위논문, (1989).

사주명리학 이론과 실제
(改訂版)

초 판1쇄 발행 2005년 2월 25일
개정판1쇄 발행 2024년 4월 30일

지은이 정국용
펴낸이 이길안
펴낸곳 세종출판사

주소 부산광역시 중구 흑교로 71번길 12 (보수동2가)
전화 051-463-5898, 051-253-2213~5
팩스 051-248-4880
전자우편 sjpl5898@daum.net
출판등록 제02-01-96

ISBN 979-11-5979-678-4 03180

정가 28,000원

이 책은 저작권법에 따라 보호받는 저작물이므로 무단전재와 무단복제를 금지하며, 이 책 내용의 전부 또는 일부 내용을 재사용하려면 사전에 저작권자와 세종출판사의 동의를 받아야 합니다.

* 잘못된 책은 교환해 드립니다.